Peter Riedesser/Axel Verderber
Aufrüstung der Seelen

Für unsere Kinder
Dirk, Hannes, Marian

Peter Riedesser/Axel Verderber

Aufrüstung der Seelen

Militärpsychiatrie und Militärpsychologie in Deutschland und Amerika

1985
Dreisam-Verlag Freiburg i. Br.

CIP-Kurztitelaufnahme der Deutschen Bibliothek

Riedesser, Peter: Aufrüstung der Seelen: Militärpsychiatrie u. Militärpsychologie in Deutschland u. Amerika/Peter Riedesser; Axel Verderber.– 1.Aufl.– Freiburg i. Br.: Dreisam-Verlag, 1985.

ISBN 3-921472-96-2

NE: Verderber, Axel:

1.Auflage 1985

Umschlaggestaltung: Michael Wiesinger
Redaktion: Gernot Erler
Satz: Print Service GmbH, Rellinghauser Str.98, 4300 Essen 1
Druck: Rombach u. Co GmbH, Lörracherstr.3, 7800 Freiburg
Vertrieb: Prolit-Buchvertrieb, Postfach 1110 08, 6300 Gießen 11;
Berlin: Rotation, Mehringdamm 51, 1000 Berlin-61;
Schweiz: Riklin u. Candinas, Münstergasse 41, CH-3000 Bern 8;
Österreich: Junius Vertrieb, Brunnengasse 3, A-1160 Wien
ISBN 3-921472-96-2

Inhalt

Einleitung

Der Beitrag, den Naturwissenschaftler und Ingenieure zur Entwicklung immer perfekterer Massenvernichtungsmittel geleistet haben und leisten, ist spätestens seit dem "Fall Oppenheimer" in der Öffentlichkeit diskutiert worden. Daß das Sanitätswesen insgesamt, insbesondere aber die Militärpsychiatrie und Militärpsychologie ebenfalls entscheidend mit Aufrüstung zu tun haben könnten, war bis vor wenigen Jahren kein Thema für ethische Überlegungen. Vielmehr schien das Sanitätswesen sich auf einen heroischen Samariterdienst am kranken oder verwundeten Soldaten zu beschränken, der jenseits aller ethischen oder friedenspolitischen Kontroversen zu schweben schien; beispielhaft wird dies in einer Werbebroschüre des Bundesverteidigungsministeriums aus dem Jahre 1971 ausgedrückt: "Die Aufgabe des Sanitätswesens orientiert sich unmittelbar am Auftrag des Hippokrates."

Die beiden Autoren haben schon vor vielen Jahren Zweifel an dieser offiziellen Darstellung bekommen und in der Folgezeit systematisch vom 1. Weltkrieg bis zur Gegenwart militärpsychiatrische und militärpsychologische Studien, soweit sie veröffentlicht und in öffentlichen Bibliotheken frei zugänglich waren, durchgearbeitet. Die leitende Fragestellung war dabei: Welche Rolle spielten Psychiater und Psychologen in den jeweiligen Armeen? Wie verhielten und verhalten sie sich bei Interessenskonflikten zwischen den militärtaktischen und strategischen Überlegungen der politisch–militärischen Führung einerseits und den (Überlebens-)Zielen von Soldaten andererseits? Oder verkürzt formuliert: Waren und sind Militärpsychiater und Militärpsychologen Helfer oder Helfershelfer?

Die vorliegende Studie, in ihren Bausteinen über viele Jahre hinweg gesammelt und hier erstmalig zusammenfassend formuliert, hat einen wissenschaftlichen Anspruch; d.h. u.a., daß sämtliche Belege überprüfbar sein müssen. Aus diesem Grund sind nur solche Quellen gesammelt und verwendet worden, die in öffentlichen Bibliotheken zugänglich sind und als Grundlage für weitere Studien verwendet werden können.

Im folgenden wird im 1.Teil das Material über die deutsche und amerikanische Militärpsychiatrie vom 1.Weltkrieg bis zur Gegenwart dargestellt. Danach folgt die Darstellung der Geschichte der Militärpsychologie im selben Zeitraum. Nach einem Exkurs über Militärpsychiatrie und Militärpsychologie in Osteuropa und einem weiteren gesonderten Kapitel über das Problem der "Simulation" wird im letzten Kapitel versucht, auf der Basis der zitierten Dokumente eine historisch-politische und wissenschaftsgeschichtliche Zuordnung vorzunehmen und die ethische Dimension zu diskutieren.

Zum Abschluß der Einleitung noch eine persönliche Bemerkung: Als wir mit unseren Literaturstudien begannen, hatten wir in keiner Weise vorausgesehen, auf welche z.T. erschütternden Quellen wir stoßen würden. Wir haben uns sehr darum bemüht, selbstkritische Stimmen und ethische Diskussionen in der Literatur zu finden, wir sind damit aber wenig erfolgreich gewesen. Wir fanden lediglich als repräsentatives kritisches Zitat die Einschätzung von Sigmund Freud (aus dem Jahre 1920). Die im Dokumententeil folgenden Zitate sind also nicht Teil einer einäugigen Sichtweise oder Quellenauswahl der Autoren, sondern repräsentativ für die uns verfügbare wissenschaftliche Literatur.

Januar 1985 — Peter Riedesser und Axel Verderber

Militärpsychiatrie in Deutschland und in den USA

A. Militärpsychiatrie in Deutschland

1. Zur Entstehung des Sanitätswesens

Das Sanitätswesen hatte, wie im folgenden gezeigt werden soll, von Anfang an primär eine militärische Funktion; seine humanitären Aufgaben waren –unabhängig vom jeweiligen Helferbewußtsein der einzelnen– stets nachgeordnet. Dies soll an einigen historischen Beispielen dargestellt werden.

Als mit dem Ende des Dreißigjährigen Krieges die kurzfristig angeworbenen und entlassenen Söldnerhaufen durch ein stehendes Heer ersetzt wurden, galt es, die Soldaten auf Dauer einsatzfähig zu halten. Hohe Seuchensterblichkeit drohte Armeen zu dezimieren, die aus teuren Söldnern bestanden. Eine Verringerung der Seuchengefahr ermöglichte dagegen finanzielle Einsparungen bzw. Vergrößerungen der Armeen und größere taktische Beweglichkeit. So erzwangen ökonomische und militärische Gründe die Einrichtung eines ständigen Sanitätswesens im stehenden Heer.

Der Abtransport eines Verwundeten durch zwei andere voll ausgebildete und ausgerüstete Soldaten führte zu einer Schwächung der Frontlinie. Zudem bedeutete dies eine Rückwärtsbewegung mehrerer Gefechtsteilnehmer, was leicht als auslösendes Signal für allgemeine Rückzugstendenzen angesehen werden konnte und daher unterbunden werden sollte. Daher verbot z.B. eine Bestimmung aus dem Jahre 1726 jegliche medizinische Hilfeleistung während der Schlacht:

> *"Wenn die Bataille vorbey ist, soll ein jedes Regiment seine Blessirten sogleich aufsuchen und nach einem gewissen Orte bringen lassen, damit sie können verbunden und in Acht genommen werden; während der Schlacht soll kein Blessirter weggebracht werden" (zit. nach Ring, S.49).*

Ein Major Doercks berichtet, sein General habe am 16. Oktober 1813 verboten, daß Verwunderte durch Kameraden zurückgebracht würden:

> *"...indem dies Zurückbringen nur Gelegenheit für Viele sey, sich dem Dienst zu entziehen. Freilich eine harte Maasregel, allein, ich fand sie bewährt, als ich später bei den Russen bemerkte, daß jeden Blessirten zwei Gesunde zurückbrachten, die aber nicht zurückkamen und noch mehr wie der Verwundete schrien..." (Goercke 1824, zit. n. Ring 1962, S.103).*

Daher wurde –vor allem aufgrund der Erfahrungen in der Völkerschlacht bei Leipzig– am 23.Januar 1814 vom Preußischen Kriegsdepartement eine Verfügung an alle kommandierenden Generale erlassen, daß jede Brigade eine besondere Krankenträgerkompanie zu bilden habe (Vgl. *Ring* 1962, S.105).

Die Einführung der allgemeinen Wehrpflicht und die rapide Technisierung des Krieges im Laufe des 19.Jahrhunderts führten zum Masseneinsatz von Menschen und Material. Der kleine Stamm der Berufssanitäter war den blutigen Ergebnissen der modernen Schlachten nicht gewachsen (vgl. den amerikanischen Sezessionskrieg oder das sanitätstechnische Chaos im Krim-Krieg und bei den italienischen Schlachten von Napoleon III.). Das

Ausmaß an Menschenverlusten (Tod und Invalidität) zwang die militärische Planung und zivile Verwaltung zur Reaktion. Aktuelle Gefechtsverluste, negative Folgen für Truppenmoral und Kriegsbereitschaft der Bevölkerung sowie Belastung durch Invalidenrenten und Ausfall qualifizierter Arbeitskräfte konnten nur eingedämmt werden, wenn das Sanitätskorps um eine schnell zu mobilisierende, aber zugleich kostengünstige Reserve freiwilliger ziviler Helfer erweitert wurde.

Das Engagement von Privatpersonen wie F.Nightingale oder H.Dunant für das Individuum Soldat wurde im Laufe des Jahrhunderts zum willkommenen Antrieb für die Organisation des Sanitätswesens auf breiter Basis. So schnellte im Deutsch-Französischen Krieg 1870/71 die Zahl der freiwilligen caritativen Vereine von 100 auf 1980 mit über 200 000 Mitgliedern (vgl. *Walser* 1967). Die einmal geschaffenen caritativen Massenorganisationen ließen sich im Kriegsfall dann leicht durch Befehlsunterstellung und Dienstverpflichtung dirigieren.

In diesem Zusammenhang stellte sich auch die Frage nach dem dringend benötigten zusätzlichen medizinischen Fachpersonal. Am Beispiel des Deutsch–Französischen Krieges von 1870/71 läßt sich zeigen, wie sich dieses Problem aufgrund der Interessenlage des Ärztestandes löste:

Bei Ausbruch des Krieges eilten nicht nur viele im Inland ansässige, aber nicht einberufene Ärzte zum Kriegsschauplatz, sondern auch viele, die im neutralen Ausland tätig gewesen waren. Vordergründige Motivation war die "nationale Sache". Doch hinter dem Phänomen des oft blanken Chauvinismus (vgl. *Walser* 1967, S.105 ff.) verbarg sich ein handfestes standespolitisches Interesse: der soziale Aufstieg der Chirurgen und Bader zum Ärzte–"Stand" mit seinem Sozialprestige und seinen Verdienstmöglichkeiten sollte über diesen Weg führen.

Für den Militärmediziner drückte Theodor Billroth das Aufstiegsinteresse, das sich gegen das herrschende Junker- und Großbürgertum durchsetzen mußte, 1859 so aus:

> *"Ein gehöriger Krieg, eine blutige Schlacht, wo hunderte von hochadligen Officieren jammervoll daliegen und sehnsuchtsvoll jeden Morgen den Arzt erwarten, wird das (die Zurücksetzung bürgerlicher Ärzte gegenüber dem adligen Offiziersstand, d. A.) schon ändern. Alle anderen Nationen wetteifern in verlockenden Anerbietungen für tüchtige Feldärzte; in Preußen steht der Militärarzt jetzt so schlecht wie bei keiner anderen Nation Europas." (Billroth 1859, zit. n. Ring 1962, S.122).*

Um die Jahrhundertwende war die Etablierung des Ärztestandes soweit abgeschlossen, daß sich die militärische Führung am Vorabend des 1. Weltkrieges bei der überwältigenden Mehrheit der Ärzte nicht nur auf allgemeine nationale Hysterie zu verlassen brauchte, sondern mit einer langfristigen standesbedingten Interessengemeinschaft rechnen konnte.

Die koloniale Expansion des Deutschen Reiches und die dazu erforderliche Vergrößerung der Flotte förderten den Ausbau und schließlich die Lostrennung des Marinesanitätsdienstets vom Sanitätsdienst der Armee (vgl. *Ring* 1962, S.196). Die Notwendigkeit, die Kolonialtruppen vor übertragbaren Krankheiten zu schützen, forcierte den Aufbau der Tropenmedizin.

So bereiste eine Kommission Ägypten und Indien, um Möglichkeiten der Cholera–Bekämpfung zu studieren (vgl. *Ring* 1962, S.193). Zu Beginn des 1.Weltkrieges durfte in Deutsch–Ostafrika das Anti–Malaria–Mittel Chinin nur noch an Europäer ausgegeben werden, um die Vorräte für die kämpfende Kolonialtruppe unter von Lettow–Vorbeck nicht zu gefährden (vgl. *Klatt* 1971, S.46).

Kurz vor der Jahrhundertwende setzte die Organisation und Planung der Wissenschaft im Dienste des militärmedizinischen "Fortschritts" ein. Was der Barockfeldscher für den absolutistischen Souverän nicht leisten konnte, nämlich die teure Armee vor Seuchen und Wundfieber zu bewahren und verwundete Soldaten rasch wieder kampffähig zu machen, versprach nun endlich die wissenschaftlich fundierte Militärmedizin zu leisten. Von großer Bedeutung für diese Entwicklung war in Deutschland die Kaiser-Wilhelm-Akademie für das militärärztliche Bildungswesen (KWA), die 1895 aus der Vereinigung des Medizinisch-Chirurgischen Friedrich-Wilhelm-Instituts und der Medizinisch-Chirurgischen Akademie für das Militär gebildet wurde. In dem 1901 an der KWA gebildeten wissenschaftlichen Senat waren prominente Vertreter der medizinischen Wissenschaft vertreten, u.a. von Bergmann, Czerny, Fraenkel, Gaffky, Koch, Rehn, von Waldeyer (vgl. *Ring* 1962, S.196).

Das erste militärpsychiatrische Werk erschien 1902 (*Stier:* "Verhütung und Behandlung von Geisteskranken in der Armee"). Der wissenschaftliche Senat der KWA befaßte sich 1905 mit militärpsychiatrischen Problemen. Als eines der Ergebnisse wurde festgehalten:

> 1. Alle Leiter von Hilfsschulen haben die Abgangszeugnisse und andere persönliche Beurteilungen über die Schüler nach Schulentlassung der Ersatzbehörde zugänglich zu machen.
> 2. Alle aus Heilanstalten für Geisteskranke, Schwachsinnige und Epileptiker entlassenen Patienten im militärpflichtigen Alter müssen unverzüglich an die Ersatzbehörden gemeldet werden (vgl. *Stier* 1936, S.15 ff; *Heidenhain* 1938, S.47)

2. Aufgaben und Methoden der deutschen Militärpsychiatrie im 1. Weltkrieg

Der Beginn des 1.Weltkrieges wurde von der Mehrheit der deutschen Ärzteschaft begeistert begrüßt. Die Militärärzte waren 1914 in ihrem Status dadurch aufgewertet worden, daß ihnen Truppenformationen die Ehrenbezeugung erwiesen. Dies wurde von traditionsbewußten Bundeswehrsanitätsoffizieren immer wieder als einer der großen Markierungspunkte in der Geschichte des Sanitätswesens bezeichnet (z.B. *Hawickhorst* 1955, S.20). Damit war das Sanitätswesen auch nach außen hin zum integralen Bestandteil der militärischen Hierarchie und Logistik geworden.

Ein mit der Länge des Krieges wachsendes Problem für die militärische Führung wurden infolge ihres epidemieartigen Anwachsens die sogenannten Kriegsneurosen, die man auch als traumatische Neurosen, Schreckneurosen, Granatschock, Kriegshysterie (1915 war es in Deutschland allerdings noch nicht erlaubt, bei Soldaten die Diagnose Hysterie zu stellen) im Ausland als *shell shock, concussion neurosis, exhaustion neurosis, gas neurosis* etc. bezeichnete (*Meyer* 1961, S.575. Ab 1917 war es verboten, die Diagnose "Nervenschock" zu stellen; vgl. *Stier* 1936, S.17).

Ihre Beschreibung, diagnostische und kausale Einordnung sowie die Therapie beherrschten das psychiatrische Schrifttum und wissenschaftliche Tagungswesen im 1. Weltkrieg über weite Strecken. Beobachtet wurden alle Variationen von Tics, Lähmungen und Kontrakturen, Krämpfen und Dämmerzuständen; ferner psychogene Blindheit, Taubheit und Taubstummheit (vgl. *Gaupp* 1916, S.370 ff). Auch leichtere psychische Ausnahmezustände waren sehr häufig und schwächten die Kampfkraft der Armee; ganze Kompanien wurden von Weinkrämpfen, Erbrechen etc. befallen. Zudem gab es Tausende von Soldaten, welche zwangsweise rekrutiert und an die Front gebracht, durch bewußte Vortäuschung von schweren psychischen und körperlichen Störungen dem Kriegsdienst zu entgehen versuchten.

> *"So schor sich ein Soldat ein Kreuz ins Haupthaar, um angeblich gegen Fliegerbomben gesichert zu sein...Ein anderer brachte bei der Aufnahme einen Frosch an der Leine mit und sagte, das sei ein Bär. Einige tranken Tinte und erklärten dieselbe für guten Wein" (Raecke 1919, S.588).*

Aufgrund dieser und anderer Phänomene sah sich die militärische Führung dringend auf die Hilfe der Psychiater und Neurologen angewiesen, welche die folgenden Aufgaben denn auch mit patriotischer Bereitwilligkeit angingen:

1. Entlarvung der "Simulanten".
2. Heraussieben (bei der Musterung) und Entlassung derjenigen Soldaten, welche infolge von Verhaltensabweichungen, die durch psychiatrische und disziplinarische Maßnahmen nicht zu beseitigen waren (z.B. bestimmte Formen von "Psychopathie", Homosexualität etc.), die Disziplin und Funktionsfähigkeit der Armee zu beeinträchtigen drohten.
3. Therapie der "Kriegsneurotiker" zwecks möglichst rascher Wiederverwendungsfähigkeit an der Front oder zumindest in Rüstungsbetrieben.
4. Verhinderung von Rentenansprüchen nach dem Kriege (Stichwort:"Rentenneurosen", s.u.).

Die überwältigende Mehrzahl der deutschen Psychiater und Neurologen beteiligte sich an der Entwicklung und Anwendung verschiedener Therapiemethoden, deren manipulierender, oft außerordentlich brutaler Charakter ihnen durchaus bewußt war (Überblick bei *Nonne*, in: *Bonhoeffer* 1922 Bd.4; s. dazu auch die Referate und Literaturhinweise in: Z. ges. Neurol. Psychiat. 14, 1917, S.82-89 u. 339-351). So schrieb *Kehrer:*

> *"Es entspricht nicht der Schwere des geschichtlichen Augenblicks, die Wahl der Methode von ästhetischer Weichfühligkeit oder pseudomoralischer Bedenklichkeit abhängig zu machen. Mit wachsendem Nachdruck haben wir uns nur auf das eine einzustellen: wie wir ohne Rücksicht auf persönliche Neigung und Stimmung von Arzt und Kranken in kürzester Zeit ein Maximum von Kriegshysterikern zu brauchbaren Arbeitern hinter der Front machen – nachdem wir wohl endgültig die Hoffnung aufgeben müssen, auch nur bei einem nennenswerten Prozentsatz dieser Soldaten Felddienstfähigkeit herstellen zu können..." (Kehrer 1917, S.2).*

Aus dieser Situation wurde nach *Kehrer* auch ein "Fortschritt" für die Psychiatrie als Wissenschaft erzwungen:

> *"Was uns der Krieg gebracht hat, wozu er uns mit eherner Notwendigkeit gezwungen hat, ist, daß wir nun alle diese Methoden, die nur vereinzelt, oft schüchtern, oft sogar direkt unter Widerstreben der mehr wissenschaftlich Eingestellten zur Anwendung gekommen sind, mit der ganzen Energie und Stoßkraft, die uns von unserem militärischen System induziert wird, an großen Massen zur Anwendung bringen mußten. Aus dieser Nötigung ergab sich der Antrieb, nichts unversucht zu lassen, und daraus wieder der Ausbau einer Fülle von Modifikationen alter Methoden ... (S. 1) Bedenken wir, daß gerade auf uns Nervenärzte die*

entscheidende Verantwortung fällt, die Reste der unklaren Massenvorstellung vom nervösen Zeitalter, die vom Frieden her in den Köpfen spukt, zu zerstören und gegebenenfalls auch unseren Feldgrauen zum Bewußtsein zu bringen, daß die Zeit zu ernst ist, um psychoasthenischer Reizbarkeit oder körperlich nervöser Mißgestimmtheit nachzugeben." (S.15; alle Zitate Kehrer 1917).

Folgende Methoden waren gebräuchlich:

– Suggestionen in Hypnose (*Nonne*). Diese Methode wurde von einigen Kollegen allerdings als ein "Rückfall in die alte Mystik", ein Wiederversinken ins barbarische Mittelalter kritisiert, weil diese Methode, "Männer zu behandeln", die sich für das Vaterland geopfert hätten, "gleich unwürdig (sei) für den Arzt wie für den Kranken" (*Nonne* 1922, S.105); andere Methoden hingegen, die eher naturwissenschaftlich orientiert waren, wurden akzeptiert und propagiert.

– wochenlange totale Isolierung, z.T. im Dunkelzimmer, mit weitgehendem Nahrungsentzug (*Binswangers* "psychische Abstinenzkur", "Sich-zu-Tode-langweilen"; dazu *Mann* 1916). Diese Methode wird selbst von dem sonst nicht zimperlichen Nonne als "wirklich grausam" bezeichnet (*Nonne* 1922, S.113).

–tagelange feuchtkalte Ganzpackungen und Dauerbäder, verbunden mit der Erklärung, daß diese erst nach der Heilung abgesetzt würden.

–Röntgenbestrahlungen im Dunkelzimmer.

–Lumbalpunktionen und Scheinoperationen in Äthernarkose.

– Hervorrufen von Erstickungsangst durch die sog. Muck'sche Kehlkopfsonde oder Kehlkopfkugel (*Muck* 1916).

– Applikation elektrischer Ströme; *Rieder* und *Leeser* (1917) berichten über stundenlange Faradisation, wobei der "Überrumpelungseffekt" (vgl. *Pönitz* 1921) als sehr wichtig erachtet wurde; Hirschfeld leitete bei psychogener Taubheit starke Ströme auf die Ohrmuschel sowie auf die Nasenschleimhaut, bei psychogener Stummheit auf die Halsgegend. Bei hysterischem Erbrechen wurde der Soldat gezwungen, das Erbrochene wieder herunterzuschlucken: "Hier spielte das Moment der militärischen Disziplin eine wichtige Rolle (*Hirschfeld* 1916, S.201). Weit verbreitet war die "Kaufmann–Kur", bei der z. T. stundenlange starke und sehr schmerzhafte Sinusströme angewendet wurden; dabei sollte die Heilung "unbeirrbar konsequent" in einer Sitzung erzwungen werden (*Kaufmann* 1916; über dabei auftretende Todesfälle berichten *Kehrer* 1917, S.9, *Wagner* 1917, S.234, *Nonne* 1922, S.100).

Die offensichtliche Brutalität vieler Methoden führte sogar zu einer Verfügung des Kriegsministeriums, daß bei sehr gefährlichen Maßnahmen vorher wenigstens die Einverständniserklärung des Soldaten einzuholen sei (Verf. d. Kriegsministeriums vom 6.12.1915). Dagegen wandte sich *Kehrer:*

> *"Ich kann angesichts dieser Entscheidung aber auch rein ärztlich keine Gründe mehr erkennen, die es uns nahelegen könnten, die Einwilligung eines Kranken zu einer bestimmten Kur einzuholen. Ich glaube vielmehr, daß es dem Seelenzustande des Soldaten durchaus konform ist, wenn auch die ärztliche Kur, die unter allen Umständen von einem Vorgesetzten ausgeführt wird, vom Gesetz des "Gehorchenmüssens" keine Ausnahme macht..." (Kehrer 1917, S.18 f.).*

Kehrer, damals an der Psychiatrischen Universitätsklinik von Freiburg tätig, wurde bekannt durch seine Methode der Hypnose mit anschließendem Zwangsexerzieren, die besonders Anfang 1917 allgemeine Verbreitung fand, weil alle anderen Methoden in Bezug auf die Wiederherstellung der militärischen Tauglichkeit zu geringe Erfolge hatten. *Hoffmann* verglich diese Zwangsbehandlung mit einem Zweikampf:

> *"Die Taktik des Arztes läuft darauf hinaus, unter möglichster Verschleierung seiner Absichten die schwächste Stelle des Gegners zu erspähen, ihn im geeigneten Moment an dieser zu treffen und ihm eine Niederlage beizubringen." (Hoffmann 1920, S.133)*

Kehrer beschreibt seine scheinbar gewaltlose Methode so:

> *"Aus der bis zu mittleren Graden (Katalepsie) vertieften Hypnose entwickeln wir ganz allmählich Exerzierübungen, die proportional dem allmählichen Erwachen aus der Hypnose bis zur Exaktheit und Strammheit des Zwangsexerzierens gesteigert werden..."*

Später wandte er seine Methode des Zwangsexerzierens (auch ohne Hypnose) bei den verschiedensten Arten von kriegsneurotischen Störungen an; er bezeichnete sie als *"sicherlich wohl die unmittelbarste, straffste und tiefgehendste Form der Einwirkung auf den Willen überhaupt..."* –Soldaten mit *"hysterischer Stummheit"* behandelte er kombiniert mit *"endolaryngealer Kehlkopfkompression mit intensiver anderweitiger Schmerzerregung und strammem militärischen Willensantrieb..." (Kehrer* 1917, S.8).

Die völlige Identifikation seiner Psychiatrie mit militärischen Drillmethoden schildert *Kehrer* dann folgendermaßen:

> *"Ohne körperliche Zwangsmaßnahmen oder körperliche Einwirkungen wirken wir nur durch den militärischen Befehl: unter Schlag auf Schlag folgenden Kommandos von tunlichster Präzision lassen wir ohne Rücksicht auf die besondere Art der hysterischen Erscheinungen die verschiedensten Exerzier- und Freiübungen im raschen Wechsel ausführen. Zweckmäßig wird dabei der Antrieb zur gewollten Bewegungsfolge ab und zu dadurch unterstützt, daß der Arzt sie vor – oder als Schrittmacher mitmacht. Ich habe meinerseits den Vergleich mit der Methode angeführt, die ein Reitkünstler anwenden muß, um ein durch schlechtes Reiten an zahlreiche Unarten gewöhntes gutes Reitpferd durch genaue Einführung und Dosierung aller "Hilfen" (Reitreglement!) wieder in die korrekten Gangarten zu bringen ... Nur im Notfall wird, wie vom Reiter der Sporn, so hier der schmerzhafte galvanische Schlag zur Anwendung gebracht ... unter fachärztlicher Aufsicht werden sie (die Maßnahmen, d. A.) von einem psychisch geeigneten Sanitätsfeldwebel oder Unteroffizier täglich eine Stunde bei allen der aktiven Kur erfolgreich Unterzogenen gruppenweise ohne besondere Rücksicht auf die Art des einstigen Hauptsymptoms durchgeführt..." (Kehrer 1917, S.7 ff).*

Zum Schluß wurde den symptomfrei Gequälten dann gesagt:

> *"er habe jetzt bewiesen, daß er imstande sei, seine Symptome zu unterdrücken; man wolle das auch weiterhin von ihm verlangen und jeden Rückfall als ein Zeichen schlechten Willens ansehen und bestrafen" (Pönitz 1921, S.31 f.).*

Das Hauptziel dieser "Therapien" war die Wiederherstellung der Kriegsverwendungsfähigkeit, was die "Therapeuten" immer wieder betonten (z.B. *Mahr* und *Hartung*

1918, *Hoffmann* 1920, *Pönitz* 1921, *Nonne* 1922). Zu diesem Zweck wurden u.a. auch "Heilexerzierübungen mit Übungsgewehren" durchgeführt (vgl. *Friedländer* 1918). Die Erfolge waren jedoch zunächst gering. *Stern* (1918) konnte über eine K.V.-Schreibung von nur wenigen Prozent berichten. Zwar gab *Nonne* (zit. n. *Kehrer* 1917) die Zahl der durch einfache Hypnose "Heilbaren" mit 40-60% an, aber es handelt sich dann um nicht mehr kriegstaugliche Soldaten, weil es an der Front sofort zu Rückfällen gekommen wäre. So mußte man sich *"bei den meisten Kranken damit begnügen, die Arbeitsfähigkeit wiederherzustellen und sie für die Kriegswirtschaft nutzbar zu machen"* (*Mahr* und *Hartung* 1918, S. 232). Auch *Kehrer* plädiert dafür, wenn die kranken Soldaten schon nicht fronttauglich würden, sie zumindest in der Munitionsindustrie zu beschäftigen; ebenso hielt es *Krapf* (1919), der die Kehrsche Methode des Zwangsexerzierens sowie die Kaufmann-Kur unter *"Ausnutzung des dem Soldaten anerzogenen Subordinationsgefühls"* anwendete, für entscheidend wichtig, Kriegsneurotiker in kriegswirtschaftlichen Betrieben zu beschäftigen. Klar und deutlich drückte *Gaupp* (1915) aus, worum es ging:

> *"Je länger der Krieg dauert, desto mehr wird die Zahl der nervös und hysterisch gewordenen Mannschaften anwachsen, desto dringender wird sich die Forderung erheben, sie statt als kostspielige Lazarettinsassen als am richtigen Orte noch brauchbare Kräfte im militärischen Organismus zu verwenden ..." (S. 363)*

Die "Kaufmann-Kur"

Die Prinzipien aller während des 1. Weltkrieges entwickelten Therapieformen faßt u.a. *Nonne* (1922) zusammen:

Die hysterischen Erscheinungen, die unter Kriegseinwirkung auftraten, wurden im Einklang mit der damals herrschenden Ideologie als *"defektes Gesundheitswesen" (Konstamm), "seelischer Defektzustand und mit ethischer Minderwertigkeit und antisozialen Neigungen und besonderer Neigung zur Simulation und einer Decktendenz der eigenen Minderwertigkeit von der Umwelt und dem eigenen Oberbewußtsein (Stransky)"* etc. betrachtet (S. 103). Der Neurotiker sei einzuschätzen *"wie ein trotzköpfiges Kind, das nicht den Heilung suchenden, sondern einen der Heilung widerstrebenden (...) Willen hat, - (...) -, so ist es auch zu behandeln, wie ein strenger aber wohlwollender Erzieher ein solches behandelt. (...) Das Personal muß in demselben Sinne erzogen sein ... Ein wesentlicher Teil der Arbeit ist getan, wenn dieser Geist das Haus beherrscht"* (S. 107). Für sehr wichtig hält *Nonne* die Autorität, die *"steht und fällt mit dem Gefühl: Der ist mir über."* (S. 107) Er läßt deshalb z.B. die Patienten sich vor der Behandlung *"stets ganz nackt ausziehen (...), denn ich finde, daß dadurch das Gefühl der Abhängigkeit bzw. der Hilflosigkeit erhöht wird"* (S.110), denn: ein Kampf mit dem Neurotiker bzw. mit der Neurose bleibt die Behandlung derselben, einerlei, ob der Kampf in der milden Form der Suggestivhypnose oder als einfache *"intellektuelle Persuasion" (Dubois)* oder als listenreiche Überführung oder Überrumpelung oder in einer der verschiedenen Abarten des *Kaufmann'schen* oder *Kehrer'schen* Zwangsverfahrens geführt wird (S. 107, alle Zitate aus *Nonne* 1922).

Kaufmann sah die Überrumpelung als das wesentliche Element seiner Methode an. Er hatte schon in Friedenszeiten hysterische Lähmungen mittels *"energischer faradischer Pinselung"* behandelt. Ab 1915 praktizierte er die Behandlung der Kriegsneurosen durch Herbeiführen eines Schocks durch *"Bearbeiten mit einem kräftigen elektrischen Strom"* und Verwendung dieses Schocks *"unter Zuhilfenahme entsprechender Wortsuggestion zur Heilung"* (S. 803). Die Behandlung bestand aus 4 Komponenten:

1. *"suggestive Vorbereitung"*
durch Herstellung einer *"suggestiven Atmosphäre im Lazarett"*, wo dem Patienten klargemacht wurde, daß er in einer Sitzung geheilt werden würde, ob er wolle oder nicht.

2. *"Anwendung kräftiger Wechselströme unter Zuhilfenahme reichlicher Wortsuggestion"*
Die Ströme mußten so stark sein, daß sie empfindliche Schmerzen hervorriefen. Man ließ die Ströme 3 – 5 Minuten einwirken, machte dann eine Pause, die mit dem Üben der durch die Neurose ausgefallenen Funktionen ausgefüllt wurde, elektrisierte wieder etc.

3. *"Strengem Innehalten der militärischen Formen unter Benutzung des gegebenen Subordinationsverhältnisses und Erteilen der Suggestion in Befehlsform"*
Kaufmann betrachtete die "Vorgesetzteneigenschaft des behandelnden Sanitätsoffiziers" als wichtiges Mittel seiner "Therapie": *"die militärische Disziplin verlangt absoluteste, kritiklose Unterordnung unter die Befehle des Vorgesetzten, und diese schafft für die Erziehung eines Suggestiverfolges den günstigen Boden. Man muß gerade bei den Patienten mit derartigen psychogenen Störungen vom Aufnahmetag an auf strengstes Innehalten der militärischen Formen sehen, soweit das eben möglich ist, und dann während der Überrumpelungsbehandlung die Leute ohne brutal zu erscheinen, sehr scharf anpacken, die Aufforderung in knapper Befehlsform, unter Zuhilfenahme des militärischen Kommandos geben. So lasse ich – nach jeweiliger elektrischer Behandlung – Leute mit Zitterbewegungen der Beine oder mit pseudozerebraler Ataxie (Def.) Marschübungen nach scharfem militärischen Kommando machen (genau wie auf dem Kasernenhof!). Leute mit Tremor des Kopfes müssen nach Kommando "Augen rechts" bzw. "die Augen links" üben u. dergl. m."*.

4. *"Unbeirrbar konsequente Erzwingung der Heilung in einer Sitzung"*
Auch wenn diese "Behandlung" mehrere Stunden dauert, darf der Arzt nicht damit aufhören, bevor die Symptome verschwunden sind.

Der Gequälte ist dabei nach *Kaufmann* keineswegs nur der Patient, denn *"es ist nicht zu leugnen, daß die Überrumpelungstherapie an die Nerven des behandelnden Arztes große Anforderungen stellt."* Der Hauptvorzug der Methode ist, daß sie *"auch den Kranken, der nicht zur Heilung inkliniert, so gut wie immer in die Gesundung hinein (zwingt); denn der gewaltige Schmerzeindruck verdrängt alle negativen Begehrungsvorstellungen"* (alle Zitate *Kaufmann*, 1916).

Eine Schilderung einer Anwendung der Kaufmann-Kur gibt *Kretschmer:*

"Im Halbdunkel, umgeben von allerlei phantastischem Gerät, liegt ein alter Hysteriker in meinem Heilzimmer auf dem Behandlungstisch. Vorgestern abend war er angekommen, ein früherer Offiziersbursche mit guten Manieren und einem offenen anständigen Gesicht. Das heißt: er schleppte sich auf zwei Stöcken hängend, zitternd, mit steifen verkreuzten Beinen in unbeschreiblich grotesken Gangfiguren. Er wollte sich gerne heilen lassen, er bat darum, und es war ihm ernst damit. Wie dieser Mann nun auf dem Behandlungstisch liegt und ich nehme die schmerzlose Elektrode zur Hand – eben hatte er noch gelassen und freundlich mit mir gesprochen —, da geschieht etwas Unbegreifliches: er verwandelt sich unter meinen Augen in einen anderen – plötzlich, so wie wenn man an einer sacht laufenden Maschine den Hebel drückt, und es fällt unversehens ein brausendes Räderwerk ein. Ein steifer Blick, ein verzerrtes Gesicht, die Muskeln wie Stricke angespannt, fortstrebend, dagegenstrebend und zusammengekrümmt über etwas Unsichtbarem, was man ihm entreißen will. Man spricht ihm freundlich und beruhigend zu – es ist, als ob man gegen ein zischendes Mühlrad redet. Und mit dem blinden Sträuben und Drängen läuft gleich noch ein zweiter Gang an: Ein Zittern, Keuchen und Zucken – die Zähne klappern, die Haare sträuben sich, der Schweiß tritt auf das blaßgewordene Gesicht. Was noch durch diesen Tumult hindurchdringt, das sind kurze, scharfe Zurufe, festes Anfassen,

rascher kräftiger Schmerz. Und unter diesen Reizen tritt, wieder mit einem plötzlichen Ruck, eine zweite Verwandlung ein. Man hat ein fast körperliches Gefühl davon, so als ob ein ausgedrehtes Gelenk einschnappte. Auf einmal ist der Wille glatt und gerade und die Muskeln folgen beruhigt, willig seinem Antrieb.

Die ganze Szene hat für den Kriegstherapeuten etwas so vollkommen Typisches, daß er sich noch in der Erinnerung daran zu langweilen beginnt." (Kretschmer, zit. n. Nonne 1922, S. 108f).

In seiner "launigen Art" *(Wagner 1917)* charakterisierte *Nonne* das Verfahren: *"Wenn man einen Assistenten hat, dem nichts daran liegt, 6 Wochen wegen Körperverletzung ins Loch zu kommen, und der es unternimmt, sich 1 Stunde und länger mit dem Patienten herumzuschlagen, bis der Patient den Tremor verloren oder der Assistent ihn hat, so soll man es den Assistenten machen lassen..."* (zit. n. *Wagner*, S. 334 f.)

Wegen der durch Kriegsneurosen stark gelichteten Frontlinien und des demoralisierenden Einflusses der Erkrankten auf die anderen Frontsoldaten sowie angesichts der geringen Heilungsquote im Sinne einer Wiederverwendungsfähigkeit an der Front, forderten immer mehr Psychiater und Neurologen, die Kriegsneurotiker während der "Therapie" möglichst in Frontnähe zu belassen. Diese Methode der "frontnahen Behandlung" (z.B. *Kurt Schneider* 1918) sollte vor allem einen "sekundären Krankheitsgewinn" – nämlich eine Rückverlegung in die Heimat oder gar eine Entlassung aus der Armee verhindern.

> *"Die Regimentskrankenstube ist ein Ort der Auslese; nichts ist verkehrter, als alle nervösen Zustände von dort nach rückwärts zu schicken, denn damit gehen der Truppe unnötig Leute verloren. ... Es ist längst von den maßgebenden Stellen erkannt worden, wie wichtig es für die Truppen ist, ihre Kranken, wenn es irgend geht, bei sich zu behalten, um sie nicht ganz zu verlieren. Und nervenärztlich muß dem voll zugestimmt werden. Wir sehen viele Leute, die mit nervösen Symptomen von vorn kommen und sich in der Ruhe des Reviers in kurzem vollkommen erholen und wieder in den Graben gehen können, während sie, einmal ins Lazarett oder gar in die Heimat gelangt, schwerlich wieder 'k.v.' werden dürften. ... Vielfach genügt Ruhe, ordentlicher Schlaf und die Versicherung, wirklich einige Tage oder während der augenblicklichen Stellungsperiode nicht mehr vorn verwendet zu werden, völlig, um die Kranken wieder ganz genesen und 'k.v.' werden zu lassen." (Schneider 1918, S. 311 ff.)*

Nonne ging in seinen Vorschlägen, den "sekundären Krankheitsgewinn" zu verhindern, noch weiter: er wollte nicht nur verhindert wissen, daß Soldaten wegen Schüttelzitterns, Bettnässens oder anderer Symptome von der Front abgezogen würden, sondern forderte, spezielle Kompanien für Bettnässer und andere Kriegsneurotiker einzurichten und gab zu bedenken:

> *"ob nicht doch einige Neurotikerabteilungen in Kriegslazaretten hinter der Front eingerichtet werden sollten, mit der Möglichkeit, Neurotiker, die im Heimatgebiet Schwierigkeiten machen, dorthin zur Behandlung zu verlegen, und mit der Bestimmung, daß Entlassungen und Verlegungen in der Regel nur in der Richtung nach der Front vor sich gehen dürften (...) Militärische Behörden, Kriegsministerien, Versorgungsabteilungen, stellvertretende Generalkommandos, Bezirkskommandos, Ersatz- und Feldtruppenteile und die bei diesen Behörden tätigen Ärzte sind durch Vorträge über das Wesen der Kriegsneurosen aufzuklären. Ebenso ist eine Aufklärung des weiteren Publikums notwendig, auch die Zivilbehörden sind in der*

Richtung zu beeinflussen, daß sie im Verkehr mit Neurotikern nicht durch unzweckmäßiges Mitleid schaden..." (Nonne 1922, S.119).

Nonne berichtet über Erfolge der "frontnahen Psychiatrie":

"Dicht hinter der Front wurden die Fälle vom 3. Kriegsjahre an meistens schnell geheilt. Hier wirkten die militärische Disziplin und die rauhe Notwendigkeit therapeutisch" (Nonne 1922, S. 114)

Teilweise wurden die psychisch erkrankten Soldaten sogar mit Absicht in Lebensgefahr gebracht oder in den Tod geschickt:

"Es gab Truppenteile, bei denen es therapeutische Gepflogenheit war, die Abwehrneurosen ins Trommelfeuer zu schicken, und die Ärzte solcher Truppenteile berichten, daß dieses Vorgehen von großem prophylaktischem Wert gewesen sei" (Nonne 1922, S. 114).

Jedoch wurden trotz allem die meisten "Geheilten", wenn Kriegshandlungen unmittelbar bevorstanden, wieder rückfällig. So konnte ein Großteil von ihnen nicht mehr k.v. geschrieben werden, sondern nur noch in Garnisonen und vor allem in der Rüstungsindustrie verwendet werden, wo mancher noch *"Ersprießliches geleistet" (Nonne 1922, S. 115)* habe. Bei der Arbeit hielt man sie mit der Drohung:

"... daß sie bei einem Rückfall wieder der Station zugeführt würden, wo die aktive Therapie seinerzeit die 'Austreibung' vorgenommen hatte. Daß das gewirkt hat, ist sicher" (Nonne 1922, S. 115).

Neben diesem Wiederverwendbarmachen für Kriegszwecke um jeden Preis sollte mit diesem Vorgehen ein weiteres Ziel erreicht werden, nämlich die Verhinderung von Rentenansprüchen der von den Kriegsereignissen Geschädigten nach dem Friedensschluß.

"Der alte Jammer hat uns ja täglich gepackt, daß der Krieg Darwin'sche Zuchtwahl in umgekehrten Sinne mit großem Erfolg betrieb: Die Besten werden geopfert, die körperlich und geistig Minderwertigen, Nutzlosen und Schädlinge werden sorgfältig konserviert, anstatt daß bei dieser günstigen Gelegenheit eine gründliche Katharsis stattgefunden hätte, die zudem durch den Glorienschein des Heldentodes die an der Volkskraft zehrenden Parasiten verklärt hätte" (Nonne 1922, S. 112).

In der militärpsychiatrischen Literatur des Ersten Weltkrieges und der darauffolgenden Jahre erscheint immer wieder die Besorgnis, daß diese "Nutzlosen und Schädlinge", die es geschafft haben, dem "Heldentod" zu entgehen, nun dem Staat auch noch durch den Bezug einer Rente zur Last fallen könnten. Besonders im Falle der 'Kriegsneurotiker", denen man ja "ethische Minderwertigkeit", ein "defektes Gesundheitsgewissen" u.ä. (s. Kasten "Kaufmann–Kur") bescheinigt hatte, galt es, aufs energischste zu verhindern, daß ihre "Minderwertigkeit" auch noch durch die Zahlung einer Rente belohnt würde. Die Psychiater empfahlen, gegen die Rentenantragsteller ähnlich vorzugehen, wie sie gegen die "Kriegsneurotiker" vorgegangen waren. In seinem Resümee einer Untersuchung *Fröhlichs* von Unfallrentnern aus der Zeit vor 1914, die dann zum Kriegsdienst eingezogen worden waren, schreibt *Schob* 1917 (S.573):

"Von den 21 Rentenempfängern mußte nur ein einziger entlassen werden; einer war garnisonsverwendungsfähig, einer Armierungssoldat; alle übrigen waren im Feldheer zu verwenden – diese Erfahrungen lehren unzweifelhaft, daß in Zukunft bei Beurteilung der Erwerbseinschränkung von Unfallkranken, insbesondere bei der

Einschätzung funktioneller Beschwerden und Zubilligung kleiner Renten, ein wesentlich schärferer Maßstab angelegt werden müßte als bisher. Verf. empfiehlt u.a. die Einrichtung ärztlicher Kontrollbesuche bei den Unfallkranken."

Und *Nonne* (1922, S. 188) drückte schließlich die Hoffnung aus, daß sich die Therapeuten und Gutachter daran erinnern werden,

"... daß von 1915 – 1918 durch deutsche Neurologen und Psychiater bewiesen wurde, daß die Kriegsneurosen mit ihrem mannigfaltigen und buntscheckigen Symptomkomplex zu heilen sind, sowie zum Festhalten der Heilung ein einziges Zusammengehen von Ärzten, militärischen, gutachterlichen und richterlichen Instanzen gehört."

Allerdings war es durch die veränderten politischen Verhältnisse nach dem Krieg nicht mehr möglich, die "bewährten" Behandlungsmethoden im gewünschten Ausmaß gegen die "Rentenneurotiker" einzusetzen, weil jetzt u.a. *"die Einstellung des Seelenlebens auf die militärische Disziplin"* fehlte. (*Nonne* 1922, S.119), was von vielen Psychiatern lebhaft bedauert wurde.

Das Selbstverständnis und die Praxis der überwältigenden Mehrheit der Psychiater und Neurologen im 1. Weltkrieg kann folgendermaßen zusammengefaßt werden: In Indentifikation mit den militärischen Zielen und der militärischen Führung betrachteten sie es als ihre Aufgabe, für die optimale Selektion von Soldaten zu sorgen, Simulanten und Selbstverstümmler zu entlarven, potentielle Störfaktoren (bestimmte Arten von "Psychopathen", therapiefraktäre Kriegsneurotiker) aus der Armee zu eliminieren und Kriegsneurotiker durch oft brutalste Methoden wieder frontfähig, zumindest jedoch für die Arbeit in den Rüstungsbetrieben tauglich zu machen. Sie waren nicht die ärztlichen Anwälte des "Kriegsneurotikers", der seine Angst vor dem Tod und seine Gegnerschaft zum Töten–Müssen bewußt als Simulation oder "hysterische" Symptomatik zum Ausdruck brachte, sondern sie waren bewußte Helfer einer militärischen Führung, die reibungsloses Funktionieren und notfalls rasche Wiederherstellung der Kampffähigkeit der Soldaten verlangte.

Auch für alle anderen, hier nicht behandelten medizinischen Fächer (z.B. die Chirurgie) gilt, daß sie im Rahmen des Sanitätswesens in erster Linie eine militärische (Reparatur-) Funktion hatten. Dies brachte *Hindenburg* in seinen Memoiren deutlich zum Ausdruck:

"Würde unser Sanitätskorps nicht auf der Höhe der Zeit gestanden haben, auf der es sich tatsächlich befand, so hätten wir schon aus diesem Grund den Krieg nicht so lange durchhalten können" (Hindenburg 1920, S. 136).

Folgerichtig schreibt Kaiser Wilhelm in einer Dankadresse für deren Geburtstagsglückwünsche an die deutsche Ärzteschaft:*"Der Weltruf der deutschen ärztlichen Kunst hat sich auch im gegenwärtigen Kriege glänzend bewährt"* (Dtsch. Ärzteblatt 69, 1972, S. 1284); dies hatte u.a. damit zu tun, daß im deutschen Heer 60%, im russischen nur 18% der Verluste wieder an die Front zurückkehrten (vgl. ebenda).

Als hätte er das Vorgehen der Militärpsychiater vorausgesehen, schrieb *Karl Liebknecht* bereits 1907:

"Der Militarismus muß, um seinen Zweck zu erfüllen, die Armee zu einem handlichen, gefügigen, wirksamen Instrument machen. Er muß sie in militärisch—technischer Beziehung auf eine möglichst hohe Stufe heben und andererseits, da sie aus Menschen, nicht aus Maschinen besteht, also eine lebendige Maschinerie ist, mit dem richtigen 'Geist' erfüllen ... So werden die Rekruten narkotisiert, verwirrt,

geschmeichelt, gekauft, bedroht, eingesperrt, geschliffen und geprügelt; so wird Körnlein und Körnlein zum Mörtel für den gewaltigen Bau der Armee zusammengemischt und geknetet". (Liebknecht 1971, S. 91 f.)

3. Nach dem 1. Weltkrieg

Mit dem Ende des Krieges verschwanden die Symptome des überwiegenden Teils der "Kriegsneurotiker". Dies ist angesichts des Wegfalls der eigentlichen Ursachen dieser Krankheitsbilder auch nicht weiter verwunderlich und war auch im militärpsychiatrischen Schrifttum schon während des Krieges mehrfach vorhergesagt worden. Diese "Spontanheilungen" wurden aber nichtsdestoweniger von einem Großteil der Militärpsychiater mit großer Erbitterung registriert, besonders dann, wenn sich ehemalige Kriegsneurotiker auf der linken Seite des politischen Spektrums engagierten und betätigten.

"Sehr interessant war es, Erfahrungen zu sammeln über das Verhalten der Neurotiker bei uns nach der Revolution. Der Neurotiker wird auf Grund seiner seelischen Konstitution stets erklären, daß er zu hart behandelt wurde, ebenso wird der Neurotiker mit Naturnotwendigkeit weniger zu leisten versuchen, als von ihm verlangt wird, auch das liegt im Wesen der abnormen seelischen Konstitution ... und diese Neurotiker ... konnten während der Revolution Erstaunliches leisten im Reden, Agitieren, Herumlaufen, Schreiben und Organisieren. Auf meiner Abteilung trat ein refraktärer Zitterer, der sich über zu harte Behandlung beschwert hatte, als Soldatenrat in Funktion und war von Morgen bis Abend in gehobener Stimmung tätig für seine 'Untergebenen', befreit von Unlustgefühlen und allen motorischen Reizerscheinungen, getragen vom Bewußtsein der Zweckhaftigkeit seines Daseins und seiner Tätigkeit ... Die letzten Neurotiker verschwanden von der Straße aufgrund ihres Herrengefühls" (Nonne 1922, S. 126).

Psychiater begannen jetzt, das veränderte politische Verhalten der unteren Gesellschaftsschichten in psychiatrische Kategorien einzuordnen. Menschen, die sich im 1. Weltkrieg gegen den Verrat ihrer Interessen und den Zwang zum Töten und Getötetwerden wehrten, entwickelten als Soldaten hysterische Symptome – die einzig verbliebene Möglichkeit, ihren politisch (noch) nicht artikulierten oder nicht mehr artikulierbaren Protest auszudrükken und sich der Kriegsverwertung im Sinne der Herrschenden zu entziehen. Die Psychiatrie im Dienste des Militärs entpolitisierte diesen Protest, indem sie ihn als "krankhaft" bezeichnete, seine Ursachen in charakterlichen Mängeln ("defektes Gesundheitsgewissen", "ehtische Minderwertigkeit") sah, dann brachte sie ihn mit brutalen Therapiemethoden vorläufig zum Verstummen.

Als nun die ehemaligen "Kriegsneurotiker" im Zuge der Novemberrevolution begannen, ihre politischen Interessen zu artikulieren und Aktionen zu realisieren, welche die gesellschaftliche Existenz des deutschen Bürgertums bedrohten, griffen Psychiater zu einer bewährten Diffamierungsmethode (vgl. dazu *Dörner* 1968, 1969), die auch heute noch als Psychiatrisierung der Kriegsdienstverweigerung im Westen (s. *Ziese,* 1972) und als Klinifizierung politischer Oppositioneller in der Sowjetunion verwendet wird: sie definierten oppositionelles Engagement als "Geisteskrankheit".

In den einschlägigen Fachzeitschriften tauchten Artikel auf mit Titeln wie "Psychopathen als revolutionäre Führer" *(Kahn 1919)* oder "Psychiatrische Randbemerkungen zur Zeitgeschichte" *(Kraepelin* 1919). In seinem Vortrag "Der seelische Wiederaufbau des deutschen Volkes und die Aufgaben der Psychiatrie", gehalten bei der Deutschen Psychiaterversammlung in Hamburg 1920, sagte *Stransky:*

"Im Verein mit der Hysterisierung der Masse, wie sie jeder Krisen- und Verfallzeit eigen ist und der darin wurzelnden Messiaserwartungsstimmung, hat sie (die Arbeitsunlust, d.A.) jene Empfänglichkeit breiter Schichten für krankhafte oder kurzschlüssige Ideenverbindungen geschaffen, wie sie sich in den verschiedenfarbigen Putschen geoffenbart hat. Kein Wunder, wenn ... auch die Empfänglichkeit der Massen, sich von krankhaft – entarteten Persönlichkeiten leiten zu lassen, eine erhöhte war und noch heute ist; klinisch am genauesten erscheint dies – ich weise besonders auf die Abhandlungen von Kraepelin und Kahn hin – für die Münchener Kommunistenperiode erwiesen ..." (Stransky 1921, S. 274).

Und während *Gaupp* in verblüffender Einfachheit zusammenfaßte:*"Der politische Radikalismus ist z. T. nichts anderes als ein neurasthenisches Symptom" (1922, S. 100),* versuchten sich *Kraepelin* und *Kahn* an Persönlichkeitsanalysen, der von ihnen als "Psychopathen" diagnostizierten Führer der Novemberrevolution.

"Es ist wohl kein Zufall, daß an der Spitze von Massenbewegungen nicht selten Persönlichkeiten mit ausgeprägten hysterischen Zügen stehen. Die mangelhafte Entwicklung des zielbewußten Willens, die der hysterischen Veranlagung zugrundeliegt, kann sich mit ausgezeichneter Verstandesbegabung und namentlich mit Lebhaftigkeit der gemütlichen Regungen verbinden, die unter Umständen eine besondere Fähigkeit in sich schließt, sich der Umgebung anzupassen, sie zu verstehen, auf sie zu wirken und sie zu beherrschen" (Kraepelin 1919, S. 177).

In seinem Eifer, diese Menschen mit dem Etikett "hysterische Persönlichkeiten" zu versehen, scheint *Kraepelin* übersehen zu haben, daß er eigentlich den Typ des psychisch Gesunden *("ausgezeichnete Verstandesbegabung ... Lebhaftigkeit der gemütlichen Regungen ... Fähigkeit ... sich der Umgebung anzupassen, sie zu verstehen, auf sie zu wirken und sie zu beherrschen")* beschreibt.

Auch der Seitenhieb auf die "jüdische Rasse", die sich stark an den "Umwälzungen" beteiligt habe, fehlt nicht:

"Die Häufigkeit psychopathischer Veranlagung bei ihr könnte mit dazu beigetragen haben, wenn auch wohl hauptsächlich ihre Befähigung zur zersetzenden Kritik, ihre sprachliche und schauspielerische Begabung sowie ihre Zähigkeit und Strebsamkeit dabei in Betracht kommen" (S. 178).

Kahn (1919) beschreibt detailliert eine Anzahl von Anführern der revolutionären Bewegung mit einem z.T. infamen psychiatrischen Begriffsinventar. Darunter sind unschwer auch drei der führenden Köpfe der Münchener Räterepublik zu erkennen, obwohl er Decknamen benutzt:

–"Otto Wasner": "Gewandter Redner, politischer Dilettant (...) Glaubte guten Frieden machen zu können (...) Intelligent, erregbar, phantastisch, fanatisch; eitel bis zur Selbstüberschätzung, großsprecherisch; Phraseur, Poseur; empfindsam ... Fanatischer Psychopath." (s. 97).

Damit ist Kurt Eisner gemeint, der im November 1918, zwei Tage vor der Abdankung des Kaisers die "Republik Bayern" proklamiert hatte und ihr Ministerpräsident wurde. Seine Ermordung im Februar 1919 war der Anlaß zur Ausrufung der Münchener Räterepublik.

–"Werner Leidig": "Auf Gymnasium wegen sozialistischer Umtriebe relegiert (...) 'Kaffeehausliterat', 'Kaffeehausanarchist' (...) Vor Gericht: will voll verantwortlich, kein Psychopath sein; aphoristisch geistreichelnd, erregbar, fanatisch, phantastisch, verworren, eitel, großes Selbstgefühl, Poseur, kritiklos, haltlos. Fanatischer Psychopath (15 Jahre Festung)" (S. 97 f.).

Damit ist Erich Mühsam, der sozialistische Schriftsteller, Revolutionär und Anarchist gemeint, der Mitglied im Zentralrat der Münchener Räterepublik war, nach deren gewaltsamer Beseitigung zu 15 Jahren Festungshaft verurteilt und 1934 von den Nazis nach grausamen Folterungen im KZ Oranienburg ermordet wurde.

–"Erwin Sinner": "Schwer belastet. Sorgenkind. Als Knabe hysterische Gehstörung (...) schauspielerisches Talent, hohe Meinung von sich; macht sich interessant, dichtet, markiert den Künstler. Immer bei Ärzten, viel in Sanatorien (...) in der Klinik: (...) stottert, schluckt, weint, schluchzt in der Erregung; hat nur "die Wiedererweckung des religiösen Menschen und die Befreiung des Geistes beabsichtig"; gequält, theatralisch, Phrasen; empfindsam, wirr, unreif, beeinflußbar; drängt danach, sich hervorzutun, beachtet zu werden; disharmonisch; Menschheitsbeglükker! (...) Vorm Standgericht sehr gewandt; bringt eigenen Gutachter mit, der ihn im Gegensatz zum psychiatrischen Sachverständnis als psychisch durchaus intakt schildert; will voll verantwortlich sein (...) Hysterische Persönlichkeit (5 Jahre Festung)" (S. 96).

Hinter diesem Pseudonym verbirgt *Kahn* wahrscheinlich den sozialistischen Dichter und Schriftsteller Ernst Toller, der zu den Führern der Münchner Räterepublik gehörte und nach deren Zerschlagung zu fünf Jahren Festungshaft verurteilt wurde. Als Jude mußte er 1933 emigrieren und starb 1939 in New York durch Suizid (alle biographischen Daten aus *Taddey, G.* (Hrsg.): Lexikon der Deutschen Geschichte, Stuttgart 1979).

Trotz aller dieser Dienste, welche die Psychiater und Neurologen dem deutschen Volk im Krieg glaubten erwiesen zu haben, sahen sie sich statt der erwarteten Anerkennung vielfach heftiger Kritik gegenüber. Diese wurde von ihnen entschieden zurückgewiesen und als Teil einer ungerechten allgemeinen "Psychiaterhetze" gewertet:

"Und so hat unsere Zeit, statt den Ärzten und ganz besonders den Psychiatern erhöhte Geltung zu verschaffen, einstweilen das Gegenteil bewirkt und die Psychiaterhetze sogar in eine neue Phase treten lassen; insbesondere wird das System der pädagogischen Behandlung der Kriegsneurosen von demagogischer Seite weidlich ausgebeutet; als ob sie ein Kriegsspezifikum gewesen wären! Hier gilt es kräftig abzuwehren" (Stransky 1920, S. 273).

Vereinzelt strengten ehemalige Patienten Prozesse gegen ihre früheren "Therapeuten" wegen körperlicher und seelischer Mißhandlung an, obwohl z.B. *Gaupp* noch während des Krieges versucht hatte, dem vorzubeugen. Er bezog die Verhinderung von Veröffentlichungen und Anklagen gleich in die "Therapie" der Kriegsneurosen ein:

"Wie viele Drohungen, daß man sofort nach Friedensschluß mit der Veröffentlichung des gesamten Anklagematerials an die Öffentlichkeit treten werde, habe ich gehört, und es erforderte manche Stunde pädagogisch–psychologischer Einwirkung, um solche Absichten im Interesse der Heilung zur freiwilligen Aufgabe zu bringen" (Gaupp 1922, S. 99).

> *"Sehen Sie mich doch an! ... Sehen Sie, ich bin ein Mensch wie Sie ... Meine Aufgabe ist, Sie baldmöglichst zu heilen, weiter nichts", sagte der Doktor mild und fast bittend.*
>
> *Plötzlich beugte ich mich ganz nahe an sein Gesicht, daß er ein wenig zuckte und schrie laut und immer lauter: "Sie sind der größte Verbrecher: Sie heilen nur, damit man uns wieder als Kanonenfutter brauchen kann! Sie sind schlimmer als jeder General und Kaiser, denn Sie benützen Ihre Wissenschaft nur, damit es wieder Leute zum Umbringen gibt! ... Die Generale, der Kaiser, die ganzen Kriegsherren handeln, wie sie es gelernt haben, aber Sie – Sie, Sie haben etwas anderes gelernt und lassen sich zur größten Schandtat benützen. Sie machen zu Tode Geschundene wieder lebendig, damit man sie wieder morden, wieder zerfetzen kann! ... Ein Zuhälter sind Sie, eine Hure sind Sie!"*
>
> **aus: Oskar Maria Graf: Wir sind Gefangene, 1926**

Am bekanntesten wurde der Prozeß gegen den späteren Nobelpreisträger *Wagner von Jauregg* in Österreich, der mit dem Freispruch endete. Zu diesem Prozeß war *Freud* als Sachverständiger geladen. Sein Gutachten und seine Antworten in der anschließenden Befragung durch das Gericht sind sowohl im Hinblick auf die brillante Darstellung einer Theorie der Genese der Kriegsneurosen aus der Sicht der Psychoanalyse, als auch im Hinblick auf die scharfe und wohlbegründete Kritik am Vorgehen der Ärzte im Krieg ein wichtiges historisches Dokument, welches erst spät wiedergefunden und erst Anfang der 70er Jahre von *Gicklhorn* und *Eissler* veröffentlicht wurde; hier sollen deshalb einige längere Passagen aus dem Gerichtsprotokoll zitiert werden:

> *"Es ergab sich also leicht als die nächste Ursache aller Kriegsneurosen die dem Soldaten unbewußte Tendenz, sich den gefahrvollen oder das Gefühl empörenden Anforderungen des Kriegsdienstes zu entziehen. Angst um das eigene Leben, Sträuben gegen den Auftrag, andere zu töten, Auflehnung gegen die rücksichtslose Unterdrückung der eigenen Persönlichkeit durch die Vorgesetzten, waren die wichtigsten Affektquellen, aus denen die kriegsflüchtige Tendenz gespeist wurde.*
>
> *Ein Soldat, in dem diese affektiven Motive mächtig und klar bewußt gewesen wären, hätte als Gesunder desertieren oder sich krankstellen müssen. Die Kriegsneurotiker waren aber nur zum kleinsten Teil Simulanten; die Affektregungen, die sich in ihnen gegen den Kriegsdienst sträubten und sie in die Krankheit trieben, wirkten in ihnen, ohne ihnen bewußt zu werden. Sie blieben unbewußt, weil andere Motive, Ehrgeiz, Selbstachtung, Vaterlandsliebe, Gewöhnung an Gehorsam, das Beispiel der anderen, zunächst die Störungen waren, bis sie bei einem passenden Anlaß von den anderen, unbewußt wirksamen Motiven überwältigt wurden.*
>
> *An diese Einsicht in die Verursachung der Kriegsneurosen schloß sich eine Therapie an, die gut begründet schien und anfänglich sich auch als sehr wirksam erwies. Es schien zweckmäßig, den Neurotiker als Simulanten zu behandeln und sich über den psychologischen Unterschied zwischen bewußter und unbewußter Absicht hinwegzusetzen, obwohl man wußte, daß er kein Simulant sei. Diente seine Krankheit der Absicht, sich einer unleidlichen Situation zu entziehen, grub man ihr offenbar die Wurzeln ab, wenn man ihm das Kranksein noch unleidlicher als den Dienst machte. War er aus dem Krieg in die Krankheit geflüchtet, so wandte man Mittel an, die ihn zwangen, aus der Krankheit in die Gesundheit, also in die Kriegsdiensttauglichkeit, zurückzufliehen. Zu diesem Zweck bediente man sich schmerzhafter elektrischer Behandlung, und zwar mit Erfolg. Es ist eine nachträgliche Beschönigung, wenn Ärzte behaupten, die Stärke der elektrischen Ströme sei die nämliche gewesen, die von jeher bei funktionellen Störungen zur Verwendung kam. Dies hätte nur in den leichtesten Fällen wirken können, entsprach ja auch nicht dem zu Grunde liegenden*

Raisonnement, daß das Kranksein dem Kriegsneurotiker verleidet werden sollte, so daß seine Motive zugunsten der Genesung umkippen müßten (...).

Dies therapeutische Verfahren war aber von vornherein mit einem Makel behaftet. Es zielte nicht auf die Herstellung des Kranken, oder auf diese nicht in erster Linie, sondern vor allem auf die Herstellung seiner Kriegstüchtigkeit: die Medizin stand eben diesmal im Dienste von Absichten, die ihr wesensfremd sind. Der Arzt war selbst ein Kriegsbeamter und hatte persönliche Gefahren, Zurücksetzung und den Vorwurf der Vernachlässigung des Dienstes zu fürchten, wenn er sich durch andere Rücksichten als die ihm vorgeschriebenen leiten ließ. Der unlösbare Konflikt zwischen den Anforderungen der Humanität, die sonst für den Arzt maßgebend sind, und denen des Volkskrieges mußte auch die Tätigkeit des Arztes verwirren. (...) Die Stärke der Ströme sowie die Härte der sonstigen Behandlung wurde bis zur Unerträglichkeit gesteigert, um den Kriegsneurotikern den Gewinn, den sie aus ihrem Kranksein zogen, zu entziehen. Es ist unwidersprochen geblieben, daß es damals zu Todesfällen während der Behandlung und zu Selbstmorden infolge derselben in deutschen Spitälern kam. (...) Aber ebenso ist es richtig, daß wir ein Volksheer hatten, daß der Mann zum Kriegsdienst gezwungen war, daß er nicht gefragt wurde, ob er gerne in den Krieg geht und man mußte daher darauf gefaßt sein, daß die Leute flüchten wollten und den Ärzten ist etwas wie die Rolle von "Maschinengewehren hinter der Front" (Hervorhebung von uns, d.A.) *zugefallen, die Rolle, die Flüchtigen zurückzutreiben. Das lag bestimmt in der Absicht der Kriegsverwaltung. Wie sich die Ärzte in dieser Rolle gefunden haben, mag verschieden gewesen sein. Für den ärztlichen Stand war es eigentlich eine Aufgabe, die sich nicht recht damit verträgt. Der Arzt soll in erster Linie ein Anwalt der Kranken sein, nicht der eines anderen. Wie der Arzt in den Dienst eines anderen tritt, ist seine Funktion gestört, und in dem Moment, wo der Auftrag käme, die Leute möglichst bald für den Kriegsdienst wieder tüchtig zu machen, mußte sich ein Konflikt ergeben, für den man den ärztlichen Stand unmöglich verantwortlich machen kann. Zwischen der Unterordnung unter die Humanität und der allgemeinen Wehrpflicht läßt sich ein Kompromiß nicht herstellen." (*alle Zitate nach *Gicklhorn* 1972, S.943 ff.).

4. Die sanitätstaktische Vorbereitung auf den 2. Weltkrieg

Der rasche Aufbau der Wehrmacht ab 1935 verlangte auch eine Erweiterung des Sanitätswesens. Dabei stützten sich die Militärplaner auf die Erfahrungen aus dem 1.Weltkrieg, die in einer großen Zahl von Arbeiten niedergelegt und z.T. in Form von Empfehlungen für künftige Kriege zusammengefaßt waren. Besonders stark wurde der Ausbau des Sanitätsdienstes der Luftwaffe vorangetrieben, weil ihr im kommenden Krieg eine wichtige Rolle zugemessen wurde. Außerdem galt es, militärmedizinische Konzeptionen für die schnellen Operationen des geplanten Blitzkrieges zu entwickeln.

Zur Sicherstellung des Nachwuchses an Sanitätsoffizieren wurde 1934 als Nachfolgerin der früheren Kaiser-Wilhelm-Akademie die Militärärztliche Akademie eröffnet. Analog zum damaligen wissenschaftlichen Senat wurde auch jetzt der "Wissenschaftliche Senat für das Heeressanitätswesen" gegründet, der unter dem Vorsitz des Heeressanitätsinspekteurs regelmäßige Tagungen abhielt. Ihm gehörten eine Reihe der bekanntesten Vertreter der damaligen Medizin an, darunter die Psychiater Bonhoeffer und Bumke, die Internisten von Krehl und von Bergmann, der Pathologe Aschoff, der Hygieniker Uhlenhut und der Chirurg Sauerbruch (Die vollständige Liste ist abgedruckt in: Der deutsche Militärarzt 1, 1936, S. 42 – 43, s. Anhang).

Dabei wurde die Integration des Arztes in den Militärbetrieb und damit seine Identifikation mit den militärischen Zielen um eine weitere Etappe vorangetrieben: die Bewerber dienten zunächst 6 Monate mit der Waffe bei der Infanterie; nach erfolgreichem Abschluß des Truppendienstes und dem Nachweis der politischen Zuverlässigkeit wurden sie in die Akademie aufgenommen.

"In der Hoffnung, daß die berechtigten Kolonialforderungen des deutschen Volkes in absehbarer Zeit in Erfüllung gehen" (D. Dtsch. Militärarzt 3, 1938, S. 31), wurde bis 1937 auch eine Tropenmedizinische Abteilung aufgebaut. Erste Fronterfahrungen sammelte der Sanitätsdienst der Wehrmacht in der Legion Condor während des spanischen Bürgerkrieges u.a. beim Abtransport von Verwundeten auf dem Luftwege.

Ein beträchtlicher Unsicherheitsfaktor für die militärische Planung des nächsten Krieges war das befürchtete epidemieartige Wiederauftreten der Kriegsneurosen. In den Jahren unmittelbar vor Beginn des 2. Weltkrieges stieg daher die Zahl der militärpsychiatrischen und –psychologischen Veröffentlichungen rasch an. *Wietfeld* schlug zur Vorbeugung der Kriegsneurosen *"planmäßige Affektpflege der Soldaten"* sowie psychologische Ausbildung der Offiziere vor. Zu jedem Regiment sollte ein psychiatrisch ausgebildeter Sanitätsoffizier gehören, der darauf zu achten hätte, daß die Truppe nicht nur körperlich, sondern auch psychisch kriegsverwendungsfähig sei. Entlassungen aus der Armee oder Gewährung einer Rente sollten grundsätzlich verboten sein (vgl. *Wietfeld* 1936).

Um einer epidemischen Ausbreitung der Kriegsneurosen im Ernstfall vorzubeugen, sah die neue Gliederung des Sanitätsdienstes vor, daß jedem Heerstrupp und jeder Armee, sowie jedem Wehrkreis in der Heimat auch ein beratender Psychiater zugeteilt werden sollte. Ebenso war bei jeder Kriegslazarettabteilung eine Planstelle für einen Psychiater vorgesehen. Die beratenden Psychiater, die unmittelbar den Heeresgruppen- und den Armeeärzten unterstellt waren, mußten vierteljährlich einen Erfahrungsbericht an den Heeres–Sanitätsinspekteur erstatten, der wiederum einen beratenden Psychiater zur Seite hatte (vgl. *Kolle* 1961, S.620).

Heidenhain verlangte, daß vom ersten Tag der Mobilmachung an der psychiatrisch–hygienische Dienst sofort arbeiten müsse und im Kriegsministerium eine zentrale Studienkommission einzurichten sei, die sofort alle auftretenden Fragen wissenschaftlich bearbeiten könnte. Die Behandlung von Kriegsneurotikern habe frontnah zu sein, *"wo die Neurotiker durch systematische Arbeitstherapie und militärische Weiterbildung sowie Suggestivmethoden wieder geheilt werden"*. Ein wichtiges Ziel sei es, von vornherein solche Soldaten von der Armee fernzuhalten, die *"auf Grund ihrer abnormen psychischen Verfassung im Heeresdienst Schiffbruch erleiden und dem Heer gefährlich werden können"*.

Andererseits schlug er vor, daß sich die Wehrmacht durchaus bestimmte psychische Defekte für ihre Kriegsführung zunutze machen könnte. Es gebe Psychopatieformen, wie etwa den *"hyperthymen erregbaren Psychopathen mit vorwiegend heiterer Grundstimmung"*, aus denen sich oft ausgezeichnete Patrouillengänger rekrutierten, *"die durch ihren völligen Leichtsinn den Ernst der Sachlage vergessend zu allen Unternehmungen geneigt und geeignet sind"*. Diese sollte man unbedingt in der Armee belassen (Zitate aus *Heidenhain*, 1938).

Andere Ärzte empfahlen, den Lazarettaufenthalt für zukünftige "Kriegshysteriker" möglichst kurz zu halten und die "hartnäckigen Zitterer" in besonderen Formationen so nahe an der Front zur Arbeit einzusetzen, daß die Gefahr nicht wesentlich geringer als für einen Frontsoldaten sein werde.

> *"Letzteres ist von allergrößter Wichtigkeit, weil nur dadurch Rückfälle und auch "Neuerkrankungen" verhütet werden können, daß allgemein bekannt ist, daß eine Zitterneurose nicht aus der Gefahrenzone herausbringt, und daß damit der Zweck einer solchen, der Hölle der Front zu entschlüpfen, nicht erreicht wird ..." (Weber 1939, S. 1305).*

Die Diskussion über die möglichst rasche und sichere Entlarvung von "Simulanten" und "Selbstverstümmlern" wurde ebenfalls (zur "Simulation" s. *Baecker* 1936, *Buinewitsch* 1939) fortgeführt. Für die Entdeckung von "Selbstverstümmlern" wurden detaillierte Kataloge ausgearbeitet ("Erlaß des Oberkommandos der Wehrmacht vom 20. 9. 1944 über die Mittel und Verfahren, die zur Hervorrufung von Selbstbeschädigungen in Frage kommen; Merkblatt der Heeressanitätsinspektion über die Erkennung von Selbstverstümmelungen"; dokumentiert bei *Seidler* 1977, S.302 ff., s. Abschnitt: "Simulation".

Schon bald nach der Machtübernahme durch die Nationalsozialisten wurde den Militärärzten eine wichtige Aufgabe bei der Durchführung der "Eugenik" zugeteilt:

> *"Die Wehrmacht muß das Filter sein, in dem alle unter das Gesetz zur Verhütung erbkranken Nachwuchses Fallenden zurückgehalten werden, bevor sie die Möglichkeit haben, eine Ehe zu gründen und Kinder in die Welt zu setzen." (Klebe* 1937, S. 133)

Schon geringe Auffälligkeiten, die auf psychische Normabweichungen – besonders Schwachsinn und "Psychopathie" – hinweisen konnten, sollten zur genaueren Untersuchung der Soldaten veranlassen:

> *"Um den erbpflegerischen Aufgaben der Wehrmacht gerecht zu werden, ist es daher notwendig, daß jeder Soldat, der dem Unterricht nicht mühelos, wie seine anderen Kameraden, folgen kann, dem zuständigen Sanitätsoffizier vorgeführt wird." (Klebe 1937, S. 133)*

Schon 1937 war jeder Sanitätsoffizier bei Strafandrohung verpflichtet, jede Person, die er als "erbkrank" diagnostizierte, dem zuständigen Amtsarzt zu melden. Da die leitenden Ärzte der Nervenabteilungen der Lazarette den Amtsärzten gleichgestellt waren, konnten sie von sich aus Anträge auf Unfruchtbarmachung "erbkranker" Soldaten bei Erbgesundheitsgerichten stellen (vgl. *Klebe* 1937, S. 133 ff.)

Auch später wurde die rassenpolitische Funktion des Sanitätswesens beim Namen genannt. In der führenden militärmedizinischen Zeitschrift "Der Militärarzt" wurde betont, daß *"Auslese der Fähigen und Unfähigen, Ausschaltung ... der Unfähigen"* und *Hilfsmaßnahmen zur Ausmerze durch Erfüllung der Anzeigepflicht der bei ihm bekannt gewordenen Erbkrankheitsfälle"* zu den wichtigsten Aufgaben des Militärarztes gehören. Der Autor fuhr fort:*"In den Aufgaben der Ausschaltung und Ausmerze berühren sich Rassenpolitik und Wehrmedizin auf das engste." (Leditzig* 1944, S. 14 ff.).

Unter der Kategorie "erbkrank" fielen auch die "schweren" sog. "linken Psychopathen", die im erwarteten Krieg als militärisch unbrauchbar und gefährlich angesehen wurden. Ihnen widmete sich die deutsche Militärpsychiatrie vor 1939 mit besonderer Intensität. *Stier*, der seit Anfang des Jahrhunderts militärpsychiatrisch tätig war, äußerte schon 1936 die Befürchtung, daß *"die Anreicherung der minderwertigen Elemente in der Heimat kaum geringere Gefahren in sich birgt, als ihre Verwendung an der Front"*, und fordert *"die Verweisung der gefährlichen Elemente in Konzentrationslager der Heimat" (Stier* 1936, S. 17).

Daß diese Kriminalisierung der "Psychopathen" politische Gründe hatte, wurde klar ausgesprochen in dem Vortrag "Das Problem der Psychopathen in der Wehrmacht", den Oberstabsarzt Dr. *Simon* am 2. 11. 1937 vor der Militärärztlichen Gesellschaft München hielt; anwesend waren neben Generälen, Vertretern verschiedener Organisationen (SA, Kriegsgerichte, Ministerien) auch die Professoren *Bumke* und *von Müller. Simon* unterschied bei den sogenannten Psychopathen zwischen "Versagern" und "Störern", wobei er die "Störer" als "linken Flügel der Psychopathen" einordnete. Deren politische Gefährlichkeit hob er immer wieder hervor:

> *"Wir wissen, daß dieser linke Flügel der Psychopathen im Kriege als Soldat an der Front nicht verwendet werden konnte, und auf der anderen Seite, daß die Anreicherung der Heimat mit diesen Elementen noch größere Gefahren mit sich gebracht hat, als wenn man sie an der Front verwendet hätte. Wir haben im Kriege erfahren, und besonders am Kriegsende, während der Revolution 1918 und in der Räte- und Spartakistenzeit zu fühlen bekommen, wie schlimm und wie verheerend sich die zersetzende Tätigkeit dieses linken Flügels der Psychopathen ausgewirkt hat ..." (Simon 1938, S. 34).*

Simon forderte die Früherkennung der "linken Psychopathen", das Anlegen von Überwachungslisten und die Meldepflicht wie bei Infektionskrankheiten:

> *"Diese Meldungen müssen von zentralen Stellen, etwa den Gesundheitsämtern oder vielleicht besser der Staatspolizei registriert werden, so daß man im Falle der Bedrohung des Staates die gefährlichen Elemente sofort greifen kann, bevor sie ihre zersetzende Tätigkeit entfalten können. Man wird nicht umhin können, den linken Flügel der Psychopathen, der weder an der Front noch hinter der Front verwendet werden kann, irgendwie zu verwahren, und zwar dort, wo er zur Arbeit unter Aufsicht herangezogen werden kann. Stier hat vorgeschlagen, die gefährlichsten unter ihnen in Konzentrationslagern in der Heimat zu versammeln. Man wird auch die im Kriege leerstehenden Arbeitsdienstlager zur Absonderung solcher Elemente verwenden können, man wird vielleicht die Mindergefährlichen in Arbeitskompanien zusammenfassen ... Wir erkennen den Psychopathen, wir wissen, daß es einen linken Flügel gibt und wissen, welche Gefahr er darstellt ..." (Simon 1938, S. 35).*

In der anschließenden Diskussion führte General *von Reichenau* u.a. aus: *"Für die Praxis stimmte er in der Behandlung dem Grundsatz zu: retten, was zu retten ist, aber auch zerbrechen lassen, was zerbrechen muß."*

Auch der bekannte Psychiater und Lehrbuchautor *Bumke*

> *"schloß sich den Schlußfolgerungen des Vortragenden an ... Es gelte, die asozialen und antisozialen Persönlichkeiten schon im Frieden zu erfassen und bei Kriegsbeginn entsprechend zusammenzufassen. Zum Schluß betonte er, daß die Leute mit psychogenen Reaktionen und hysterischen Zustandsbildern als psychische Infekte in der Truppe wirken können und daß deshalb zur Vermeidung unangebrachten Mitleids, wie im Weltkrieg nicht selten beobachtet werden konnte, Aufklärung der Offiziere erforderlich sei. Er hob hervor,, daß das Psychopathenproblem im Kriege ohne entsprechende Härte nicht gelöst werden könne." (Zitate nach D. Dtsch. Mil.Arzt, 3, 1938, S. 34 ff.).*

Bumke, Mitglied des Wissenschaftlichen Senats für das Heeressanitätswesen, hatte damit die militärpsychiatrische Strategie "wissenschaftlich" abgesichert: alle "Tauglichen" an die Front, die "Versager" in die Etappe oder in die kriegs- bzw. zivilwirtschaftlichen Betriebe, die "Störer" in Arbeits- und Konzentrationslager.

5. Die deutsche Militärpsychiatrie im 2. Weltkrieg

Der – in Erinnerung an den 1.Weltkrieg – befürchtete Massenanfall grob auffälliger Krankheitsbilder, der "hysterischen Zweckneurosen" mit psychogenen Lähmungen, Schüttelzittern etc. blieb in der Anfangsphase des 2. Weltkrieges, der sogenannten Blitzkriegphase, zunächst aus. Zwar traten solche Fälle von "Kriegsneurosen" auch damals auf, ihre Zahl war jedoch wesentlich geringer als die Führung des Sanitätswesens in der Vorbereitung des Krieges erwartet hatte. Stattdessen fand ein Gestaltwandel von den deutlich "hysterischen" und "demonstrativen" Reaktionen hin zu funktionellen Organstörungen wie Magen- und Darmkrankheiten, "Nervenschmerzen" etc. statt (vgl. *Bonhoeffer 1947, Jung 1961, Meyer 1961, Brede 1972).* So schreibt z.B. *Bonhoeffer* 1947:

> *"Daß die hysterischen Reaktionen sich im neuen Krieg nicht mehr in diesem auffälligen Gewande zeigten, sondern anderen unscheinbareren und schwerer nachweisbaren Krankheitsbildern auftraten ..." (S. 4).*

Diese im Schrifttum allgemein verbreitete Ansicht vom durchgehenden Gestaltwandel der Symptomatik im 2. Weltkrieg muß als Resultat neuester Quellenstudien von *Roth* (1984) differenzierter gesehen werden:

> *"Ein Gestaltwandel der Krankheitsbilder hat sich in den ersten Jahren des 2. Weltkrieges zweifellos gezeigt; während der Blitzkriege der Wehrmacht dominierten die Organneurosen. Als jedoch der Angriff auf die Sowjetunion zum Stillstand gekommen war und die deutsche Armee nicht nur im Osten sondern auch an anderen Fronten in Bedrängnis geriet, traten die "demonstrativen hysterischen Reaktionen" wieder in großer Zahl auf und wurden z.T. noch brutaler "therapiert" als im 1. Weltkrieg."*

Die Ursachen dieser Symptomverschiebungen können folgendermaßen gesehen werden: Der 1. Weltkrieg war nach anfänglichen Erfolgen der Mittelmächte an vielen Fronten bald zu einem Stellungskrieg erstarrt. Dieser wurde für den einfachen Soldaten – nach einer kurzen Anfangsphase großer Begeisterung – zu einem verzweifelten Ausharren in schmutzigen, meist kalten und feuchten Schützengräben unter fast ununterbrochenem Trommelfeuer der gegnerischen Artillerie. Diese Perioden wurden unterbrochen durch verlustreiche Angriffe und Gegenangriffe; Erholungspausen hinter der Front waren selten und kurz, der Tod oder eine schwere Verwundung standen den Soldaten täglich sinnlich vor Augen und schienen bei ihm selbst nur noch eine Frage der Zeit zu sein. In dieser verzweifelten Situation boten sowohl die bewußte Flucht vor der Front durch Simulation und Aggravation psychischer und körperlicher Störungen sowie die Selbstverstümmelung, aber auch die unbewußte Flucht in die "Kriegsneurose" die einzige Möglichkeit, der Hölle der Front zu entkommen. Die im Verlauf des Krieges immer brutaler werdenden "Therapiemethoden" der Militärpsychiatrie hatten für viele Soldaten vor diesem Hintergrund nicht einmal mehr die – durchaus beabsichtigte – abschreckende Wirkung.

Die "Blitzkriege" von 1939 bis 1941 stellten hingegen eine ganz andere Situation dar. Sie verliefen zunächst siegreich mit relativ geringen Verlusten auf deutscher Seite und waren für den Soldaten "abwechslungsreicher". Das entnervende Warten auf den Tod im Schützengraben, welches im 1. Weltkrieg den Soldatenalltag ausmachte, war in dieser Phase des 2. Weltkrieges eher die Ausnahme.

Ein zweiter Grund für das anfänglich weitgehende Ausbleiben der dramatischen "hysterischen Zweckneurosen" im 2. Weltkrieg dürfte in der Weiterentwicklung der deutschen Militärpsychiatrie bestanden haben, die ihre Lektion aus den Ereignissen des 1. Weltkrieges gelernt und umfangreiche Vorkehrungen getroffen hatte. Ihr System war fast lückenlos aufgebaut worden; mit Hilfe der Erfahrungen von 1914 bis 1918 waren Methoden entwickelt worden, die es erlaubten, einen Teil der "Risikopersonen" (z.B. "Psychopathen") von vorne herein auszusondern; man hatte ein umfassendes Überwachungsnetz in der Armee geschaffen, welches z.B. die Möglichkeit bot, "Panikkeime", d.h. akut psychisch dekompensierende Soldaten schnell zu erkennen und von der Truppe zu isolieren. Auf "therapeutischem" Gebiet zog man in diesen ersten Kriegsjahren, als man noch glaubte, den Krieg ohne allzu große Opfer gewinnen zu können, zunächst "weichere" Methoden vor: Einheiten, die von schweren verlustreichen Kämpfen psychisch und physisch erschöpft waren, wurden in "Ruhestellungsräume" zurückgezogen und erstmals wurden auch klinische Psychologen hinzugezogen, die rein psychologische Therapieformen entwickelt hatten und anwendeten (vgl. *Roth* 1984).

> *Ein weiterer Grund für die Symptomverschiebung in den eher somatischen Bereich in den ersten Kriegsjahren könnte auch im politischen System der damaligen Zeit gelegen haben. Das faschistische Regime erdrückte ja den seelischen Protest kriegsunwilliger Soldaten nicht nur mit den weiter perfektionierten psychiatrisch-psychotherapeutischen Methoden, sondern ebenso mit offenem Terror (Gefängnis, Strafbataillon, KZ, Hinrichtung). Beim Auftreten rein psychischer Symptome drohte außerdem möglicherweise der Tod im Räderwerk des "Euthanasie"-Programms der Nazis für psychisch Kranke und "Psychopathen". Lediglich eine perfekte Simulation körperlicher Krankheiten oder eine für die Arzte nicht als solche erkennbare Selbstverstümmelung boten für denjenigen, der sich seiner "kriegsflüchtigen Tendenzen" bewußt war, die Möglichkeit, dem Krieg zu entkommen; der rein organmedizinische Bereich wurde ja von den Militärdiagnostikern noch anerkannt, hier auftretende Krankheiten oder Verletzungen wurden mit medizinischen Methoden behandelt und konnten bei entsprechendem Schweregrad zur Entlassung aus dem Kriegsdienst führen. Bei einer gewaltigen Dunkelziffer fanden immerhin ca. 10 000 Prozesse gegen deutsche Soldaten wegen Simulation und Selbstverstümmelung statt, ca. 6000 Soldaten wurden deswegen von der Militärgerichtsbarkeit zum Tode verurteilt und hingerichtet (vgl. Seidler 1977, S.235 und 271). War sich der Soldat seiner kriegsflüchtigen Motive nicht bewußt, so bot sich aus denselben Gründen eine Flucht in eine "Organneurose" eher an, als ein offensichtlich und möglicherweise schlimm sanktioniertes "hysterisches" Symptom.*

Infolge des massiven Auftretens von funktionellen Organstörungen, besonders Erkrankungen des Magen-Darmtrakts, fiel nunmehr zunehmend den organmedizinischen Fächern, besonders der Inneren Medizin, die Funktion der "Maschinengewehre hinter der Front" (*Freud* 1920) zu, welche im 1. Weltkrieg hauptsächlich die Psychiatrie zu erfüllen hatte. In diesem Zusammenhang sind zahlreiche internistische Veröffentlichungen in zivil- und militärmedizinischen Zeitschriften und eine Reihe von Tagungen einzuordnen (ein umfangreiches Verzeichnis der einschlägigen Literatur findet sich bei *Valentin* 1977, S. 74f).

Die Erkrankungen des Magen-Darmtrakts machten den Großteil dieser funktionellen

Organstörungen aus. Hier hatten die Militärärzte die Aufgabe, "echte" somatische Erkrankungen von den psychisch bedingten zu unterscheiden und die beiden Gruppen einer jeweils gesonderten Behandlung zu unterziehen. Diagnostische Methoden waren die Röntgen–Untersuchung und die Gastroskopie (Magenspiegelung):

> *"... Magenneurotiker sind (...) ohne besondere diätische Maßnahmen felddienstfähig. Für sie ist 'die Abhärtung durch Kriegsdienst' die beste Therapie (...) Um die Simulanten beizeiten herauszufinden, ehe sie durch fehlende Einsatzbereitschaft und schlechte Beeinflussung ihrer Umgebung Schaden gestiftet haben, ist die Gastroskopie die Methode der Wahl (..) Im letzten Jahr verweigerten 2 Soldaten den Eingriff. In beiden Fällen handelte es sich um asoziale Elemente, die von vornherein alles negierten. Diesen Menschen gegenüber besitzen Sanitätsoffiziere glücklicherweise sehr wirksame Mittel" (Tidow 1943 (II), S. 84 f.).*

Es wurde ein sogenannter M- und O-Kreislauf (Kreislauf für Magen- und Ohrenerkrankungen) entwickelt. Später kamen dann weitere solche Kreisläufe für Herz und Nierenkranke sowie für die "Kriegsneurotiker" hinzu (vgl. *Valentin*, 1977, S.71). Das Kernstück aller dieser Kreisläufe waren sogenannte Schleusenlazarette oder Schleusenabteilungen, wo die entsprechende Selektion vorgenommen wurde. Im Falle der Magenerkrankungen wurden die Träger von "Gastritiden", nervösen Magenleiden, abgeheilten Geschwüren mit Narbenbeschwerden, Resektionsstümpfen mit "Stumpfgastritis" usw. getrennt von den "chronisch rezidivierenden Magen- und Zwölffingerdarmgeschwüren" (Zitate nach *Valentin* 1977, S. 69); die letztere Gruppe wurde dauernd oder zeitweise untauglich geschrieben, während aus der ersten Gruppe "Magenbataillone" gebildet wurden, die auch wieder für Kampfeinsätze für tauglich gehalten wurden (z.B. geriet im Sommer 1944 die 70. Infanteriedivision, die fast ausschließlich aus Magenkranken bestand, *"in schwerste Kampfhandlungen"* und erlitt "überdurchschnittliche Verluste" (Zitate nach *Valentin* 1977, S.69 f.); ausführliche Beschreibung der Ereignisse bei *Valentin* 1981, S.89 ff.

Die Funktion der "Magenbataillone" wurde 1943 von *Wagner*, dem späteren Heeres–Sanitätsinspekteur, klar ausgesprochen:

> *"Alle diese Kranken befinden sich seit Jahr und Tag im Ersatzheer. Sie werden (...) als g. v. H. in der Heimat belassen. Viele laufen von einem Arzt und einem Lazarett zum anderen. Sie sind dadurch nicht nur eine Belastung für Truppenärzte, Ambulatorien und Lazarette, sondern auch für die Truppe selbst, der sie mit ihren dauernden Beschwerden und ihrer Unfähigkeit, irgendetwas zu leisten oder leisten zu wollen, zur Last fallen (...) Um derartige Übelstände abzustellen und um diese Soldaten zentral zu erfassen, habe ich den Herrn Befehlshaber gebeten, sie versuchsweise in Spezialformationen zusammenzufassen (...) Außerdem sollen die Krankmeldungen eingeschränkt werden, was naturgemäß geschieht, wenn die Leute wissen, daß sie in eine der genannten Spezialformationen kommen" (Wagner 1943, zit. n. Valentin 1981, S. 12 f.).*

Valentin, der die Geschichte der "Magenbataillone" für die Bundeswehr resümiert, nennt einige Zahlen:

> *"Im Oktober 1944 gab es 14 Magenbataillone und eine selbständige Magenkompanie; im Mai 1944 rechnete die Heeressanitätsinspektion aus, daß man mit den in den Lazaretten vorhandenen Magenkranken 70 bis 80 Magenbataillone bilden könnte. Nach strengen Maßstäben ließen sich aus den Lazaretten rund 100 000 Soldaten für Magenbataillone rekrutieren" (Valentin 1977, S. 71).*

Er leitet daraus für die Bundeswehr und die zivile Medizin der Bundesrepublik noch die Empfehlung ab:

> *"Denkbar ist es schon, daß eine konsequente und systematische Zusammenfassung ärztlicher Erinnerungen an die Magenbataillone auch heute noch Nutzen brächte".–* (*Valentin* 1977, S. 74)

Auch der bereits zitierte Internist *Tidow*, der während des Krieges zahlreiche Arbeiten über Magenkrankheiten und die Methode der Gastroskopie veröffentlicht hatte, trat später der Bundeswehr beratend mit Vorschlägen zur Seite, die er z.B. unter dem Titel: "Die Einsatzmöglichkeiten Magenkranker im Rahmen der Bundesmarine" 1963 veröffentlichte.

Der Wehrmachtspsychiatrie war es also gelungen, in Zusammenarbeit mit Psychotherapeuten und anderen Ärzten (besonders Internisten) sowie mit der Unterstützung durch den Naziterror (Zivilgerichte, Kriegsgerichte, Drohung mit "Euthanasie") die psychisch bedingten Ausfälle der ersten Kriegsjahre in Grenzen zu halten und durch die verschiedenen Maßnahmen in die Kriegsmaschinerie zu integrieren.
Dies änderte sich jedoch bald nach Beginn des Überfalls der Wehrmacht auf die Sowjetunion. Schon als dieser Überfall unmittelbar bevorstand, mehrten sich im Zusammenhang mit der Angst der Soldaten vor einem möglichen Rußlandfeldzug die sogenannten "psychogenen Überlagerungen" von Verwundungen. Vor allem hirnverletzte Soldaten aggravierten ihre Symptome (vgl. *Roth* 1984, S. 37). Als der Winter 1941/42 im Rußlandfeldzug die Wende einleitete, stieg nicht nur die Zahl der Selbsttötungen, Selbstbeschädigungen und Desertionen stark an, sondern auch die Fälle "therapiefraktärer Kriegsneurosen" häuften sich. Diesen versuchte man zunächst durch psychotherapeutische Maßnahmen und Absonderung von der übrigen Gruppe zu begegnen, um diese "Panikkeime" nicht zur Quelle einer "soziologischen Kriegsseuche" werden zu lassen (vgl. *Roth,* 1984, S. 37 f.).

Bis zum Sommer 1943 hatte sich die militärische Lage der Wehrmacht in der Sowjetunion weiter drastisch verschlechtert, was sich in einem dramatischen Anstieg der Fälle von "klassischen Fällen von Kriegsneurosen" niederschlug. Analog zu dem M- und O-Kreislauf wurde nun der N- und P-Kreislauf eingerichtet (N= Neurotiker, P=Psychopathen).

Die Richtlinien für die "Schleusenlazarette" von 1944 lauten vereinfacht:

- den Schleusenabteilungen sind zur fachärztlichen Beurteilung ihres Tauglichkeitsgrades sämtliche minderkriegsbrauchbaren Soldaten und Beamten zu überweisen;
- psychogene Störungen, Fixierungen, Überlagerungen überweist die "Schleuse" in geeignete Behandlungsabteilungen;
- nach der Behandlung wird der Betreffende erneut der "Schleuse" zugeführt und erneut auf seinen Tauglichkeitsgrad hin beurteilt (vgl. dazu *Valentin,* 1981, S. 125 f.).

Den "Psychopathen" wird besondere Aufmerksamkeit geschenkt. Sie werden, wie schon vor dem Krieg, in "Versager" und "Störer" eingeteilt:

> *"Bei den als Versager gekennzeichneten Psychopathen ist eine ihren beschränkten Fähigkeiten entsprechende Verwendung anzustreben, während bei den Störern die im allgemeinen zur Aufrechterhaltung der Disziplin vorgesehenen Maßnahmen Anwendung finden müssen (...). Da die Truppe von solchen Elementen befreit werden muß, sind sie in Sonderabteilungen unterzubringen. In diesen werden sie unter besonders strenger disziplinärer Behandlung, bei schwerer Arbeit und eben noch genügender Ernährung, und auch nicht sonderlich vor etwaigem feindlichen Beschuß und anderen Kriegsgefahren geschützt, ihren Kriegsdienst abzuleisten*

haben. Ihr Schicksal wird am ehesten andere vor dem Versuch abhalten, durch störendes Verhalten einem ungeliebten Militärdienst zu entrinnen" (Weiler 1940, zit. n. Valentin 1981, S. 127 f.).

Der berühmte Psychiater Kurt *Schneider* schlug vor, den Begriff Neurose im Bereich der Wehrmacht durch den Ausdruck "abnorme Erlebnisreaktion" zu ersetzen (s. dazu auch das Kapitel "Militärpsychiatrie in den USA").

Sein Namensvetter Carl *Schneider*, Vorgänger *v. Baeyers* in der Psychiatrischen Universitätsklinik Heidelberg, wollte Neurotiker unter Strafe gestellt wissen:

"Die Verantwortlichkeit des Neurotikers für seine Neurose ist trotz gewisser entgegenstehender Bedenken zu bejahen. Dies folgt der Erfahrung, (...) daß die Neurosen sich in ihren Erscheinungsformen der veränderten Umwelt anpassen und daher auch durch allgemeine Situationen zu formen sind oder durch rechtliche Maßnahmen beeinflußbar sein müssen (...). Richtig erscheint es, das Widerstreben gegen die ärztliche Therapie und den mangelnden Gesundheitswillen während der Therapie unter Strafe zu stellen. Dieser Tatbestand fällt (...) unter den Begriff des "Zersetzens der Wehrkraft" (s.41).

Er reiht damit die "Kriegsneurose" in die Delikte der "Wehrkraftzersetzung" ein, was für den Kranken nach der Kriegssonderstrafrechtsordnung vom 17. 8. 1938 (vgl. *Seidler* 1977, S. 233) in letzter Konsequenz die Todesstrafe für seine Krankheit bedeuten kann.

Schneider selbst macht Vorschläge, wie die Strafen aussehen könnten:

"Gefängnisstrafen und Unterbringung in Irrenanstalten ohne Behandlung und Heilung sind aber nicht ausreichend zur Bekämpfung dieser sogenannten Neurosen. Es müssen vielmehr Mittel gefunden werden, in einem ordentlichen Gerichtsverfahren Neurotiker mit schlechtem Gesundheitswillen einer energischen Nacherziehung nach Beseitigung seiner Symptome unter gleichzeitigem vorübergehenden Ausschluß aus der Volksgemeinschaft zu unterwerfen.

Die beiden gangbarsten Wege sind die sofortige Versetzung in eine Feldsonderabteilung (damit sind die berüchtigten "Strafbataillone" gemeint, d.A.) oder die Unterbringung zur Besserung in einem Konzentrationslager auf unbestimmte Dauer bis zur Erzielung eines Heilerfolges" (S. 142; beide Zitate nach Valentin, 1981).

Angesichts der sich für die Wehrmacht drastisch verschlechternden militärischen Lage wurden nunmehr auch die "bewährten Therapiemethoden" wieder aufgenommen, z.T. weiter brutalisiert und eine diabolische Form von "Psychotherapie" eingeführt. Die Beschreibung dieser Verfahren ist z.T. von *Roth* (1984) übernommen, dem es gelungen ist, Zugang zu Originalquellen zu finden.
So hatte der bekannte Psychiater *Panse*, der später zusammen mit *von Baeyer, Brickenstein, Bürger–Prinz* u.a. für eine Ubernahme wesentlicher Konzepte der Wehrmachtspsychiatrie durch die Bundeswehr plädiert hat, auf der Basis der bereits aus dem 1. Weltkrieg bekannten "Kaufmann–Kur" ein "Therapieverfahren" entwickelt, das in der Wehrmacht mit dem Verb "pansen" bezeichnet wurde. Dabei wurden nicht wie bei der "Kaufmann-Kur" Reizungen motorischer Nerven mittels faradischer Ströme vorgenommen, sondern es wurden auf großen Hautpartien mit einer Rolle sehr schmerzhafte galvanische Reize bis zu 300 Milliampère Stromstärke appliziert. Der bekannte Neuropathologe *Kleist* hat das Verfahren an sich selbst ausprobiert, jedoch bei etwa 30 Milliampere aufgehört, da ihm das Verfahren zu schmerzhaft wurde. Dies hielt ihn jedoch nicht davon ab, eine Anwendung von Strömen bis zu 300 Milliampère zu befürworten, denn:

"Es wird auf diese Weise dem Behandelten seine Störung im großen Stile verleidet ...Bedenken müssen zurücktreten, da dieses Verfahren den schnellsten und sichersten Erfolg unter den bisherigen Methoden gewährleistet" (Kleist, zit. nach Roth 1984, S. 39).

Bei psychisch dekompensierten Soldaten wurde zusätzlich die – ursprünglich für die psychiatrische Behandlung von schweren Psychosen entwickelte– Behandlung mit Insulin–Schocks und Elektroschocks eingeführt. Das letztere Verfahren, auch Elektrokrampfbehandlung genannt, wurde von *Brockhausen,* einem *"Oberarzt des Herrn Heinze, Tötungsarzt des Reichsausschusses zur wissenschaftlichen Erforschung erb- und anlagebedingter schwerer Leiden" (Roth* 1984, S.39) im Jahr 1944 eingeführt, nachdem auch das "pansen" seine "therapeutische Wirkung" angesichts der zunehmenden Schrecken des Krieges weitgehend eingebüßt hatte.

Brockhausen schildert sein Verfahren selbst (zitiert nach *Roth* 1984, S. 39 f.):

"Aus verschiedenen Gründen ist es besonders wichtig, bei der Behandlung dieser psychogenen Fälle möglichst schnell zu einem vollen Erfolg zu kommen. Für ein besonders geeignetes Hilfsmittel halte ich den Convulsator von Siemens–Reinicke. Doch bringe ich nicht die zur Auslösung eines Krampfanfalls erforderlichen Dosen zur Anwendung, sondern wähle überhaupt die geringste anwendbare Dosis von 200 Milliampère 1/10 sec. Die mobilen Elektroden werden an den Schläfen angelegt wie bei der Elektrokrampfbehandlung der Psychosen. Dann erlebt der Patient den elektrischen Schlag bei vollem Bewußtsein. Der Patient wird vielleicht schon bei einmaliger Anwendung seine Störung restlos verlieren, während ein anderer erst nach wiederholten Versuchen den Kampf aufgibt."

Schließlich bot noch der Psychotherapeut *Schott* der Militärpsychiatrie eine Gesprächstherapie mit diabolischem methodischem Vorgehen an:

"... nach einwandfreier diagnostischer Darstellung erfolgt zunächst in offener Aussprache eine sachverständige Aufklärung darüber, daß lediglich eine eigenartige nervliche Reaktion vorliege, die sich unter dem Einfluß der eingehenden psychotherapeutischen Aussprache in kürzester Zeit von selbst abbauen werde. Komme es wider Erwarten nicht dazu, müsse ein Irrtum in der Persönlichkeitsbeurteilung unterlaufen sein. Man habe dann einen bewußt schlechtwilligen oder aber einen nicht verantwortlichen Geisteskranken vor sich. Im ersten Fall bleibe nur eine strafrechtliche Erledigung mit den nach Kriegssonderstrafrechtsverordnung zu erwartenden überaus schweren Folgen übrig, nämlich die Hinrichtung. Im Falle etwaiger Geisteskrankheit mit Rücksicht auf ihre gemeinschädlichen Auswirkungen aber nur eine dauernde Irrenanstaltsverwahrung, also die Hinrichtung. Zugunsten des Untersuchten, sowie des ganzen mit ihm verbundenen Interessenkreises sei nun zu hoffen, daß bei ihm jene beiden dunklen Fälle und Möglichkeiten nicht zuträfen, vielmehr die somit einfach nervös bedingten Störungen auf die erwartete Weise zum Schwinden kämen. Somit werden bei dieser Überredungsmethode auf der einen Seite erschreckendere Abneigungsvorstellungen gesetzt als sie vorher vorhanden waren. Wenn notwendig und zur Belebung einfacher mitspielender Trotzwiderstände, kann der erschreckende Vorstellungsinhalt durch entsprechend schwärzere Ausmalung möglichst individuell angepaßt und beliebig gesteigert werden (Schott o.J., zit. nach Roth 1984, S. 40).

Ein "Psychotherapeut" propagiert hier eine Gesprächstherapie, bei der die wichtigsten therapeutischen Agentien der Henker und die Gaskammer sind. Eindeutiger und brutaler kann die Rolle der "Maschinengewehre hinter der Front" nicht mehr formuliert werden. Es erstaunt, daß es 40 Jahre brauchte, bis erstmals *Roth* (1984) diese weiteren Dokumente einer "Medizin ohne Menschlichkeit" (*Mitscherlich* und *Mielke*, 1949, 1960) ausgegraben hat. Dies dürfte damit zusammenhängen, daß die bisherigen militärpsychiatrischen Nachkriegsautoren zu einem großen Teil schon Vorkriegs- und Kriegsautoren gewesen waren, daß es sich also um eine "Literatur der Täter" (*Roth* 1984) handelt, denen daran gelegen sein mußte, diese systematisierte Unmenschlichkeit mit einem Nebel von Sanitäts- und Kameradschaftsideologie zu verschleiern. Erst jetzt, wo die meisten von ihnen tot oder alte Männer sind, kommt nach und nach die Wahrheit ans Licht.

Das Naziregime wies den Militärärzten, die sich bei Beginn des Krieges mehrheitlich bereitwillig auf eine Komplizenschaft in der Verfolgung seiner Welteroberungspläne eingelassen hatten, gegen Ende des Krieges zusätzlich zu den ärztlichen und soldatischen Aufgaben (s. Kasten S.35) explizit auch eine wichtige Rolle bei der national-sozialistischen Indoktrinierung der Verwundeten und Kranken zu. Sie sollten bei diesen den Glauben an den Nationalsozialismus und an den "Endsieg" stärken helfen:

> *"Jeder Sanitätsoffizier, der einen Verwundeten oder Kranken behandelt, hat neben der körperlichen Heilung für Erhaltung und Stärkung eines ungebrochenen Glaubens an den Sieg und eines bewußten Kampfwillens zu sorgen ...*
>
> *Ich mache es jedem Chefarzt zur Pflicht, alle Kräfte seines Lazaretts dem Idealziel dieser wertvollen Anregung entsprechend einzusetzen. Grundsatz: Jeder Sanitätsoffizier, jeder Sanitätssoldat, jede Schwester und jeder Genesende: Nationalsozialist der Tat." (Befehl des Oberbefehlshabers Südwest vom 8. 2. 1945, zit. n. Seidler 1977, S. 96).*

In den Richtlinien zu diesem Befehl heißt es weiter:

> *"Der Chefarzt ist verantwortlich für die gesamte nationalsozialistische Führung seines Lazaretts. In Ordnung ist die Führung, wenn die Verwundeten und Kranken in kürzester Zeit und begeistert wieder zum vollen Einsatz wollen, wenn es ihnen bewußt geworden ist, daß sie zum Siege unbedingt notwendig sind. Gesundheit am Körper reicht nicht aus. Gesund in der nationalsozialistischen Haltung müssen sie entlassen werden. Entscheidend ist also die Gesundheit des Einsatzwillens" (zit. nach Seidler, 1977, S. 97).*

Damit war die vollständige Vereinnahmung des Sanitätswesens durch das militaristische und totalitäre System des Nationalsozialismus klar ausgesprochen. *Seidler* (S. 96) spricht zwar von Gewissenskonflikten, in welche die Militärärzte durch solche Befehle gerieten, belegt diese Aussage jedoch nicht. Wir selbst konnten keine Quellen aus jener Zeit finden, aus denen hervorging, daß sich Militärärzte gegen derartige Befehle gewendet hätten. Es gab jedoch sicherlich eine Verweigerung von Ärzten im Verborgenen, deren Geschichte noch zu schreiben wäre. So geht z.B. aus dem Roman von Peter *Bamm* "Die unsichtbare Flagge" hervor, daß Ärzte bei Fällen von Selbstverstümmelung *"ein Auge zudrückten"*.

Das Sanitätswesen der Bundeswehr hat sich bis heute jedoch nicht mit diesem fundamentalen ethischen Problem auseinandergesetzt; dies hängt sicher damit zusammen, daß bei einer Aufarbeitung dieses Themas am Extrembeispiel der Funktionalisierbarkeit des Sanitätswesens für den nationalsozialistischen Expansionskrieg eine Reihe von fundamentalen ethischen Fragen bei dieser Generation von Militärärzten sowie bezüglich des Sanitätswesens überhaupt aufgebrochen wären. Dies wäre jedoch mit der dauernden Betonung der Tradition des Sanitätswesens und seiner (in häufigen Festreden gerühmten) personellen

Tradition einerseits und der sanitätsideologischen Selbstdarstellung nach außen ("im Auftrag des Hippokrates") andererseits nicht zu vereinbaren.

> *"Im Sanitätsoffizier erlebt das Soldatische in der Sendung des Arztes seinen Höhepunkt. Es ist für das Selbstvertrauen und die innere Sicherheit der Truppe, damit aber auch für ihre Einsatzbereitschaft und Kampfkraft nicht selten von entscheidender Bedeutung, zu wissen, daß ihr Truppenarzt hinter ihr steht und überall sogleich zur Stelle ist, wo es einen getroffen hat. Den Soldaten ist es ganz und gar nicht gleichgültig, ob er den Arzt und Helfer "irgendwo hinten" weiß oder ob er ihn, mitten im Gefecht, bei sich und den Kameraden sieht. Das Beispiel, das der Sanitätsoffizier hier der Truppe an kameradschaftlicher Opferbereitschaft und selbstverständlicher, gelassener Einsatzfreudigkeit sicher vorzuleben versteht, wiegt schwer gerade in harter entscheidender Stunde, und die Anwesenheit des Truppenarztes hat die Kameraden schon mehr als einmal in bedrohlicher Lage zu tapferem Ausharren, zu neuem siegreichen Vorstoß fortgerissen."*
> *(Aus einem Flugblatt des Heeressanitätsinspektors vom 12.8.1943 (zit. nach Seidler* 1977, S. 44)

Zusammenfassung

Die deutsche Militärpsychiatrie im 2. Weltkrieg schien zunächst "erfolgreich" zu sein, weil in der ersten Phase des Krieges der befürchtete Massenanfall von aus dem 1. Weltkrieg bekannten "Kriegsneurosen" nicht stattfand; die beobachteten "stilleren" funktionellen Störungen, besonders des Intestinaltraktes, wurden zusammen mit den Internisten soweit "therapiert" (in Lazaretten, Schleusenabteilungen etc.) in Verbindung mit dem nötigen disziplinarischen Druck, daß die Patienten wieder in die entsprechenden Fronteinheiten zurückkehrten oder aber in speziellen "Magenbataillonen" einsetzbar waren. Nur ein relativ geringer Teil konnte nicht mehr k.v. geschrieben werden. Besonders im letzten Drittel des Krieges wurden bewußt brutale "Therapiemethoden" eingesetzt ("Pansen", *Brockhausen*-Kur, "Psychotherapie" mit der Alternative: zurück an die Front oder vor das Standgericht bzw. in die Euthanasieprogramme). Schließlich wurden alle Sanitätsoffiziere dazu verpflichtet, die "Moral" der dekompensierenden deutschen Truppen durch nationalsozialistische Indoktrination zu heben, um doch noch den "Endsieg" zu ermöglichen, in Wirklichkeit aber die Agonie des faschistischen Staates zu verlängern.

6. Von der Wehrmacht zur Bundeswehr

> *"1870/71, 1914-1918, 1939-1945 haben die deutschen Sanitätsoffiziere bewiesen, wozu sie erzogen waren und was sie konnten ... 1945 ... hat kaum jemand geahnt oder gehofft, daß deutsche Sanitätsoffiziere wieder Dienst tun würden ..." (Holland 1960, S.25).*

Die Greueltaten der deutschen Medizin im 3. Reich – Zwangssterilisierungen, Ermordung von annähernd 100 000 psychisch Kranken und geistig Behinderten (auch heute noch beschönigend Euthanasie genannt), medizinische Experimente an Menschen in den Konzentrationslagern und nicht zuletzt die Taten der Militärmedizin – wurden nach einigen wenigen, eher halbherzigen Versuchen ihrer Aufarbeitung durch die Justiz und die Medizin selbst in den meisten Fällen schnell ad acta gelegt. Die Taten der Militärmedizin und somit auch der hier besonders interessierenden Militärpsychiatrie wurden so gut wie gar nicht geahndet oder gar aufgearbeitet. Wenn es überhaupt zu Prozessen kam, wurden die Angeklagten z.T. freigesprochen, z.T. zu geringen Haftstrafen verurteilt und bei längeren Haftstrafen zumeist vorzeitig auf freien Fuß gesetzt (ausführlich bei *Siemen* 1982, S.185ff.). Die Psychiater, die sich im "Tausendjährigen Reich" in der bedingungslosen Unterstützung der Expansions- und Kriegspolitik der Nazis hervorgetan hatten, wurden in der Bundesrepublik fast ausnahmslos wieder in Amt und Würden eingesetzt und waren so in der Lage, die Geschichte ihrer Aktivitäten in ihrem eigenen Sinne darzustellen. Die Literatur über die Militärmedizin, die seit 1945 erschienen ist, kann also in der Hauptsache als "Literatur der Täter" *(Roth* 1984, S. 37) gelten, woran man bei ihrer Aufarbeitung immer wieder denken muß, um nicht auf Verfälschungen und Auslassungen hereinzufallen. Außer der Dokumentation des Nürnberger Ärzteprozesses (*Mitscherlich* und *Mielke* 1949), die nur für die Ärzteschaft bestimmt war und von dieser totgeschwiegen wurde (s. dazu die Einleitung von *Mitscherlich* zur ersten öffentlichen Auflage des Werkes 1960, S. 14 f.), erscheinen erst von den frühen 70er Jahren an kritische Auseinandersetzungen mit der Rolle der Medizin im 3.Reich und mit der Vergangenheitsbewältigung von Autoren der Nachkriegsgeneration.

Zur Zeit der Gründung der Bundeswehr saßen die ehemaligen Militärmediziner in ihrer Mehrheit wieder in hohen Positionen an den Universitäten und anderen Institutionen, und die politische Führung bediente sich ihres "Erfahrungsschatzes" bei der Wiederaufrüstung. Auf diese Weise war neben der personellen und fachlichen auch die *sanitätsideologische* Tradition der deutschen Militärmedizin gewahrt. Diese Tradition findet ihren beispielhaften Ausdruck in der 1955 erschienenen Schrift "Der Arzt der Soldatischen Gemeinschaft" von *Hawickhorst* (der Autor hatte sich schon vor 1945 mit militärmedizinischen Veröffentlichungen hervorgetan, war bis 1971 Chefredakteur der "Wehrmedizinischen Monatsschrift", dem Hauptorgan des Sanitätswesens der Bundeswehr, und gab die ersten dreizehn Auflagen des offiziellen "Taschenbuchs für den Sanitäts- und Gesundheitsdienst der Bundeswehr" heraus). In diesem Traktat, das vom Geist der militärärztlichen Ideologie der Nazizeit und des 1.Weltkrieges durchdrungen ist, werden die zukünftigen Aufgaben des Sanitätsdienstes, zwar vor einem veränderten politischen Hintergrund, jedoch mit den insgesamt gesehen gleichen Zielen wie vor 1945 dargestellt.

Zunächst wischt *Hawickhorst* Kritik an der Militärmedizin der Vergangenheit (und der Zukunft) mit wenigen Sätzen vom Tisch. Er zitiert u.a. die "Deutsche Soldatenzeitung", welche die Meinung äußert, daß große Teile der Bevölkerung kein Verständnis dafür hätten,

> *"daß noch zehn Jahre nach der "Katastrophe"* (im Original nicht hervorgehoben, d.A.) *der 'Antimilitarismus', in Wahrheit der Haß gegen das Soldatische überhaupt, sich in größter Bewegungsfreiheit in Presse, Film und Rundfunk austoben könne..."*

und führt die Besorgnisse eines ehemaligen Sanitätsoffiziers an:

> *"Wie wird es allein bei den Musterungen aussehen? Jeder versucht sich zu drücken, und wer den neuen Rekruten nicht mit Seidenhandschuhen anpackt, steht am anderen Tage schon in der Zeitung!" (beide Zitate S. 6).*

Als Kronzeugen für die Haltlosigkeit der Kritik an der Militärmedizin im 3. Reich führt *Hawickhorst* mehrfach den Medizinpapst *Sauerbruch* an, der selbst tief in die Machenschaften der nationalsozialistischen Machthaber verstrickt gewesen war.

> *"Man ist oft überrascht, wie unrichtig das Wesen ärztlicher Kriegsarbeit gewertet wird. Ein Grund hierfür liegt allein darin, daß sie sich meist im Verborgenen vollzieht, und daß der Erfolg dieser soldatischen Leistung nicht so schnell sichtbar*

wird. Nur wer Überblick und Sachkenntnis hat, vermag das Wirken des Sanitätskorps ganz zu überschauen und dessen Bedeutung und Tragweite für Wehrmacht und Volk richtig zu beurteilen" (Sauerbruch zit. n. *Hawickhorst,* S. 13).

Neben dieser Angst, die Vergangenheit der Militärmedizin könnte von der Öffentlichkeit falsch (oder etwa richtig? d .A.) beurteilt werden, gilt *Hawickhorsts* Hauptsorge – und damit wohl auch die Hauptsorge der "neuen" Militärmedizin – dem nur sehr schwach ausgeprägten "Wehrwillen" der Bevölkerung der Bundesrepublik und vor allem der jungen Generation:

"Es dürfte kein Zweifel darüber bestehen, daß vor dem Kriege der Wehrwille im Volke vorhanden war. Der Militärarzt konnte damals schon bei Musterungen feststellen, daß diese Wehrfreudigkeit existierte und daß beim Soldaten der Wille zur Gesundhaltung, bei dem kranken Soldaten der Wille zur Wiederherstellung der Gesundheit und somit der Dienstfähigkeit bestand (...) Die heutige Jugend ist zum großen Teil nicht gewillt, eine Uniform anzuziehen. Sie ist weder seelisch noch körperlich für den Dienst mit der Waffe vorbereitet. Weniger als 50 % von denen, die den Musterungsbefehl erhalten, können wahrscheinlich als voll tauglich befunden werden. Der Arzt wird bei den Untersuchungen den mangelnden Wehrwillen oft genug spüren ..." (S. 43).

Hawickhorst rekurriert immer wieder auf die Vergangenheit und empfiehlt der Bundeswehr die Lehren aus dem 2. Weltkrieg, allerdings nicht die Lehren, die sie aus der Verbindung von Wissenschaft und Totalitarismus hätte ziehen sollen, für das Sanitätswesen zu ziehen:

"Auffallend war im Krieg oft die Truppenfremdheit jener Ärzte, die weiter rückwärts in Lazaretten tätig waren (...) Der Arzt im Lazarett, besonders in der Heimat, wußte oft wenig von der Atmosphäre, die der Front zu eigen war.
Man muß bei Planungen berücksichtigen, daß ein Auseinanderleben der Militärärzte und der freipraktizierenden Ärzteschaft verhindert wird, denn letzten Endes kann sie jederzeit vor der gleichen Aufgabe stehen. Eine enge Verbindung ist erforderlich" (S. 45).

Diese Empfehlung, eine enge Verflechtung zwischen ziviler und Militärmedizin anzustreben, wurde von der Bundeswehr weitgehend verwirklicht. Zwischen den medizinischen Fakultäten der Universitäten und dem Sanitätswesen der Bundeswehr bestehen engste Verbindungen.

Analog dem 1901 an der Kaiser–Wilhelm–Akademie gebildeten Wissenschaftlichen Senat und dem in der Zeit zwischen den beiden Weltkriegen berufenen Wissenschaftlichen Senat für das Heeressanitätswesen wurde mit Erlaß vom 8. 8. 1963 der "Wissenschaftliche Beirat für das Sanitäts- und Gesundheitswesen" (Wehrmedizinischer Beirat) gegründet. Ihm obliegt u.a. die Auswahl förderungswürdiger und für den Sanitätsdienst der Bundeswehr notwendiger Forschungsvorhaben sowie die Aus- und Weiterbildung der Sanitätsoffiziere und des Sanitätspersonals. Dem Beirat, der den Bundesminister für Verteidigung zu beraten hat, gehören führende Wissenschaftler der medizinischen und naturwissenschaftlichen Fakultäten an. Sie sind fast alle Direktoren von Kliniken und medizinischen Instituten deutscher Universitäten. Dabei wurde zunehmend auf die Berufung von Wissenschaftlern derjenigen Fachrichtung Wert gelegt, die in den verschiedenen Schwerpunktprogrammen besonders betont werden. Seit 1968 waren dies besonders die Mikrobiologie, Hygiene, Pharmakologie–Toxikologie sowie die Physiologie und Arbeitsmedizin. Eine vollständige Liste aller Beiratsmitglieder ist in der Wehrmedizinischen Monatsschrift (17/Okt. 73) abgedruckt. Sie liest sich fast wie ein "Who–is–Who" der akademischen Elite der Medizin der Bundesrepublik. Der Inspekteur des Sanitäts- und

Gesundheitswesens der Bundeswehr gehört aufgrund dieses Amtes zum Präsidium des Deutschen Ärztetages; dieser hat auch Sitz und Stimme im Militärischen Führungsrat im Bundesverteidigungsministerium (vgl. *Obermann* 1970, S. 816 ff.). Der ehemalige Präsident der Bundesärztekammer, Professor *Fromm*, leistete fast jedes Jahr mehrwöchige Reserveübungen bei der Bundeswehr ab, gehörte von 1963 an zum Wehrmedizinischen Beirat und trat bei Veranstaltungen der Gesellschaft für Wehrmedizin und Wehrpharmazie als Festredner auf (vgl. Wehrmed. M. Schr. 14, 1970, S.55).

Ebenso wie die enge Verzahnung mit den medizinischen Fakultäten zur reibungslosen Abwicklung der militärmedizinischen Auftragsforschung erforderlich wurde, erwies sich die gute Zusammenarbeit mit den Ärzteverbänden wegen der Personalnot bei den Sanitätsoffizieren als wichtig. So werden Zivilärzte zu Einstell- und Entlassungsuntersuchungen herangezogen, die Ärztekammern hatten zu entscheiden, ob die Bundeswehrlazarette (jetzt in Krankenhäuser umbenannt) für die Facharztausbildung anerkannt wurden, was für die Attraktivität des Sanitätsoffizierskorps von entscheidender Bedeutung war.

Die hier nun exemplarisch aufgezeigte Verflechtung zwischen Bundeswehr, medizinischen Fakultäten und Ärzteverbänden kann mit folgendem Zitat zusammengefaßt werden:

> *"Der Sanitätsdienst der Bundeswehr steht in ständigem Kontakt zu den Ärzteverbänden und den ärztlichen Standesorganisationen, den Ärztekammern der Länder und des Bundes. (...) Auch auf regionaler Ebene ist das Verhältnis zwischen Sanitätsoffizieren und zivilen Kollegen in der Regel als gut und harmonisch zu bezeichnen" (aus einem Brief des Bundesministeriums für Verteidigung vom Juni 1972 an einen Kollegen eines der Autoren).*

Hawickhorst schlägt auch eine leicht zugängliche Erfassung aller medizinischen Daten des einzelnen Soldaten vor (damals noch in Form eines Systems "Ärztlicher Karteikarten", s.S.48), der erste Schritt zu einer heute schon weitgehend erfolgten Einwebung der Soldaten und Reservisten in ein jetzt elektronisches Datennetz.

Ferner empfiehlt er eine intensive Mitarbeit des Truppenarztes bei der Gestaltung des Dienstes und bei der Schulung von Generalstabsoffizieren und Truppenoffizieren auf Militärakademien und Schulen:

> *"Die Gesunderhaltung der Truppe ist nicht nur Aufgabe des Arztes, sondern Pflicht eines jeden Vorgesetzten. Schlagkraft, Dienst- und Einsatzfreudigkeit werden vom Gesundheitszustand der Truppe abhängig sein. 'Inneres Gefüge' ohne Mitwirkung des Arztes ist undenkbar. (...) Bei der Organisation des Sanitätswesens zu sparen, hieße an falscher Stelle sparen zu wollen, was sich im Endeffekt bitter rächen würde. Erst muß die 'Versorgung' sichergestellt sein, dann kann die 'Führung' operieren. (...) Das Interesse für alle mit der Gesunderhaltung zusammenhängenden Fragen sowie für die sanitätsdienstlichen Belange muß von jenen gefordert werden, die auf eine gesunde und schlagfertige Truppe Wert legen" (S.50 f.);*

und:

> *"Kriegsärztliche Tätigkeit ist ein wesentlicher Beitrag zur Erhaltung der Schlagkraft einer Armee. Ein Sanitätsdienst, der nicht auf der Höhe und nicht erfolgreich ist, stellt eine Truppenführung vor unüberwindliche Schwierigkeiten. 'Die Gewißheit im Falle einer Verwundung oder Krankheit ärztlich gut versorgt zu werden, stärkt den Kampfgeist der Soldaten' " (S.39).*

Dieser letzte Satz, ein Zitat aus der Kriegssanitätsvorschrift aus dem 2.Weltkrieg, zeigt deutlich, worum es ging. Die militärmedizinischen Autoren nennen die rein ärztliche Funktion des Helfens und Heilens fast immer in einem Atemzug mit der Funktion der Sanitätstruppe als Helfer bei militärtaktischen Zielen. Der Widerspruch, in dem diese zweite Funktion zum Hippokratischen Eid steht, scheint ihnen, weil sie kaum je von außen kritisiert wurden, gar nicht aufzufallen. Die Bundeswehr hält es immerhin ab und zu für notwendig, *diese* Funktion der Militärmedizin durch militärgeschichtliche Sonntagsreden und Hochglanzbroschüren zu verschleiern.

Im Gegenteil, es wird immer wieder betont, daß die Bundeswehr die Lektionen, die *Hawickhorst* und andere Autoren auf medizinisch-psychologischem Gebiet aus den Ereignissen im 2.Weltkrieg destillieren, internalisiert hat. So drückt sich auch der ehemalige Inspekteur des Sanitäts- und Gesundheitswesens der Bundeswehr, Generaloberstabsarzt *Albrecht* unzweideutig aus:

> *"Heute wie einst besteht der Auftrag des Sanitätswesens darin, die Gesundheit der Soldaten und die Kampfkraft der Armee zu erhalten. (...) Jedermann weiß, daß soldatische Haltung nicht nur eine Frage der körperlichen und geistigen Tauglichkeit ist, sondern ganz entscheidend durch den Leistungswillen und die Bereitschaft zum Dienen bestimmt wird, Eigenschaften, die in unserer Zeit allenfalls noch im Berufsleben, kaum aber gegenüber Volk und Staat eingesetzt werden. (...) Wenn ich zu Anfang sagte, daß die Behandlung der Kranken und Verletzten unsere vornehmste Aufgabe ist, dann muß ich jetzt hinzufügen, daß die vorbeugende Medizin ihr in einem militärischen Sanitätsdienst an Bedeutung für die Erhaltung der Kampfkraft der Truppe sicher nicht nachsteht..." (Albrecht 1966).*

In der 14.Auflage des Taschenbuches für den Sanitäts- und Gesundheitsdienst der Bundeswehr (1972) wird dem Sanitätsdienst u.a. die Aufgabe gestellt, die militärische Führung fachlich zu beraten, die verwundeten Soldaten dem direkten Zugriff des Gegners zu entziehen und die kämpfende Truppe so schnell wie möglich von der Sorge um ihre Verwundeten zu befreien (S.28).

Die Rolle des Sanitätsoffiziers wird an anderer Stelle wie folgt definiert:

*"Nach der bisher gültigen Auffassung soll der Sanitätsoffizier nicht nur ein Arzt im Rock eines Offiziers sein, sondern zugleich mit der geistigen Einstellung, dem Auftreten und den allgemein militärischen Kenntnissen eines Offiziers sein..." (*Flotillenarzt *Dr.H. Toepfer* v. Bundesverteidigungsministerium, in: Wehrmed.M.schr. 15, 1971, S.60).

7. Die Aufgaben der Militärpsychiatrie in der Bundeswehr

Beim Aufbau der Bundeswehr wurden nicht nur die militärpsychiatrischen Erfahrungen aus dem 1. und 2.Weltkrieg berücksichtigt, die, wie beschrieben, auch durch die personelle Kontinuität gesichert waren, sondern auch zunehmend die Erfahrungen der US-Militärpsychiatrie aus dem 2.Weltkrieg, dem Korea-Krieg und später aus dem Vietnamkrieg assimiliert.

Der bereits zitierte ehemalige Inspekteur des Sanitäts- und Gesundheitswesens der Bundeswehr *Dr. Albrecht* definierte die Aufgaben der Militärpsychiatrie folgendermaßen:

> *"Durch die Anforderungen des Wehrdienstes an die Leib-Seele-Einheit jedes einzelnen Mannes ergeben sich ganz bestimmte Probleme ... Diese Probleme kann*

man allein weder mit dem 'gesunden Menschenverstand' noch mit den Mitteln der Psychologie, noch mit den Methoden der 'Inneren Führung' bewältigen. Vielmehr bedarf es dazu genauer Kenntnisse und Erfahrungen darüber, in welchem Wechselspiel Leib und Seele des einzelnen Soldaten auf Belastungen und gegebenenfalls Überforderungen des Wehrdienstes reagieren können. ... So weiß der Militärpsychiater wie störend, ja bisweilen sogar verhängnisvoll es sich auf die Truppe auswirken kann, wenn Teilverzögerungen im Reifungsablauf des beseelten Organismus von jungen Soldaten, oder ein vorzeitiger seelischer und intellektueller Altersabbau von Truppenführern, oder eine Wahnkrankheit, oder auch nur ein Mangel an Anpassungsfähigkeit von Soldaten an Menschen und Material nicht rechtzeitig erkannt und daraus nicht zeitig genug militärärztliche Konsequenzen gezogen werden. Der Militärpsychiater muß auch bis zu einem gewissen Grade vorhersagen können, ob und wie die Fehlreaktionen einzelner Soldaten oder ganzer Truppenteile die Kampfkraft eines Wehrverbandes beeinträchtigen können" (Albrecht 1967).

Und der damalige Leiter der neurologischen Abteilung des Bundeswehrkrankenhauses Hamburg und Verfasser zahlreicher Schriften zur Militärpsychiatrie, Oberstarzt *Brickenstein*, forderte:

"Der Militärpsychiater soll dem Truppenführer psychiatrische Erkenntnisse unter den dem Wehrdienst eigentümlichen Bedingungen nutzbar machen, um zu verhindern, daß Soldaten den Dienstbetrieb stören."

indem sie

"Zeit und Kraft ihrer Ausbilder über Gebühr unnötig und sinnlos zuungunsten der wirklich ausbildungsfähigen Soldaten in Anspruch"

nehmen. In diesen Fällen hält er frühzeitige psychiatrische Intervention für erforderlich:

"Wenn sich Soldaten auffällig absondern, nicht recht einordnen können, im Übermaß gegen vermeintliche Ungerechtigkeit ankämpfen oder es wiederholt an der nötigen Disziplin fehlen lassen, ist eine nervenärztliche Untersuchung erforderlich" (Brickenstein 1964, S.6).

Die alte militärpsychiatrische Tradition wird somit fortgesetzt: Wer nicht im Sinne des Militärs funktioniert, wird entweder diszipliniert oder mit Begriffen der Psychopathologie etikettiert, denn, so meint *Brickenstein:*

"Von einem geistig gesunden und intakten Soldaten kann man verlangen, daß er seine persönliche Verärgerung unterdrückt und beherrscht, auch wenn er von einem ihm unsympathischen Vorgesetzten einen ihm unangenehmen Befehl erhält, dessen Notwendigkeit er nicht einzusehen vermag, und daß er dennoch diesen Befehl ausführt" (Brickenstein 1967, S.18).

Daß sich die neue Militärpsychiatrie mit dem Geist und den Methoden ihrer Vorgängerinnen und des Militärs wieder voll identifiziert, zeigt ein Aufsatz des Generalarztes *Prof. Rodenwald:*

"Die Ausschaltung des individuellen Haltungs- und Bewegungstypus zugunsten

eines Massentypus, die Drosselung der Motorik hat den Sinn, eine beruhigte, für den Befehl und dadurch für ein einheitliches Handeln empfängliche Grundhaltung zu erzeugen und mit der einheitlichen äußeren Haltung auch eine Vereinheitlichung der inneren Verfassung der zu schulenden Menschengruppe zu erreichen. Mit dem Abstellen der individuellen Typologie wird zugleich ein wesentlicher Störungsfaktor ausgeschaltet, der seelische Untergründe haben könnte, Äußerungen der Unlust, des Widerwillens, des Trotzes, sei es auch nur durch die Andeutung einer Gebärde. Auch der Typus der Temperamente muß einem Gleichmaß unterworfen werden. ... Das Ziel ist eine physiopsychische Uniformierung, die mehrere oder selbst viele Personen als ein einheitlich handelndes Subjekt erscheinen läßt und ein einheitliches Handeln zu erreichen versucht. ... Dem militärischen Stillstehen ist ein wesentlicher Bewußtseinsinhalt zugeordnet, der hohe Grade von Aktivitätsbereitschaft in sich schließt, die bedingungslose Bereitschaft, den zu erwartenden Befehl zu befolgen. Mit dieser auf ein bestimmtes Handeln gerichteten Bereitschaft, die befohlen ist, sind individuelle Ausdrucksbewegungen unvereinbar, das 'Hurra' ausgenommen, dem der Charakter einer repräsentativen Gebärde zukommt..." (Rodenwald 1960, S. 1 f.)

Der Autor zitiert auch aus einem anderen Aufsatz:

"Bei der sogenannten militärischen Haltung wird der Schwerpunkt des Körpers nach vorn verlagert... Es ist eine angespannte Haltung, die uns befähigt, auf Befehl baldmöglichst mit der Vorwärtsbewegung zu reagieren" (Buytendijk 1956, zit. n. Rodenwald 1960, S. 5).

Weil die Bundeswehrpsychiater allein weder quantitativ noch qualitativ ihren Aufgaben gerecht werden konnten, suchten und fanden sie Unterstützung durch namhafte westdeutsche Universitätspsychiater. Eine herausragende Rolle spielte hier der ehemalige Wehrmachtspsychiater und nach dem Krieg langjährige Direktor der Psychiatrischen Universitätsklinik in Heidelberg *W. Ritter von Baeyer.* Er hatte sich schon 1938 durch ein Werk über die Verwendbarkeit von "Psychopathen" in der Wehrmacht hervorgetan:

"Aber wenn auch der Abgang ausgesprochener Psychopathen an sich tragbar wäre, so würde doch die Entbindung körperlich gesunder und keineswegs geisteskranker oder schwachsinniger, sondern einzig und allein charakterlich abnormer Menschen von ihrer vaterländischen Pflicht auf zahlreiche andere, zwar nicht gerade psychopathische, aber ethisch, willensmäßig oder erzieherisch nicht ganz gefestigte Wehrpflichtige einen höchst unheilvollen Einfluß ausüben. ... Ebensowenig wie nach unseren heutigen Anschauungen der Charaktermangel die Verantwortlichkeit für begangenes Unrecht aufhebt, ebensowenig ist er imstande, das Recht und die Pflicht des Wehrdienstes hinfällig zu machen – von gewissen Ausnahmen abgesehen. Endlich ist auch der Rolle des Militärdienstes als eines der wichtigsten und wirksamsten Mittel der Volkserziehung zu gedenken. ... Er gelangt nicht zu der echt soldatischen Einstellung, welche freudig gehorchen und die Eingliederung in das Große und Ganze der Armee als Erhöhung des persönlichen Daseins empfinden läßt. ... (v. Baeyer 1938, S. 622)

Von Baeyer gehörte von 1963 an zum Wehrmedizinischen Beirat und trug nun der gewandelten Funktion des deutschen Militärs Rechnung:

"In den modernen hochtechnisierten Streitkräften gibt es keine anspruchslosen,

halbverborgenen Pöstchen mehr, in denen ein intellektuell Minderbegabter, ein zu abnormen Reaktionen neigender Neurotiker oder ein Mann mit einem blanden hebephrenen Defektzustand unauffällig beschäftigt werden könnte. Solche psychiatrisch kranken und abnormen Männer sind nicht nur unfähig, das Ausbildungsziel zu erreichen, sie sind in der Regel auch nicht anpassungsfähig im Hinblick auf Disziplin und kameradschaftlichen Zusammenhalt..." (v. Baeyer 1968, S.98).

Dennoch wollte er nicht alle "Psychopathen" vom Militärdienst befreit wissen, weil er der Überzeugung war, daß bei

"manchen psychopathisch-neurotischen Grenzzuständen oder Lebenskrisen, denen junge Leute in ihrer Persönlichkeitsentwicklung so häufig ausgesetzt sind, der Militärdienst auch einmal einen heilsamen, entwicklungsfördernden Faktor darstellt" (S.99).

Auch nach neueren Veröffentlichungen der Militärpsychiatrie will man nicht auf den Ausschluß aller "Abnormalen" verzichten:

"Keinesfalls ist man berechtigt einem Wehrpflichtigen automatisch schon wegen einer geringen Vorstrafe die G.T. (geistige Tauglichkeit; d.A.) *im Wehrdienst abzusprechen. (...) Würden die Streitkräfte auf alle Neurotiker, neuroseverdächtigen oder psychopathischen Männer verzichten, so würden wahrscheinlich viele vom Wehrdienst ausgeschlossen, die sich trotz gewisser psychischer Abnormitäten auf die Dauer, erfahrungsgemäß sogar besonders im Verteidigungsfall, bewähren würden" (Brickenstein 1980, S.435).*

Von Baeyer nimmt auch zum Problem des Militärs mit "Simulanten" Stellung. Zwar gelte es, Simulanten, die nervöse und geistige Störungen vortäuschen, zu entlarven, er sähe sie aber trotzdem lieber aus der Armee ausgeschlossen, denn

"es ist nämlich eine alte psychiatrische Erfahrung, daß Simulanten in aller Regel psychisch hoch abnorme, schwer psychopathische, manchmal auch schwachsinnige Persönlichkeiten sind, die schon wegen ihrer angeborenen Anomalie keinen Platz in den Streitkräften finden sollten ..." (1968, S.100).

Zum Schluß seines Aufsatzes bietet er der Bundeswehr für einen zukünftigen Krieg die *"bewährten Vorbeugungsmaßnahmen"* und *"wirkungsvollen Behandlungsmaßnahmen aus dem reichen Erfahrungsschatz der deutschen Militärpsychiatrie"* an, falls es zu einem *"Massenanfall psychoreaktiver Störungen"* kommen sollte:

"Solche Maßnahmen ... laufen im wesentlichen auf eine möglichst frontnahe Behandlung derartiger Zustände hinaus, von denen die allermeisten einer raschen Rückkehr zur Einheit nicht im Wege stehen" (S.103)

Damit ist ein aktuelles Problem der "Panikprophylaxe" angesprochen, der nicht nur im rein militärischen Kontext, sondern auch – angesichts eines drohenden Atomkrieges – im zivilen Bereich in den letzten Jahren die zunehmende Aufmerksamkeit der politischen und militärischen Führung und damit auch der Militärpsychiater gilt.

Brickenstein hat sich ausführlich mit diesem Problem befaßt, und seine Veröffentlichungen darüber können als repräsentativ für die Bundeswehrpsychiatrie gelten. Er definiert Panik als eine *"planlose und unzweckmäßige Abwehr- oder Fluchtreaktion einer zur Masse degenerierten Menschengemeinschaft auf eine tatsächliche oder vermeintliche Bedrohung"*, wobei eine "Menschenmasse" für ihn *"ein pathologischer Zustand einer Menschengemeinschaft in einem Ausnahmezustand"* ist (beide Zitate *Brickenstein* 1980, S.458). Im militärischen Bereich sieht er das Problem vor allem

> *"im Zersprengen der Disziplin und die Auflösung des festen soldatischen Aggregatzustandes einer Truppe, so daß diese nicht nur keinen Gefechtswert mehr hat, sondern zu einer Gefahr für alle Truppenteile in ihrer Umgebung geworden ist" (Brickenstein 1967, S.195).*

Er unterscheidet zwischen

- *"akutem Verlauf der Panik"*, der sich in einem "Paniksturm" fliehender Soldaten, die andere mit sich zurück-, von der Front wegreißen oder in einer *"Panikstarre"* äußern kann
- *"Kümmerformen"*; hinter ihnen verbergen sich häufig *"andersartige militärische Zersetzungserscheinungen. Aber auch hier ist es die kollektive* **Furcht vor dem Tod** (im Original nicht hervorgehoben, d.A.), *aus der heraus das schädliche Verhalten einzelner Soldaten auf die Masse überspringt (...) die Auflösungserscheinungen der militärischen Disziplin (sind) gleichsam das Wetterleuchten, das dem Gewitter der Panik voranleuchtet."*
- *"chronischem Verlauf". "Gefährdet sind vor allem abgekämpfte, demoralisierte Truppen, die nicht mehr in der Hand ihrer Führer sind und in denen Fahnenflucht, Selbstverstümmelungen, Simulationen von Krankheiten und Kriegsneurosen inflationsartig zunehmen. Mehr oder weniger bewußt versteckt sich dabei meist ein 'Nicht-mehr-Wollen' hinter einem 'Nicht-mehr-Können', (...) Manche Soldaten werfen sich dann förmlich erlöst einer allgemeinen militärischen Auflösung in die Arme. Sie versuchen dabei möglichst viele andere Soldaten mitzuziehen, zumal sie unklar ihre* **moralische und strafrechtliche Schuld** (im Original nicht hervorgehoben, d.A.) *spüren, aber dumpf hoffen, daß niemand sie nach dem Zusammenbruch der militärischen Ordnung zur Rechenschaft ziehen kann. Es gilt geradezu als Kriterium einer chronischen militärischen Panik, daß sie immer die Tendenz hat in* **offene Widersetzlichkeit, Meuterei oder Revolution** (im Original nicht hervorgehoben, d.A.) *umzuschlagen" (alle Zitate Brickenstein 1980, S.459 f.)*

Hier wird an den Äußerungen eines Militärpschiaters exemplarisch deutlich, wie seine Zunft ihre Aufgaben versteht. Angst, Furcht und Erschöpfung der menschlichen Kreatur im Inferno der Schlacht sind Störfaktoren im militärischen Organismus. *Diese* gilt es zu beseitigen, nicht deren Ursachen (s. dazu Schlußkapitel). Entsprechend sehen auch die "Maßnahmen", die *Brickenstein* zur Verhütung und Bekämpfung einer militärischen Panik vorschlägt, aus:

Ärztliche Maßnahmen

1. Aussonderung aller Offiziere, Unteroffiziere und Soldaten, die sich wegen ihrer Neigung zu pathologischer Angst, Schreck und übermäßiger Furcht oder verstärkter psychovegetativer Labilität als nicht ausreichend belastungsfähig erwiesen haben (auch auf die Gefahr hin, daß der Personalbestand zu gering wird).

2. Information der Truppenführung über das Zustandekommen und die Erscheinungen sowie die Auswirkungen von Individualreaktionen, Summationsphänomenen und Kollektivreaktionen in der Truppe.

3. Ständige diskrete Fahndung nach vermeidbaren Noxen in der Truppe, die ein "Versagen oder Stören" von Soldaten fördern.

4. Beratung des Truppenführers bei gehäuftem Auftreten von vegetativen Psychosyndromen, akuten Kampfreaktionen, Kriegsneurosen, Disziplinlosigkeiten, Widersetzlichkeiten und Fahnenflucht.

5. Verstärkung des ärztlichen Personals und des Hilfspersonals zur Behandlung und zum Abtransport von Kranken und Verwundeten, wenn der Truppe eine Dauerbelastung oder gar Überforderung zugemutet werden muß oder die Truppe sich in einer Krisenstimmung oder sogar Panikbereitschaft befindet.

6. Durchsetzen notwendiger sanitätsdienstlicher Maßnahmen beim Truppenführer.

Maßnahmen zur Bekämpfung einer militärischen Panik

1. Ableitung der von Panik ergriffenen Menschenmasse aus den Panikzentren in verschiedene Richtungen.

2. Errichtung von Barrieren und Sammelstellen nach Auslaufen des Paniksturmes, wenn es nicht gelingt, die Richtung so zu ändern, daß der Paniksturm gegen den Feind erfolgt.

3. Isolierung erkannter Panikpersonen und deren separate Verbringung in ärztliche Behandlung.

4. In den Panikzentren Einsatz von erfahrenen, nicht von der Panik bedrohten Verbänden, die es in jeder Paniksituation gibt.

5. Kein Einsatz von frischen, wenig erfahrenen Verbänden in Panikzentren.

6. Bildung von "Inseln der Ruhe" unter den von der Panik befallenen Einheiten, langsame Auffüllung und Vergrößerung derselben.

7. Ersetzen versagender Führer und Unterführer durch neue Kräfte.

8. Wahrheitsgemäße Schilderung der Lage und Entscheidung über notwendige Maßnahmen.

9. Unzweideutige, im Ton energische, durch Gesten unterstützte knappe Befehlsgebung.

10. Befehle zur Ausübung friedensmäßig einexerzierter Tätigkeiten.

11. Ankündigung von Auszeichnungen an besonders tapfere und besonnene Soldaten.

12. Unterlassung von hektischen zu Mißdeutungen Anlaß gebenden Worten oder Bewegungen sowie moralisierenden Verlautbarungen.

13. Ausgabe von Zusatzverpflegung und alkoholfreien Getränken.

14. Feststellung der Panikursache, der sie auslösenden Soldaten und ihrer Motive, gegebenenfalls psychiatrische Untersuchung oder auch – bei Vorsatzhandlung – strafrechtliche Verfolgung. *(Brickenstein 1980, S. 462 f.)*

Auch beim Problem der ansteigenden Suizidzahlen in der Bundeswehr erweist sich *Brickenstein* als Experte. Schon seine Dissertation aus dem Jahre 1943 trägt den Titel: "Häufigkeit und Ätiologie des Selbstmordes beim Heer und die Auswirkungen des Alkoholmißbrauchs auf diese". *Siemen* (1982) zitiert eine Kostprobe aus diesem Werk:

> *"Bei der Gruppe der 'Schlappen', die als solche im zivilen Leben meist nicht erkannt werden, hat tatsächlich der militärische Dienst eine steigernde Wirkung auf die Selbstmordneigung. Jedoch besteht meist kein Grund solchen Soldaten allzusehr nachzutrauern. Sie wären immer lebensuntüchtig gewesen und für das Volksganze ist das Erbgut solcher Menschen nicht nur wertlos sondern schädlich" (Brickenstein 1943, S.21, zit. n. Siemen 1982, S.216).*

Solche Meinungen kann er allerdings in der Bundesrepublik nicht mehr publizieren. Seine Verachtung für Soldaten, die Suizidversuche unternehmen – außer für die, die in den "Freitod" gehen, also z.B. Geheimnisträger, die sich in Gefangenschaft selbst töten, um nicht gezwungen zu werden, die Geheimnisse preiszugeben – scheint jedoch auch bei seinen neueren Veröffentlichungen durch. So charakterisiert er Soldaten, die eine Suizidabsicht demonstrieren, indem sie einen Selbstmordversuch vortäuschen, als Menschen, die nur die *"Verbesserung ihrer Lebensbedingungen"* anstreben und auf *"Schuldgefühle der Vorgesetzten, des Truppenarztes"* und anderer *"spekulieren"*. Sie zeichnen sich für ihn durch *"Kontaktarmut, Haltschwäche, intellektuelle Insuffizienz, Mangel an Belastbarkeit, Reifungskrisen und seelische Fehlhaltungen"* aus. Soldaten, die einen "echten" Suizid oder Suizidversuch begehen, haben für *Brickenstein "vorwiegend psychopathologische Persönlichkeitsmerkmale, wie konstitutionelle Abnormität, seelische Fehlentwicklungen und Fehlhaltung"* (alle Zitate aus *Brickenstein* 1980, S.444 ff.)

Zur Bekämpfung der steigenden Suizidrate in der Bundeswehr (im Jahr 1957 waren es 44 "Selbstbeschädigungen bei Demonstration einer Suizidabsicht und Suizidversuche", im Jahr 1978: 1069) wird von seiten der Bundeswehrführung – wie auch bei anderen Problemen – eine engere Zusammenarbeit zwischen Sanitätsoffizieren und den Vertretern einer der ältesten Sozialtechniken für die Armee, der *Militärseelsorge,* gefordert:

> *"Eine wesentliche Hilfe kann eine gute Zusammenarbeit mit dem Soldatenpfarrer sein, dem ja eine ähnlich schwere Aufgabe gestellt ist, wo es nicht mehr um das Predigen von Moral, Aufziehen von erbaulichen Gottesdiensten, etwa gar um das Segnen von Waffen, sondern um das Ringen um die Seele eines anvertrauten Menschen, seine Förderung und Führung zur höchsten Freiheit geht und um das Verständnis, warum der Soldat noch erforderlich ist" (Holland 1960, S.28).*

Die Zusammenarbeit zwischen Militärpsychiatrie, -psychologie und den Kirchen manifestiert sich u.a. in gemeinsamen Tagungen mit Titeln wie "Der gefährdete Soldat" (5.7.1972 in der Sanitätsakademie München; s. dazu auch Dokument "Suizide und Suizidversuche von Soldaten, Telefonseelsorge" im Anhang).

Ähnliche Sorgen wie die steigende Suizidalität in der Bundeswehr bereitet den Militärpsychiatern die steigende Zahl von Alkoholikern, Cannabiskonsumenten und von harten Drogen Abhängigen unter den zur Musterung anstehenden Männern. Während Heroinabhängige fast grundsätzlich geistig untauglich geschrieben werden und man auf diesem Gebiet höchstens Angst hat, daß Rekruten *"Fremdstoffmißbrauch (...) übertrieben darstellen oder sogar vortäuschen in der Hoffnung, dadurch dem Wehrdienst entgehen zu können"* (*Brickenstein* 1980, S.434), nimmt der Alkohol von jeher beim Militär eine besondere Stellung ein. Er wurde in der Geschichte in vielen Armeen als Stimulans für

Angriffe und als Angst und Verzweiflung dämpfendes Mittel verwendet. Auch noch im 1.Weltkrieg empfahl ein Psychiater:

> *"... darf der Alkohol als Stimulans im Felde nicht gänzlich verurteilt werden; er ist in kleinen Mengen außerordentlich belebend für die Stimmung, auch besonders im Bewegungskrieg an kalten und nassen Tagen und in verregneten Biwaks" (Schneider 1918, S.309).*

Zwar ist in der Bundeswehr im Dienst Alkoholkonsum nur in bestimmten Fällen erlaubt, jedoch drücken Vorgesetzte, wie einer der Autoren aus eigener Erfahrung weiß, in gewissen Fällen oft gerne ein Auge zu, gilt doch das "Vertragenkönnen" großer Mengen von Alkohol in unserer Gesellschaft und nicht zuletzt in der Bundeswehr als Zeichen besonderer Männlichkeit.

Gibt ein Rekrut bei der Musterung gelegentlichen oder häufigen Alkoholmißbrauch an, so "beeinträchtigt das seine Wehrdienstfähigkeit nicht nennenswert" (*Brickenstein* 1980, S.441). *Alkoholkranke* werden meist untauglich geschrieben.

> Wird eine Alkoholkrankheit während der Dienstzeit festgestellt, so versucht man es, besonders bei Längerdienenden und Berufssoldaten, oft mit einer Entziehungskur. Wird er wieder rückfällig, *"ist es disziplinarrechtlich möglich schon diese Rückfälligkeit zu maßregeln" (Brickenstein* 1980, S.438). Da der Alkoholismus inzwischen allgemein als Krankheit anerkannt wird, ist es eigentlich eine seltsame Maßnahme, einen Rückfälligen für seinen Rückfall zu bestrafen; die Bundeswehrpsychiater berufen sich dabei aber auf ein Urteil des Bundesarbeitsgerichts, das dieses Vorgehen zuläßt.

Die Einschätzung und Behandlung der Homosexualität durch die militärische Führung und die Militärpsychiatrie hat sich im Verlauf der Entwicklung der Bundeswehr gewandelt.

Nach einer liberaleren Behandlung der Homosexualität in der Weimarer Republik wurde sie im 3. Reich, im Rückgriff u.a. auf die Lehren des Psychiaters *Kraepelin*, besonders nach dem sogenannten Röhm-Putsch wieder unter strengste Strafe gestellt (vgl. *Seidler*, S.193 ff.). *Kraepelin* (1918) hatte die Homosexualität als "biologisch minderwertige Abartigkeit" diffamiert, eine Bezeichnung, die von den Nazis nur zu gern übernommen wurde. Der Militärpsychiater *Wuth* schlug zur Bekämpfung der Homosexualität in der Wehrmacht u.a. Versetzung in Strafbataillone, Entmannung und bei Rückfällen "sichtbare körperliche Zeichnung" vor (vgl. *Seidler* 1977, S.215). In der SS stand auf diese sogenannte "widernatürliche Unzucht" die Todesstrafe.

Die Bundeswehrpsychiatrie übernahm zunächst das Vokabular der Vergangenheit und sah bis weit in die 60er Jahre eine Gefährdung der Kampfkraft der Truppe durch homosexuelle Soldaten.

> *"Der homosexuelle Wehrpflichtige stört das Gemeinschaftsleben der Truppe (Cliquenbildung, asoziales Verhalten, psychopathische Verhaltensweisen). ... Falls Zweifel bestehen bleiben, muß fachärztliche Untersuchung angeordnet werden (evtl. bei wissenschaftlichen Assistenten psychiatrischer Kliniken, mit der Problematik vertraute niedergelassene Psychiater erfragen!) ... Nicht selten – besonders bei Musterungen in Großstädten – behaupten heterosexuelle Wehrpflichtige homosexuell zu sein, nur um der Einberufung zum Wehrdienst zu entgehen. ... Heterosexuelle Wehrpflichtige, die das Odium der Homosexualität auf sich*

nehmen, nur mit dem Ziel, auf diese Weise nicht wehrtauglich zu sein, sind in der Mehrzahl charakterlich so minderwertig, daß man auf sie verzichten sollte. Sie sind als rücksichtlose Störer für die Truppe kein Gewinn" (Siebert, 1966).

Der Musterungsarzt sollte nach *Siebert* zur Erkennung von Homosexuellen folgende Hinweise beachten:

"Häufig feminine Körpermerkmale: Hohe, gekünstelte Stimme; breite Hüften, weibliche Gesichtszüge; zuweilen feminine Pubesbehaarung, rasierte Augenbrauen. Auffallende Putzsucht, grellbunte Pullover und sonstige extravagante Kleidung, seidene Unterwäsche, Parfum, Haarfärbemittel, Schminke und Puder, lackierte Finger- und Zehnägel, auffallender Schmuck. Deutlich geziertes, affektiertes Benehmen und Gehabe" (Siebert 1966).

Brickenstein plädierte für ihren Ausschluß aus der Armee:

"Homosexuelle Pervertierte sollten als dauernd wehrdiensttauglich beurteilt werden, weil sie die Disziplin und damit die Kampfkraft der Truppe dadurch schädigen, daß sie durch ihr von sexueller Spannung und Lust, Furcht vor Entdeckung, Mißtrauen und Leid diktiertes Verhalten das in einer soldatischen Gemeinschaft unentbehrliche Vertrauen dauernd erheblich stören. ... In der Truppe suchen und finden sie instinktiv meist rasch Gleichgesinnte, bilden mit diesen gleichsam Nester und konspirieren aus Furcht vor Entdeckung miteinander. Meist kommt es bei echt Pervertierten, ähnlich wie bei Süchtigen, zu einem allmählichen Zerfall der Persönlichkeit ..." (Brickenstein 1967, S. 49 f.),

und wollte, ähnlich wie *Siebert*, Leute, die Homosexualität simulieren, nicht in die Armee aufnehmen:

"Wehrpflichtige, die es auf sich nehmen, sich wegen dieser Angaben nervenärztlich gezielt explorieren, untersuchen und schließlich als Homosexuelle oder Bettnässer etikettieren zu lassen, ohne es zu sein, sind mindestens schamlos und neigen auch sonst dazu, abartig zu reagieren. Eine derartige Reaktionsbereitschaft muß man fast immer als Ausdruck einer konstitutionellen Abartigkeit im Sinne einer Psychopathie werten, selbst wenn man die dieser Bereitschaft zu Grunde liegende Tendenz, vom Wehrdienst freizukommen, berücksichtigt" (S.51).

Die Liberalisierung des § 175 StGB in den 60er Jahren hat sich auch auf die Tauglichkeitsbeurteilung Homosexueller bei der Bundeswehr ausgewirkt. Sie sind jetzt:

"... grundsätzlich geistig ebenso tauglich wie heterosexuelle (Männer; d.A.) *Sie müssen lediglich von bestimmten Verwendungen, wie solche, die ein besonderes Maß an Vertrauen erfordern, ausgeschlossen werden" (Brickenstein 1980, S. 434).*

Als in der zweiten Hälfte der 60er Jahre in der Bundeswehr die Disziplin und die "Wehrwilligkeit" der Soldaten spürbar nachließ, die Jugend im "wehrfähigen Alter" zunehmend Kritik an der Bundeswehr übte, deren Existenzberechtigung in Frage stellte und die Zahl der Kriegsdienstverweigerer rapide anstieg, sollten auch die Sanitätsoffiziere militärideologische Schützenhilfe leisten. Generaloberstabsarzt a.D. Dr. *Albrecht*, zuerst Inspekteur des Sanitäts- und Gesundheitswesens der Bundeswehr, nach seiner Pensionierung Vorsitzender der Gesellschaft für Wehrmedizin und Wehrpharmazie, formulierte es so: Bei aller jugendlichen Besserwisserei gab es doch in seiner Jugend über

"bestimmte Grundvorstellungen ... keine Debatte: V a t e r l a n d, N a t i o n und

d a s R e i c h (im Original nicht hervorgehoben, d.A.) *waren unantastbare Begriffe. Heute gehört es insbesondere in intellektuellen Kreisen beinahe zum guten Ton, keine Tabus mehr anzuerkennen, jeglichen Idealismus zynisch in den Schmutz zu ziehen und letztlich alles in Frage zu stellen. Irgendwo ist aber eine Grenze, und ich bin überzeugt, daß diese Grenze bald erreicht ist, wenn dieser Staat überleben will."*

Er bläst zur moralischen Aufrüstung:

So darf die Bundeswehr nie in Frage gestellt werden. (...) Diese Verteidungsbereitschaft zu stärken und zweifelnden Kameraden wieder einen festen Halt zu geben, ist keine nebensächliche Aufgabe des Sanitätsdienstes ..." (in: Wehrmed. Mschr. 14, 1970, S. 191 f.).

Die politisch–ideologische Funktion des Sanitätswesens der Bundeswehr bei der "Aufrüstung der Seelen" wird hier von einem ihrer führenden Männer klar ausgesprochen. Wenn bundeswehr–intern Klartext gesprochen wird, sind schmückende Hippokrates–Zitate ein entbehrlicher Luxus. Sie sind nur wichtig für die propagandistische Außendarstellung des Sanitätswesens.

Die Wehrunwilligkeit der jungen Männer in der Bundesrepublik ist bis heute eines der Hauptprobleme für die Bundeswehrpsychiater und die mit ihnen zusammenarbeitenden Psychologen und Sozialwissenschaftler. Sie machen diese für einen großen Teil der Ausmusterungen und Entlassungen verantwortlich, die im Verlauf der 70er Jahre ständig zugenommen haben. Ein Aufsatz von *Dick* (1980) kann als Beispiel dafür dienen, wie die Bundeswehrpsychiater die Ursachen der "Wehrunwilligkeit" und der daraus folgenden mangelnden "geistigen Tauglichkeit" einschätzen, und wie sie dagegen vorzugehen gedenken.

Zunächst konstatiert der Autor:

"Von einem psychisch gesunden jungen Mann müssen die wehrdiensteigentümlichen Belastungen, auch wenn sie als sehr unangenehm und überflüssig empfunden werden, verkraftet werden. Bei den vermindert belastbaren, bzw. den in ihrer Persönlichkeitsentwicklung retardierten Soldaten führt dies aber zu einer zunehmenden Dekompensierung. Hinzu kommt die (...) in den meisten Fällen vorliegende Wehrunwilligkeit, die diese Entwicklung geradezu bahnt" (Dick 1980, S. 302).

Die Ursachen der "Wehrunwilligkeit" sieht er vor dem Hintergrund des derzeit herrschenden "Zeitgeistes" (S. 305) und macht die Studentenunruhen der späten 60er und frühen 70er Jahre als Anstöße für *"wesentliche Veränderungen in sozialer Verhaltensweise und Grundeinstellung besonders bei der jungen Generation"* (S. 305) aus:

"Demoskopische Untersuchungen haben ergeben, daß bereits 1972 gegenüber 1967 ein signifikanter Abbau der als bürgerliche Tugenden gepflegten Wertvorstellungen feststellbar war. Hieraus resultierten Tendenzen, jeglicher Institutionalisierung und Anpassung ablehnend gegenüber zu stehen. Einige Autoren beschrieben die häufig beobachteten Neigungen zum Ausweichen vor jeder Anstrengung sowie zur unmittelbaren Befriedigung anstelle langfristiger Zielsetzung als das Symptom sich verbreitender sozialer und emotionaler Verwahrlosung. (...) Man verhält sich so wie die Gruppe, ist 'solidarisch' und übernimmt gewisse Haltungen kritiklos, was die z.T. 'epidemische' Ausbreitung der beschriebenen Tendenzen bewirkt. Außerdem (...) lebt man nach der Maxime, möglichst viel von der Gesellschaft zu bekommen" (Dick 1980, S. 305).

Auch zivile Autoren schildern im Zusammenhang mit ihren Auftragsforschungen für die

Bundeswehr die mangelnde "Wehrfreudigkeit", den Mangel an Bereitschaft zur Unterordnung und Gehorsam und die kritische Haltung der Jugendlichen im wehrpflichtigen Alter gegenüber formaler Autorität und uniformiertem Machtanspruch (vgl. *v. Troschke* und *v. Stünzner* 1980, S.184, *v. Troschke/v. Stünzner* 1983, S.199).
Dieckhöfer (1981) beschwört vor diesem Hintergrund die "alten Zeiten" zwischen den Weltkriegen. Zwar versucht er, seine Distanz zum Geist der von ihm zitierten militärpsychiatrischen und militärpsychologischen Werke durch das Wort "sogenannt" oder durch Hervorhebung zu verdeutlichen, jedoch gebraucht er immer wieder Formulierungen, welche zeigen, wie nahe er diesem Geist innerlich steht:

> *"Das Ideal des Soldatentums war zur damaligen Zeit noch intakt (...), wichtig erscheint dabei aber zu betonen, daß die NS–Ideologie nicht gegen eine antimilitaristisch eingestellte und somit vergiftete Umweltgesinnung anzukämpfen brauchte, sondern an die Traditionsverbundenheit der deutschen Armeeführung anknüpfen konnte. (...) Wehrbedürfnis und Selbstwertglaube, Selbstbeherrschung als erster Schritt zum Heldentum, Volksverbundenheit als sozial–ethische Wehrtugend, Wehrwilligkeit und Wehrdankbarkeit, Corpsehre und Traditions–Ehrfurcht, alle diese Begriffe erscheinen dem jungen Soldaten von heute natürlich als Fremdwörter, da die gesamte Wertewelt seit Ende des 2. Weltkrieges ins Wanken geraten ist, zumal es auch Mode geworden ist, alles in Frage zu stellen" (Dieckhöfer, 1981, S.240).*

Im folgenden vergleicht der Autor die Kriterien der "geistigen Tauglichkeit" bei der Wehrmacht mit denen bei der Bundeswehr und faßt schließlich zusammen:

> *"Wir sehen, daß die heutige wehrpsychiatrische Einstellung zur Frage der geistigen Tauglichkeit keinen besonders großen Spielraum mehr zuläßt ... Anders wird sich wohl die Situation im Verteidigungsfall stellen. Man kommt dann wahrscheinlich nicht umhin, auch auf neuropsychiatrischem Gebiet die Tauglichkeitsanforderungen analog der Entwicklung der früheren HDv 252/4 in ihrer Ausgabe vom 1.4.1944 abzumildern, um eine größere Aushebung zu erzielen..." (*S.245; der "Verteidigungsfall" scheint für *Dieckhöfer* eine ausgemachte Sache zu sein, denn er hält es nicht einmal mehr für nötig, den Konjunktiv zu verwenden; d.A.).

Auch *Dick* sieht die Sollstärke der Bundeswehr durch eine zu enge Fassung der Kriterien der "geistigen Tauglichkeit" gefährdet. Er rekurriert dabei allerdings nicht wie sein Kollege *Dieckhöfer* auf die Kriterien der Wehrmachtspsychiatrie, sondern führt die "Wehrgerechtigkeit" ins Feld:

> *"Allerdings muß nach Auffassung vieler Sanitäts- und auch Truppenoffiziere der Tendenz, psychisch labile Soldaten wegen mangelnder GT* ("geistige Tauglichkeit"; d.A.) *zu entlassen, eine Grenze gezogen werden, die durch das Prinzip der Wehrgerechtigkeit vorgezeichnet ist" (Dick 1980, S.306).*

Die Autoren setzen auf "Präventivmaßnahmen", um die Entlassung allzu vieler Soldaten aus dem Dienst der Bundeswehr zu verhindern. Sie betonen vor allem die Notwendigkeit,

> *"Psychosoziale Störfelder im Sinne einer aktiven Psychohygiene zu e r k e n n e n und zu b e s e i t i g e n (...).*
> *Es gilt die Zusammenarbeit auf diesem Gebiet zwischen Wehrpsychiatern, Leitenden Sanitätsoffizieren, Truppenärzten und Truppenführern, auch unter Hinzuziehung von Militärgeistlichen und Sozialarbeitern, weiter zu intensivieren" (Dick 1980, S.308;* Hervorhebungen durch uns; d.A.).

Mahlberg (1981) präzisiert die Funktion, welche den verschiedenen "sozialtechnischen" Institutionen in der Bundeswehr zur Erhaltung des "psychischen Gleichgewichts" und der "Wiederherstellung von Abweichungen" (S.341) in Zukunft zufallen könnten. Es sei

> *"entscheidend, daß den Soldaten feste Bezugspunkte vermittelt werden. Hierzu werden Aussagen verlangt von den Theologen zu ethisch–moralischen Grundsätzen, den Soziologen zu politisch–kulturellen Leitsätzen, den Psychologen zu zwischenmenschlichen Beziehungen, den Pädagogen zu Erziehungs- und Ausbildungsfragen und den Ärzten zu arbeits- und sozialmedizinischen Fragen" (Mahlberg 1981, S.342).*

Bei Auftreten von *"vegetativen Störungen, sogenannte organ–neurotische Erscheinungen"* empfiehlt er die Anwendung moderner psychologischer Methoden:

–Kommunikationstraining
–Gesprächstherapie nach Rogers
–Entspannungstraining nach Jacobson
–Autogenes Training nach Schultz
–Selbstsicherheitstraining
–Mentales Training (S. 341)

Angesichts der Kompliziertheit der modernen militärischen Technologie und der Notwendigkeit, menschliche Unsicherheitsfaktoren so weit wie möglich zu eliminieren sowie vor dem Hintergrund zunehmender "Wehrunwilligkeit" und kritischem Potential und der Sensibilisierung großer Teile der Bevölkerung gegen allzu grobe Zwangsmaßnahmen, mußte die Militärpsychiatrie neue Methoden suchen, um ihren Aufgaben bei der Unterstützung der Bundeswehrführung gerecht zu werden. Sie findet diese Methoden – analog zur Entwicklung etwa in den USA – in zunehmendem Maße in der Zusammenarbeit und anderen "sozialtechnologischen" Disziplinen wie Sozialpsychologie, Klinische Psychologie, Soziologie, Theologie.

Von entscheidender Wichtigkeit ist dabei der Einsatz neuester Methoden der Datenverarbeitung und Kleingruppenforschung:

1. Durch die von der Psychologie erarbeiteten Methoden der Verwendung der elektronischen Datenverarbeitung kann eine lückenlose Datenerfassung nicht nur den "richtigen Mann" mit den entsprechenden psychophysiologischen Fähigkeiten dem "richtigen" Kriegsgerät in der "richtigen Einheit" zuweisen, sondern auch dysfunktionales Verhalten durch Zuweisung an den "richtigen" Platz im größeren Rahmen letztlich wieder verplanbar und damit funktional machen. Damit tritt der beim jetzigen Stand der Technik noch notwendige "kurative" Teil der Militärpsychiatrie und Militärpsychologie weiter in den Hintergrund und wird abgelöst durch eine der Technik der zweiten industriellen Revolution entsprechende computergesteuerte Globalprophylaxe von "Kriegsneurosen" – und zwar nicht im Sinne einer Verhütung der Krankheit (die *Kausaltherapie* würde ja eine Aufhebung der belastenden Entfremdung und damit die Entlassung des Soldaten aus der Armee bedeuten) sondern im Sinne jener technokratischen Prophylaxe, die sowohl das Entstehen einer explosiven "kritischen Masse", also auch das Entstehen einer nicht mehr funktionablen "kranken Masse" verhindern soll.

2. In den Vordergrund rückt auch weiter die von Sozialpsychologen und Soziologen erarbeitete Methodik der Kleingruppenforschung, durch die u. a. das subjektive Erleben der Belastungen des Kriegsdienstes verändert werden soll (vgl. *v. Troschke/v. Stünzner* 1983, S. 199). Hier werden vor allem sozialpsychologische Untersuchungen aus den USA zur Verbesserung der Arbeitszufriedenheit und der Arbeitsleistung zur Grundlage von Vorschlägen für die Bundeswehr gemacht.

So empfehlen *v. Troschke und v. Stünzner* der Bundeswehr die sogenannte "Hawthorne–Studie", die wohl umfangreichste Forschungsarbeit auf diesem Gebiet, die in den USA in den Jahren 1927 bis 1932 bei der Western Electric Company durchgeführt wurde. Auf der Basis der Ergebnisse dieser und anderer derartiger Studien haben die genannten Autoren ein "Bausteinprogramm" zur Verbesserung des Gesundheitsverhaltens der Soldaten entwickelt, das aber auch auf anderen Gebieten wirksam sein soll: Einmal zur Verbesserung der Außendarstellung der Bundeswehr in der Gesellschaft, andererseits der Erhöhung der *"Identifikation mit aktuellen Lebenssituationen"* und der *"Erarbeitung von Einstellungs- und Verhaltensalternativen"* (vgl. *v. Troschke/v. Stünzner* 1983, S.200).

Zusammenfassung

Die Militärpsychiatrie der Bundeswehr entwickelte sich in nahezu ungebrochener, vor allem aber nicht kritisch reflektierter inhaltlicher und personeller Tradition der Wehrmacht des 3. Reiches. Ihre Funktion der Selektion, Therapie und "Aufrüstung der Seelen" konnte sie – besonders unter den Bedingungen der neueren Waffenentwicklungen und eines wachsenden militärkritischen Potentials besonders in der Jugend seit Ende der 60er Jahre – nicht alleine ausfüllen, sondern war auf die zunehmende Zusammenarbeit mit anderen verhaltenswissenschaftlichen Disziplinen angewiesen (Verhaltenstherapeuten, Psychoanalytiker, klinische Psychologen, Sozialpsychologen, Medizinsoziologen). Diese Entwicklung ist eingebunden in die Weiterentwicklung der Verhaltenstechnologien in den USA und den übrigen Teilen der Nato und findet sein Gegenstück – wenn auch in verlangsamter und weniger ausgearbeiteter Form – im Bereich der osteuropäischen Länder.

B. Militärpsychiatrie in den USA

Die Militärpsychiatrie in den USA hatte ebenso wie die deutsche das Ziel, eine möglichst große Zahl kampffähiger Soldaten zu gewährleisten. Sie versuchte einerseits, aus psychischen Gründen ausgefallene Soldaten wieder fronttauglich zu machen, ein Ziel, das in zahlreichen militärpsychiatrischen Veröffentlichungen explizit formuliert wird *("to return to duty")*, legte andererseits aber größeren Wert als die deutsche Militärpsychiatrie auf Selektionsverfahren bei der Musterung, um zu verhindern, daß ungeeignete Rekruten eingestellt wurden. Denn abgesehen von der Fehlinvestition einer intensiven aber nutzlosen militärischen Ausbildung wurden sie an der Front eher als ein Handicap gesehen; ferner war zu befürchten, daß sie später als "therapiefraktäre Kriegsneurotiker" die Staatskasse durch Rentenansprüche belasten würden.

Der 1. Weltkrieg, in dem es nur ansatzweise eine amerikanische Militärpsychiatrie gab, hatte eine große Zahl von Kriegsrentenempfängern hinterlassen. 1940 sollen es noch fast 70 000 gewesen sein, für die jährlich etwa 40 Millionen Dollar aufgewendet werden mußten (vgl. Z. ges. Neurol. Psychiat. 101, 1942, S. 701). Daher ging es von vornherein darum, den richtigen Mann an den richtigen Platz zu stellen und die auszumustern, die den Anforderungen des Militärdienstes an Intelligenz und emotionale Stabilität voraussichtlich nicht genügen würden.

Die Kriterien für die Tauglichkeit wurden allerdings möglichst weit gefaßt. So wurde u.a. eine militärpsychiatrische Differentialindikation für die Verwendungsfähigkeit von Soldaten mit verschiedenen psychischen Störungen entwickelt:

"Leichte Neuroseformen bei einigermaßen noch formbarer Persönlichkeit und 'gelinde' Psychopathen, sofern deren Aggressionstendenzen gegen den Feind, statt gegen die eigenen Kameraden gesteuert werden können ..." (Sharp 1950)

wurden durchaus als brauchbare Soldaten angesehen. Auch Zwangsneurotiker wurden eingezogen und erwiesen sich nach Berichten amerikanischer Psychiater als besonders mutig im Einsatz (z.B. *Needless* 1945, zit. n. *Meyer* 1961, S. 616). Selbst Schwachsinnige stellte man ein, sofern nach ärztlich–psychologischem Urteil eine ausreichende "Kampfmoral" von ihnen erwartet werden durfte.

Die Diagnose "Psychoneurose" war in der amerikanischen Armee im Laufe des 2. Weltkrieges für den Militärdienst ganz verboten worden und mußte durch eine *"beschreibende, alle militärischen Gesichtspunkte einzeln beantwortende Diagnose"* ersetzt werden, da viele Soldaten die Diagnose angeblich dazu zu gebrauchen versuchten, sich dahinter zu *"verstecken"*, um eine Entlassung aus der Frontstellung zu erreichen. Auf Befehl des amerikanischen Oberkommandierenden in Nordafrika mußten alle psychiatrischen Störungen im Kampfgebiet, unabhängig von ihrer Symptomatik, als "Erschöpfungsreaktionen" (*"battle fatigue", "battle exhaustion"*) bezeichnet werden (vgl. *Brody* 1948, *Glass* 1969).

Im 2. Weltkrieg übernahm die amerikanische Militärpsychiatrie teilweise die in Europa schon im 1.Weltkrieg "bewährten" Prinzipien der "frontnahen Psychiatrie" *("forward psychiatry")* und weitere Behandlungstechniken, insbesondere aus Großbritannien. Vorwiegend wurden angewendet:

–Hypnose und Narkohypnose
–Narkoanalyse bzw. Narkosynthese
–Elektroschock – diese in der Psychiatrie bei schweren psychotischen Zuständen benutzte Methode wandte *Parland* bei groben hysterischen Reaktionen an, wobei er den sich an die Schockbehandlung anschließenden Dämmerzustand zur *"Mobilisierung hysterischer Lähmungen ausnutzte"* (vgl. *Meyer* 1961, S. 592).
–Insulinkoma
–analytische Gruppentherapie (s. *Slavson* 1966)
–Desensibilisierungsmethoden (z.B. mit steigender Lautstärke von Kanonendonner).

Auch psychologische und soziologische Erkenntnisse wurden zunehmend in die militärpsychiatrische Praxis integriert (s. dazu das Kapitel "Zur Geschichte der Militärpsychologie in den USA").

Trotz aller prophylaktischen und therapeutischen Anstrengungen der Militärpsychiater war die Zahl der amerikanischen Soldaten, die im 2. Weltkrieg allein auf Grund einer psychiatrischen Diagnose ausgemustert oder kampfunfähig geschrieben werden mußten, für die Armeeführung alarmierend. *Ginzberg* (1959) gibt eine Größenordnung von ca. 2,5 Mill. an und spricht von 165 "verlorenen Divisionen" (die Division zu 15 000 Mann gerechnet), die nicht zum Einsatz kommen konnten. Dafür verantwortlich gemacht wurde einerseits die *"Laschheit der oft mit Friedensmaßstäben operierenden amerikanischen Psychiater"*, teils die *"alles verstehenwollende Psychoanalyse"*, teils die angeblich allgemeine Verweichlichung, die man in dem in Amerika vorherrschenden "Jahrhundert des Kindes" *("child centered culture")* anzutreffen glaubte. Schuld wurde auch einer unzureichenden militärpsychiatrischen Vorbereitung auf den Ernstfall gegeben.

Die Ergebnisse, die der 2. Weltkrieg gebracht hatte, wurden nach dem Krieg von Soziologen, Psychologen und Psychiatern in z.T. umfassenden Studien (*Stouffer* et al. 1949/50, *Ginzberg* et al. 1959) ausgewertet und daraus Handlungsanweisungen für künftige Kriege erarbeitet. Auch versuchte man die soziologischen, psychiologischen und psychiatrischen Erkenntnisse, die der Krieg gebracht hatte, für den zivilen, besonders für den industriellen Bereich nutzbar zu machen (z.B. *Gregg* 1947).

Der Koreakrieg war dann das Prüffeld dafür, inwieweit die Militärpsychiatrie ihre Methoden sowohl auf dem präventiven als auch auf dem kurativen Gebiet verbessert hatte. Bereits wenige Wochen nach Ausbruch des Krieges war der psychiatrische Frontdienst fast völlig aufgebaut. Wieder wurden auf Veranlassung der Militärs keine differenzierten psychiatrischen Diagnosen gestellt (vgl. *Harper* u. *Schiff* 1953). Die schon im 2. Weltkrieg in Ansätzen vorhandenen vier Kardinalsprinzipien der amerikanischen Militärpsychiatrie *(immediacy, expectancy, simplicity, centrality)* wurden weiter perfektioniert und zur Grundlage jeglichen psychiatrischen Handelns im Krieg ausgebaut:

1. **immediacy** (Unmittelbarkeit, Schnelligkeit)
   Die Behandlung der psychisch erkrankten Soldaten soll möglichst nahe an der Front (*"in eben noch vertretbarer Entfernung von der Hauptkampflinie", Watson* 1982, S.209) eingeleitet werden. Dadurch soll – neben dem Vorteil, den eine schnelle Behandlung im Hinblick auf eine baldige Wiederherstellung bietet – vor allem der *Interessenkonflikt* des Soldaten zwischen seinem Bestreben, von der Front wegzukommen, und seiner vermeintlichen moralischen Verpflichtung, seine Kampfeinheit nicht im Stich lassen zu dürfen, geschürt und aufrechterhalten werden. Dies geschieht aus der Erkenntnis heraus, daß am Anfang einer solchen psychischen Dekompensation der Soldat dazu neigt, die Interessen der Gruppe den eigenen vorzuziehen.

2. **expectancy** (Erwartungshaltung, -milieu)
   Das gesamte Personal der militärpsychiatrischen Einrichtung soll durch seine Einstellung und sein Verhalten dem Patienten zu verstehen geben, daß er in Kürze wiederhergestellt sein werde und seine Erkrankung ihm keine Möglichkeit biete, aus der Kampfzone oder gar aus der Armee entlassen zu werden. Vielmehr wird ihm klargemacht, daß er schon bald wieder zu seinem Truppenteil zurückkehren werde. Dadurch und durch Vermeidung einer Krankenhausatmosphäre soll die Bedeutung seiner Symptome in seinen Augen herabgesetzt werden.

3. **simplicity** (Einfachheit)
   Sowohl die Diagnose als auch die Therapie sollen möglichst einfach sein. Die Einfachheit der Diagnose (meist "Erschöpfungsreaktion", s.o.) soll dem Soldaten den Glauben nehmen, er sei schwer krank. Die Einfachheit der Therapie wird durch die Einschränkung der therapeutischen Möglichkeiten in der Nähe der Front und den Willen der militärischen Führung, den Patienten so schnell wie möglich in die Schlacht zurückzuschicken, erzwungen. Eine die Ursachen aufdeckende und aufarbeitende Therapie, die einen längeren Zeitraum in Anspruch nähme und die "Kampfmoral" gefährden würde, soll so vermieden werden.

4. **centrality** (Zentralität)
   Alle an der Front auftretenden Fälle psychischer Erkrankung sollen zentral speziell ausgebildeten Militärpsychiatern vorgestellt werden. Dadurch soll verhindert werden, daß auf militärpsychiatrischem Gebiet nicht geschultes Sanitätspersonal den Patienten ins Hinterland oder gar nach Hause entläßt, obwohl er nach den Kriterien der Militärpsychiatrie für den Fronteinsatz wiederhergestellt werden könnte. Ein weiterer Zweck der "Zentralität" ist die Verhinderung von Krankheitssimulation. Da der Soldat sicher sein kann, daß er, wenn er sich mit psychopathologischen Symptomen krankmeldet, einem erfahrenen Militärpsychiater vorgeführt wird, der eine simulierte von einer echten Krankheit unterscheiden kann, wird er voraussichtlich gar nicht erst versuchen, eine Krankheit vorzutäuschen (zu 1.-4. vgl. *Rioch* 1968, *Bourne* 1969, *Hausmann* u. *Rioch* 1971, *Watson* 1978, 1982).

Diese Methodik zeitigte im Koreakrieg im Sinne der militärischen Führung große Erfolge. Der Prozentanteil der neuropsychiatrischen Ausfälle von Frontsoldaten an den Gesamtausfällen aus medizinischen Gründen sank von 23% im 2. Weltkrieg auf 6% in Korea. Die Zahl der Soldaten mit "Erschöpfungsreaktionen", die wieder fronttauglich gemacht wurden, wird mit 65-75% angegeben. Die hohe "Effektivität" der Militärpsychiatrie drückt sich in mehreren statistischen Studien aus, die als Grundlage für die Empfehlungen der amerikanischen Militärärzte an Regierung und Armeeführung dienten.

Die Militärpsychiatrie hatte die Bewährungsprobe Koreakrieg glänzend bestanden, war zu einem integralen Bestandteil des US-Militärs geworden und hatte sich mit dessen Zielen völlig identifiziert:

> *"Er* (der Psychiater, d.A.) *ist Teil des medizinischen Dienstes und unterstützt die taktischen Einheiten bei der Erfüllung der ihnen aufgetragenen Missionen ... der Psychiater muß die Verantwortung für seine Entscheidungen übernehmen und einen Mann entweder zu seiner Pflicht zurückführen oder ihn entlassen, ob der Mann will oder nicht" (Hausmann* u. *Rioch* 1971, S.734).

Auch in Vietnam schien die verfeinerte militärpsychiatrische Strategie zunächst reibungslos und sogar noch besser als in Korea zu funktionieren. Der Anteil der psychogenen Ausfälle an den Gesamtausfällen aus medizinischen Gründen lag zwischen Juni 1965 und Januar 1966 nur noch bei 5% (vgl. *Watson* 1982, S.208). Die Soldaten wurden vor ihrer Verlegung nach Vietnam sorgfältig psychologisch und psychiatrisch untersucht und auf die dort herrschenden Bedingungen vorbereitet. Es wurde ihnen erklärt, wie der militärpsychiatrische Dienst in Vietnam funktioniert, um ihnen von vornherein die Illusion zu nehmen, sie könnten durch Simulation oder Aggravation dem Frontdienst entkommen. Selbst Verstöße gegen das Militärstrafgesetztbuch, wurde ihnen gesagt, würden sie nicht vor dem Fronteinsatz schützen (vgl. *Watson* 1982, S.196).

Die emotionale Situation der Soldaten in der Zeit zwischen ihrer Verlegung nach Vietnam und den ersten Kampfeinsätzen dort soll an dieser Stelle kurz dargestellt werden. Diese Zwischenphase zwischen Krieg und Frieden hat der Armeepsychiater *Del Jones*, der mit seiner auf Hawaii stationierten Einheit 1965 nach Vietnam verlegt wurde, ausführlich beschrieben (nicht veröffentlicht, Zusammenfassung bei *Watson* 1982, S.194 ff.):

"Als die Soldaten erfuhren, daß sie nach Vietnam verlegt werden sollten, löste diese Nachricht zahlreiche Reaktionen aus. Manche Soldaten "entdeckten" an sich nie zuvor vorhandene psychische und physische Defekte, es gab einige Fälle von Selbstverstümmelungen und es häuften sich die Fälle von unerlaubter Entfernung von der Truppe und von Befehlsverweigerung, die betreffenden Soldaten versuchten also aus medizinischen oder disziplinarischen Gründen für frontuntauglich erklärt zu werden. Viele nahmen nach Bekanntwerden des Einsatzbefehls die verschiedensten Aktivitäten auf (Sprachkurse, Lesen von Büchern über die Verhältnisse in den Tropen, Sport u.ä.), um sich auf Vietnam vorzubereiten, aber auch, wie Del Jones meint, um durch Aktivität die Angst vor dem Krieg zu kompensieren. Bei der Ankunft in Vietnam traten dann bei einigen psychotische Symptome auf (Erregungsszustände, Panik, stumpfes Vor-sich-Hinbrüten u.ä.), die zumeist mit Beruhigungsspritzen angegangen wurden. Die Neuankömmlinge reagierten auf die neue Situation auch verstärkt mit Bettnässen, Schlafwandeln und Alpträumen."

Vor dem Einsatz der Soldaten in den Kämpfen kam es dann zu den Phänomenen, die *Del Jones* "normale Schlachtfeldreaktionen" nennt und die

> *"alle Soldaten gleichermaßen erleben: 50 Prozent der Soldaten verspüren starkes Herzklopfen, 45 Prozent fühlen den Magen zu den Eingeweiden sinken, 30 Prozent*

der Männer bricht kalter Schweiß aus, 25 Prozent klagen über Übelkeit und 25 Prozent beginnen zu zittern, 25 Prozent spüren ihre Muskeln steif werden, 20 Prozent müssen sich erbrechen, 20 Prozent fühlen eine allgemeine Körperschwäche, 10 Prozent leiden unter Bauchgrimmen und 6 Prozent machen sich die Hosen naß" (Del Jones, zitiert n. Watson 1982, S.201 f.).

In der zweiten Hälfte der 60er Jahre suchten in den USA immer mehr junge Männer vor der Musterung zivile Psychiater auf, um durch eine psychiatrische Diagnose dem Kriegsdienst in Vietnam zu entgehen (s. dazu *Frank* et al. 1968, *Ollendorf* et al. 1971). Eine sehr große Anzahl von Soldaten entzog sich dem Kriegsdienst durch Fahnenflucht aus Standorten in Europa, von denen aus sie nach Vietnam verlegt werden sollten, viele von ihnen flüchteten in skandinavische Länder. Aber auch schon vor der Musterung in den USA setzten sich ca. 60.000 potentielle Soldaten in einer zumeist sorgfältig geplanten Flucht nach Kanada ab. Die Gesamtzahl dieser sogenannten *"draftdodgers"* wurde 1971 auf etwa 250.000 geschätzt (*Kline* et al. 1971). Die Untersuchung von *Kline* hatte auch ergeben, daß es vorwiegend die intelligenten und gebildeten unter den Rekruten und Soldaten waren, die sich auf diese Weise dem Wehrdienst entzogen.

Die Resultate anderer Studien hatten gezeigt, daß es unter den Soldaten, die den Kriegsdienst ableisten, also nicht desertieren oder auf andere Weise dem Soldatsein entgehen, auch gerade wieder diejenigen mit einem relativ hohen Intelligenzquotienten sind, die es schaffen, den Einsatz in den kämpfenden Einheiten oder andere gefährliche oder unangenehme Aufgaben zu vermeiden. Wie aber aus den Untersuchungen von Militärpsychologen hervorgeht (s. Kap. "Zur Geschichte der Militärpsychologie in den USA"), sind gerade die intelligenten Soldaten bessere "Kämpfer" und besser für spezielle Aufgaben geeignet, so daß das Militär vor dem Dilemma steht, daß es zur Aufstellung optimaler Kampfeinheiten und von Spezialtrupps intelligente Soldaten braucht, diese aber es gerade aufgrund ihrer Intelligenz schaffen, nicht diesen Einheiten zugeteilt zu werden. Dieses Problem wird in der einschlägigen Literatur, in Anlehnung an einen Roman von *J. Heller* mit dem Titel *"Catch-22"*, nun *"Catch-23"* ("Haken oder Falle-23") genannt. Mit *"Catch-22"* bezeichnet *Heller* das Phänomen, daß ein Soldat, der "verrückt" wird, wegen seiner "Verrücktheit" vom Militärdienst befreit werden kann. Wenn aber jemand ein Mittel gefunden hat, dem Dienst zu entgehen – in diesem Fall seine "Verrücktheit" – so gilt dies als Zeichen seiner geistigen Gesundheit; das heißt wiederum, daß er nicht entlassen wird.

" 'Ist Orr verrückt?'
'Klar ist er verrückt,' sagte Doc Daneeka.
'Kannst du ihn fluguntauglich schreiben?'
'Klar kann ich das. Er muß aber erst darum bitten. So verlangt es die Vorschrift.'
'Warum bittet er dich denn nicht darum?'
'Weil er verrückt ist,' sagte Doc Daneeka. 'Er muß einfach verrückt sein, sonst würde er nicht immer wieder Einsätze fliegen, obgleich er oft genug knapp mit dem Leben davongekommen ist. Selbstverständlich kann ich Orr fluguntauglich schreiben. Er muß mich aber erst darum bitten.'
'Mehr braucht er nicht zu tun, um fluguntauglich geschrieben zu werden?'
'Nein, mehr nicht. Er braucht mich nur zu bitten.'
'Und dann kannst du ihn fluguntauglich schreiben?', fragte Yossarian.
'Nein. Dann kann ich es nicht mehr.'
'Heißt das, daß die Sache einen Haken hat?'
'Klar hat sie einen Haken,' erwiderte Doc Daneeka. 'Den IKS-Haken. Wer den Wunsch hat, sich vom Fronteinsatz zu drücken, kann nicht verrückt sein.' "

Der Haken, den *Heller* "Catch-22" (in der Übersetzung "IKS-Haken"; d.A.) nennt, besteht also darin,

"daß die Sorge um die eigene Sicherheit angesichts realer, unmittelbarer Gefahr als Beweis für fehlerloses Funktionieren des Gehirns zu werten sei. Orr war verrückt und konnte fluguntauglich geschrieben werden. Er brauchte nichts weiter zu tun, als ein entsprechendes Gesuch zu machen; tat er dies aber, so galt er nicht länger mehr als verrückt und würde weitere Einsätze fliegen müssen. Orr wäre verrückt, wenn er noch weitere Einsätze flöge, und bei Verstand, wenn er das ablehnte, doch wenn er bei Verstand war, mußte er eben fliegen. Flog er diese Einsätze, so war er verrückt und brauchte nicht zu fliegen; weigerte er sich aber zu fliegen, so mußte er für geistig gesund gelten und war daher verpflichtet zu fliegen. Die unübertreffliche Schlichtheit dieser Klausel der IKS beeindruckte Yossarian zutiefst, und er stieß einen bewundernden Pfiff aus.

"Das ist schon so ein Haken, dieser IKS-Haken", bemerkte er.

"Einen besseren findest du nicht", stimmte Doc Daneeka zu." (Heller 1964, S.517f.).

Während also der "Haken-22" ein Haken ist, an dem der Soldat ohne eine Möglichkeit, davon wegzukommen, hängt, ist der "Haken-23" einer von denen, an denen die militärische Führung gefangen ist. Die Stellung der Psychiatrie und der Psychologie beim Militär läßt sich an diesen beiden Dilemmata recht gut verdeutlichen: Sie *sind* der "Haken-22", an dem der Soldat hängen bleibt, während sie in bezug auf den "Haken-23" alles dafür tun, das militärische Establishment von diesem zu befreien.

Das zweite große Problem der Militärpsychiatrie in der zweiten Hälfte der 60er und in den frühen 70er Jahren war das epidemieartige Anwachsen des Mißbrauchs von Rauschmitteln in den in Vietnam stationierten Einheiten: zunächst Marihuana – später härtere Drogen, hauptsächlich Heroin; auch der Alkoholmißbrauch spielte eine große Rolle. Die durch die oben beschriebenen psychiatrischen Methoden auf ein bis dahin nie dagewesenes Minimum heruntergedrückte Quote der Ausfälle aus psychiatrischen Gründen stieg durch die Drogenabhängigkeit der Soldaten sprunghaft an: der Anteil der *"psychiatric evacuations"* am Gesamtanteil der Entlassungen aus medizinischen Gründen hatte noch im 1. Quartal 1971 nur 6,4% betragen, im 3. Quartal desselben Jahres waren es bereits 48,3% und im 4. Quartal 1972 erreichte die Quote den Rekordwert von 60,5% (Zahlen nach *Del Jones* u. *Johnson* 1975, S.61). Dieser gewaltige Anstieg ist sicher auch darauf zurückzuführen, daß in diesem Zeitraum die militärischen Behörden begonnen hatten, das Drogenproblem in der Armee gezielt zu untersuchen, so daß allein schon deshalb mehr Drogenabhängige als solche erkannt wurden. Hinzu kam, daß die USA damals schon begannen, sich nach und nach aus Vietnam zurückzuziehen, und deshalb vielleicht die Antidrogenprogramme eher halbherzig und unzureichend durchgeführt wurden. Ein großer Teil der in Abhängigkeit geratenen Soldaten hatten wohl zu Drogen gegriffen, um die schrecklichen Begleitumstände des Krieges zu vergessen. Da man aber Heroinabhängige fast ausnahmslos in die Heimat zu Entziehungskuren zurückschickte, bot, angesichts des fast perfekt ausgebauten militärpsychologischen Dienstes, die Flucht in die Abhängigkeit *die* Möglichkeit, der Hölle des Dschungelkrieges zu entkommen. Es besteht also Grund zu der Annahme, daß ein nicht unbeträchtlicher Teil der etwa 100.000 aufgrund ihrer Drogenabhängigkeit in die USA zurücktransportierten Soldaten diesen Weg aus dem Krieg *bewußt* genutzt hat.

Militärpsychiatrie und -psychologie begannen schon während des zu Ende gehenden Krieges ihre "Lektion zu lernen", um bei künftigen Kriegen auf das Phänomen Drogenabhängigkeit in Kampfeinheiten rechtzeitig und wirkungsvoll reagieren zu können. Da die Antidrogenprogramme in Vietnam und in den USA sich als völlig unzureichend erwiesen hatten, wurde von der Regierung u.a. die Erforschung von Morphin-Antagonisten mit Langzeitwirkung gefördert. *Fink*, der die Erforschung der Antagonisten wesentlich vorangetrieben hat, begann mit der Entwicklung eines etwa drei Monate lang wirkenden

Mittels, das als Depot-Präparat vor dem Einsatz intramuskulär gespritzt werden sollte, um der Entwicklung einer Heroinabhängigkeit vorzubeugen.

Nach dem Krieg wurde die soziale Wiedereingliederung der Vietnamveteranen, von denen viele drogenabhängig und körperlich und seelisch schwer geschädigt heimgekehrt und zum Teil zu Gegnern der Regierung und des Gesellschaftssystems der USA geworden waren, zu einem der Hauptanliegen der Militärpsychiatrie und -psychologen (s. dazu *Egendorf* 1975, *Bachmann u. Jennings* 1975, *Leventmann* 1975, *Lifton* 1975, *Jennings u. Markus* 1976, *Segal/Wechsler* 1976). Die Wiedereingliederung ist bis heute nicht zufriedenstellend gelungen.

Zusammenfassung

Ebenso wie die deutsche Militärpsychiatrie sah und sieht auch die amerikanische ihr Ziel darin, die Schlagkraft der Armee durch geeignete psychiatrische Methoden zu erhalten und zu erhöhen. Sie hatte zwar gegen Ende des 2.Weltkrieges und im Korakrieg auch schmerzhafte und z.T. grausame "Therapiemethoden" an Kriegsneurotikern angewandt (z.B. Insulinkur, Elektroschocks) und das unmenschliche – allerdings militärisch konsequente – Prinzip der frontnahen Psychiatrie übernommen, konnte sich aber nie zu einer derartigen Grausamkeit und Brutalität, wie sie typisch für die frühe deutsche Militärpsychiatrie war, entschließen. Sie "bezahlte" diese verhältnismäßige Milde mit einer enorm hohen psychiatrischen Ausfallquote im 2.Weltkrieg. Die amerikanischen Militärpsychiater lernten diese Lektion aber sehr schnell, und zwar nicht in Richtung auf die Entwicklung von offen brutalen, physisch gewaltsamen "Therapie"-Methoden, die ja in der relativ offenen amerikanischen Gesellschaft wahrscheinlich auf Widerstand gestoßen wären, sondern in Richtung auf die Entwicklung verfeinerter Sozialtechniken unter Einbeziehung der Erkenntnisse der Soziologie, Sozialpsychologie, der Gruppendynamik und der Psychoanalyse. Die Entwicklung der neueren amerikanischen Militärpsychiatrie ist also durch den Wandel von der Anwendung *direkter, persönlicher* Gewalt hin zur Anwendung einer eher *strukturellen* Gewalt, die auch durch die Erkenntnisse der Sozialwissenschaften ermöglicht wird, gekennzeichnet.

Militärpsychologie in Deutschland und in den USA

A. Militärpsychologie in Deutschland

1. Die Anfänge der deutschen Militärpsychologie

Die Anwendung von Erkenntnissen der wissenschaftlichen Psychologie auf militärische Probleme setzte in Deutschland in einem nennenswerten Ausmaß erst mit Beginn des 1.Weltkriegs ein.

Vorher waren nur vereinzelt Vorschläge gemacht worden, wie das Militär sich psychologische Erkenntnisse und die Mitarbeit von Psychologen nutzbar machen könnte und wie umgekehrt die Psychologen von einer Zusammenarbeit mit dem Militär profitieren könnten. Letzteres in zweierlei Hinsicht: Erstens kämpfte die Psychologie damals um ihre Anerkennung als eigenständige Wissenschaft und um Etablierung des Berufes des Psychologen außerhalb der Universitäten; hier sollte die Arbeit im militärischen Bereich als Schrittmacher und Sprungbrett für die zivile Praxis dienen. Zweitens hoffte man auf neue Felder für die psychologische Forschung (z.B. Krieg als Ausnahmesituation).

Die ersten konkreten Anstöße und Vorschläge kamen aus dem Militär. Ein Major Meyer veröffentlichte 1911 einen Aufsatz über die psychologischen Aspekte des Schießens mit Handfeuerwaffen. In einem späteren Aufsatz schreibt er:

> *"Die Armee mit ihrer festen Organisation, der Reichhaltigkeit ihrer verschiedenen Ausbildungsprogramme, der technisch immer mehr differenzierten Tätigkeit ihrer Waffengattungen und der Wichtigkeit ihrer gesamten Arbeit überhaupt, bietet ein unabsehbares Feld für die Tätigkeit des Psychologen" (Meyer 1912, S.81).*

Er hatte auch schon eine Vorstellung davon, wie diese Zusammenarbeit gestaltet werden könnte, indem:

> *"1. Die Heeresverwaltung einer Anzahl von Offizieren und Sanitätsoffizieren die Möglichkeit gebe, Psychologie zu studieren (...).*
> *2. Psychologen vom Fach, denen der militärische Dienst kein fremdes Gebiet ist, sich mit der Frage beschäftigen, wie ihre Wissenschaft für die Ausbildung und Schlagfestigkeit unseres Heeres nutzbringend verwendet werden könnte" (Meyer 1912, S.85).*

Die Aufmerksamkeit der Psychologen wurde jedoch erst durch den Ausbruch des 1.Weltkrieges auf dieses *"wichtige und unendlich reiche Sondergebiet" (Ludwig 1920, S.126)* gelenkt.

In Deutschland entstand im ersten Kriegsjahr jedoch zunächst keine Militärpsychologie im Sinne der Anwendung psychologischer Erkenntnisse und Methoden auf militärische Probleme, wie z.B. Selektion, Klassifikation und Ausbildung. Die militärische Führung glaubte am Anfang des Krieges noch, diesen auf traditionelle Weise führen zu können: durch das Bestehen einer allgemeinen Wehrpflicht konnte auf ein großes stehendes Heer zurückgegriffen werden, dessen Soldaten mit dem Dienst in den verschiedenen Waffengattungen ausreichend vertraut waren; dazu kam eine große Zahl von systematisch ausgebildeten Reservisten, die bei Ausbruch des Krieges eingezogen wurden; die herkömmlichen Strukturen und Verfahrensweisen des Militärs schienen auszureichen. Das Augenmerk der Psychologen richtete sich deshalb zunächst auf das Studium des Erlebens und Verhaltens der Soldaten in der Kriegssituation. Der Krieg wurde als Feld betrachtet, auf dem der Mensch in extremen Situationen im Sinne der psychologischen Grundlagenforschung beobachtet werden konnte. So entstand zunächst eine "Kriegspsychologie", die *Plaut* so definiert:

> *"Die Kriegspsychologie ist (...) eine systematische Analyse und Auswertung bestimmter Situationen, wie sie nur der Krieg mit sich bringt" (Plaut 1928, S.645).*

Lewin (1917) verfaßte eine phänomenologische Abhandlung über die subjektive Veränderung der Landschaft bei Annäherung an die Front. *Sommer* veröffentlichte nach dem Krieg einen Aufsatz über die Beziehungen zwischen Krieg und Seelenleben und *Dessoir* (1916) schrieb "Kriegspsychologische Betrachtungen".

Auch Kriegsfolgen, besonders durch physische Einwirkungen wie Kopfschüsse und Amputationen waren Gegenstand psychologischer Untersuchungen und es wurden Tests zur Feststellung von psychologischen und physiologischen Ausfällen, Behandlungs- und Rehabilitationsmethoden entwickelt (z.B. *Frank* 1921, *Fuchs* 1918, *Giese* 1921, *Goldstein* u. *Gelb* 1918, *Moede* 1917, *Poppelreuter* 1915).

Bald nach Beginn des Krieges erkannte man in der Armeeführung jedoch, daß durch die Entwicklung und Differenzierung der Waffen- und Gerätetechnik, die zunehmend den Einsatz von speziell ausgebildeten Soldaten erforderten, eine gezieltere Auslese von technischen Spezialisten unumgänglich geworden war. Vom Jahre 1915 an wurden daher Psychologen mit Aufgaben der Auslese von Spezialisten (Kraftfahrer, Flugzeugführer, Artilleriebeobachter, Funker etc.) betraut.

Dieses Jahr kann als Entstehungsjahr der Militärpsychologie in Deutschland betrachtet werden; der Begriff Militär- oder Wehrpsychologie beinhaltet ab dato die Anwendung der verschiedensten psychologischen Teilgebiete auf die Anforderungen militärischer Organisationen (vgl. *Mitze* 1971, *Fritscher* 1975, *Dorsch* 1976).

Janssen hatte 1917 einen recht differenzierten Katalog der Möglichkeiten ausgearbeitet, die für eine Zusammenarbeit zwischen Militär und Psychologie bestehen, nämlich Testen und aufgrund der Testergebnisse Zuweisung der Soldaten zu bestimmten Waffengattungen, Funktionen oder Laufbahnen (Selektion und Klassifikation) und die Einführung psychologischer Erkenntnisse in die militärische Ausbildung. Seine und die Anregungen zahlreicher anderer Psychologen wurden vom Militär jedoch noch nicht im vorgeschlagenen Umfang übernommen.

Die hauptsächlichen Aktivitäten der Anfangsphase der Militärpsychologie bestanden in der Entwicklung und Anwendung von Selektionsverfahren für die o.g. Spezialisten. So führten *Moede* und *Piorkowski* im Heer von 1915 bis 1918 an ca. 24.000 Kraftfahranwärtern Ausleseprüfungen durch.

W. Stern konstruierte einen Prüfstand für Pilotenanwärter, mit dem eine vielseitige Reaktionsuntersuchung möglich war. *Lippmann* und *Rieffert* entwickelten und führten Funkereignungsprüfungen durch.

Diese und ähnliche Tätigkeiten der Psychologen wurden unter dem Begriff "Heerespsychotechnik" zusammengefaßt. Der Begriff "Psychotechnik" geht auf W. *Stern* (1903) zurück, der ihn als Menschenbehandlung der Psychognostik = Menschenkenntnis gegenüberstellt. *Münsterberg* (1914) wollte ihn als Anwendung psychologischer Methoden auf die gesamte menschliche Kultur (Erziehungswesen, Berufsleben, Wirtschaft, Rechtswesen etc.) verstanden wissen, also in dem Sinne, wie wir heute den Begriff "Angewandte

Psychologie" verwenden. Von den 20er bis in die 50er Jahre beinhaltete "Psychotechnik" die Anwendung psychologischer Methoden auf das Berufsleben und hier besonders auf den industriellen Bereich (vgl. *Dorsch* 1976). Hier sollen psychologische Methoden dazu beitragen, dem richtigen Mann den richtigen Arbeitsplatz zuzuweisen, um dadurch und durch die Veränderung der Arbeitsplätze (von der optimalen Anordnung der Bedienungselemente einer Maschine, bis hin zur Einführung pseudodemokratischer Abstimmungen darüber, ob die Fenster geöffnet werden oder geschlossen bleiben sollen) die Gesamtarbeitsleistung zu verbessern.

"Heeres"- oder wie es später heißt – "Wehrmachtspsychotechnik" ist demnach die Anwendung psychologischer Methoden auf Selektion und Klassifikation von Soldaten und die Anpassung von Waffen und Geräten an die Leistungsmöglichkeiten des Menschen mit dem Ziel der Erhöhung der Schlagkraft der Armee. Für diese Funktionen der Psychologie haben sich heute die Begriffe 'Industriepsychologie', 'Ergonomie' und *'human engineering'* eingebürgert. "Psychotechnik" wird eher polemisch gebraucht, z.B. um ein allzu technisches Vorgehen der Angewandten Psychologie zu kritisieren (vgl. *Geuter* 1981, S.869).

2. Stellungnahmen zeitgenössischer deutscher Psychologen zum Ersten Weltkrieg

Die deutschen Psychologen setzten sich während des 1.Weltkriegs nicht nur wissenschaftlich mit den Themen Militär und Krieg auseinander. Unter den zahlreichen kurz nach Ausbruch des Krieges erschienenen kriegsbegeisterten und kriegsverherrlichenden Schriften aus den Reihen der deutschen Wissenschaft befanden sich auch Veröffentlichungen von Psychologen, darunter auch von führenden Köpfen der damaligen deutschen Psychologie, wie z.B. *Scheler, Kuelpe* und *Wundt.*

So spricht z.B. *Scheler* in seinem Buch "Der Genius des Krieges und der deutsche Krieg" (1915) von dem gerade ausgebrochenen Krieg als einem *"einzigartigen Ereignis"* in der moralischen Welt – dem erhabensten seit der französischen Revolution – in dem die Waffen eine *"erhabene Sprache"* sprechen (Vorrede). Die Ansicht, Kriege seien "Massenmord" weist er als "unsinnig" zurück, da ihr *"Prinzipalzweck (...) Wehrlosmachung des fremden Staates beziehungsweise seiner Regierung, nicht das Töten von Menschen"* sei (S.77 f.). Der Erste Weltkrieg ist für ihn ein *"gerechter Krieg"* und er glaubt an *"unser höheres Recht in diesem Krieg"* (S.213 ff.).

Die Deutschen würden von den anderen europäischen Nationen gehaßt, weil diese ihre "kriegerische Moral" zugunsten einer pazifistisch-utilitarischen Moral, d.h. einer *"Voranstellung des Nützlichen vor dem Edlen"* (S.320) aufgegeben hätten.

> *"Am meisten hassten unter den Völkern diejenigen, die unkriegerisch sind – diejenigen, die relativ am meisten Geld und am wenigsten Macht besitzen. Allen voran die sinnlichen, in Weichlichkeit und Üppigkeit erstickenden Belgier, deren Staat ewige Neutralität garantiert war, die aufrecht zu halten er zu schwach war und der von parfümierten Rechtsanwälten regiert wird" (S.326).*

Für *Kuelpe* ist der Krieg

> *"eine notwendige Durchgangsphase zur Höherentwicklung der Menschheit (...),*

gerechter Ausdruck der Machtverhältnisse unter den Staaten (...), ein erfolgreicher Erzieher zur Sachlichkeit und Einigkeit, zur Reinheit der Gesinnung und zur Anspannung aller Kräfte ..." (Kuelpe 1915, S.37).

Den Gedanken, daß übernationale Schiedsgerichte eine friedliche Lösung von Konflikten herbeiführen könnten, weist *Kuelpe* zurück, denn:

"Welche aufsteigende Nation wird sich durch einen Machtspruch auf die Dauer bewegen lassen, innerhalb der Grenzen ihres Einflusses und Besitzes zu verharren, auch wenn die Volksvermehrung oder andere Gründe ihr Interesse gebieterisch auf eine Erweiterung ihres Landes hinweisen? Ein Schiedsgericht (...) wäre nur für die Kleinen und Schwachen eine wirkliche Hilfe. Die Sklavenseelen im Sinne Nietzsches hätten davon den größten Vorteil" (Kuelpe 1915, S.13).

Auch *Wundt*, der greise Begründer der Experimentalpsychologie, beteiligte sich an der Kriegsverherrlichung:

"Sodann aber ist für uns dieser Krieg bei allem Schmerzlichen, was er gebracht, ein unübertrefflicher Lehrmeister geworden. Wir haben eine Unterordnung unter den Staat, eine Hingabe des Einzelinteresses an die Allgemeinheit gelernt, wie wir es im voraus selbst kaum für möglich hielten, und diese Schule des Krieges wird auch für den künftigen Frieden ihre Früchte tragen" (Wundt 1916, S.151 f.).

Dem deutschen "Militarismus" kann *Wundt* nur positive Seiten abgewinnen:

"Nein, wir werden den guten Rat unserer Feinde, unseren Militarismus abzuschaffen, nicht befolgen. Wir bedürfen seiner auch fernerhin, nicht bloß, (...) um uns den Frieden zu bewahren, sondern weil die allgemeine Wehrpflicht für uns dies Erziehungsmittel geworden ist, daß unserer Jugend körperliche Tüchtigkeit und strenge Pflichttreue auch im friedlichen Beruf verleiht" (Wundt 1916, S.152 f.).

Neben diesen Ausführungen von Mitgliedern der Elite der deutschen Psychologenschaft gab es eine Reihe von Äußerungen anderer, weniger bekannter Psychologen zum Krieg. Darunter befand sich keine, die eine kritische Stellungnahme zum Krieg enthielt (vgl. *Baumgarten-Tramer* 1948, S.452 ff.).

3. Der weitere Ausbau der deutschen Militärpsychologie bis zum Zweiten Weltkrieg

Obwohl der Versailler Vertrag von 1915 eine Zusammenarbeit zwischen Heeresverwaltung und wissenschaftlichen Institutionen verboten hatte (vgl. *Lippmann* 1922, S.259), wurde die Militärpsychologie nach dem Krieg weiterentwickelt.

Auf dem VII. Kongreß für Experimentelle Psychologie 1921 zeigte *Rieffert* Schwächen und Probleme der Heerespsychotechnik auf (vgl. *Rieffert* 1922). Das Interesse der Leitung des 100.000-Mann-Heeres richtete sich in den 20er Jahren besonders auf eine Verbesserung der Offiziersauslese und -ausbildung. Für diese Zwecke erschienen die bis dahin entwickelten psychotechnischen Methoden aus verschiedenen Gründen ungenügend:

"a) Es gibt keinen Einheitstyp des Offiziers, für den eine psychotechnisch abzutestende Eigenschaftsliste festgelegt werden könnte,
b) es gibt mannigfaltig junge Männer, die ohne einander in wesentlichem Grade ähnlich zu sein, doch alle für den Offiziersberuf geeignet wären,
c) auch die Ähnlichkeit führender Soldatenpersönlichkeiten war viel zu gering, als daß sie den Aufbau eines Persönlichkeitsideals für den Soldatenberuf gestattet hätte; (...)
d) das sittliche charakterstützende Element blieb psychotechnischer Erfassung unzugänglich;
e) die psychotechnische Prüfungssituation entbehrte echter Lebensmotivierung und war meist auch äußerlich lebensfern" (Simoneit 1948, 1972, S.73 f.).

Um diese Mängel zu beseitigen, wandte man sich der Entwicklung von Methoden zu, die auf charakterologischen Grundlagen beruhten.

Simoneit grenzt "psychotechnische Prüfung" und "charakterologische Diagnose" gegeneinander ab: "Psychotechnische Prüfung" *"ist ein Verfahren, das mit Hilfe technischer Mittel seelische Einzelfähigkeiten und Isolierung messend untersucht"*, "charakterologische Diagnose" *"ein beobachtendes und analysierendes Verfahren, das die Diagnoseperson in lebensnahen und möglichst lebenswahr motivierten Lagen und Leistungen als Ganzheit studiert, wobei der menschliche Eindruck neben einer objektivierenden Symptomfeststellung gleichbedeutend mitwirken darf"* (*Simoneit* 1948, 1972, S.74).

Rieffert, der 1925-1931 oberster Militärpsychologe in der Reichswehr war, setzte die Einführung charakterologischer Methoden bei den Eignungsprüfungen durch. Er richtete ab 1925 für jede der sieben Divisionen eine Prüfstelle ein. Die charakterologischen Prüfungsmethoden wurden zunehmend verbessert und ihre Entwicklung war etwa 1933 zum großen Teil abgeschlossen (vgl. *Simoneit* 1948, 1972, *Rudert* 1958).

Mit der Einführung charakterologischer Methoden koppelte sich die deutsche Psychologie – zumal nach 1933 alle anderen psychologischen Schulen aus Deutschland vertrieben wurden, s.u. – bis weit nach 1945 von den Entwicklungen in anderen Ländern, besonders in den USA, ab und ging ihre eigenen Wege.

4. Das charakterologische Verfahren der Offiziersanwärterprüfung

Anhand von *Simoneits* Ausführungen soll das Verfahren der Offiziersanwärterprüfung wie es von 1933 an durchgeführt wurde, hier kurz dargestellt werden.

Bis zum 2.Weltkrieg bestand ein Überangebot von Offiziersanwärtern. Deshalb wurden diese bei den Truppenteilen, bei denen sie sich bewarben, einer Vorauslese unterworfen. Diese bestand in einem Gespräch und einer Sportprüfung, die von einigen Offizieren und dem Truppenarzt durchgeführt wurden.

Die von den Truppenteilen angenommenen Bewerber wurden für zweieinhalb Tage zu einer Psychologischen Prüfstelle einberufen. Sie wurden an diesen Stellen untergebracht und verpflegt, *"da das Einleben in das Prüfungsmilieu als psychologisch erheblich angesehen wurde"* (*Simoneit* 1948, 1972, S.70).

Das Prüfungsprogramm sah folgendermaßen aus:

1. Analyse des Schicksals
2. Studieren der körperlichen Erscheinung
3. Ausdrucksanalyse
a) Mimik (diese wurde anhand eines Films, der von jedem Probanden ohne dessen Wissen angefertigt wurde, analysiert)
b) Sprache und Sprechen
c) Graphologie
4. Leistungs- und Arbeitsanalyse
a) geistige
- schriftliche Geistesprüfung
- Führerprobe
- Diskussion
- Exploration (Gespräche)
b) körperliche
- Reaktionsprüfungen experimenteller Art
- technische Aufgaben als Arbeitsproben
- Befehlsreihen = schwere Körperleistungsaufgaben, die bis zur Erschöpfung gesteigert werden konnten.

Nach dieser charakterologischen Hauptprüfung wurden noch – je nach Bedarf – psychotechnische Spezialprüfungen (z.B. für Luftwaffenoffiziere) durchgeführt. Die Prüfungskommission bestand aus dem Prüfungskommandeur als Vorsitzendem, zwei Offizieren, darunter ein Sanitätsoffizier und zwei Psychologen. Die Untersuchung wurde in der Hauptsache von den Psychologen durchgeführt; die Offiziere beobachteten den Vorgang, stellten ab und zu Fragen und gaben Instruktionen. Alle Prüfer zeichneten ihre Beobachtungen auf. Die Psychologen erstellten am Abend des zweiten Tages ihr Gutachten. Am nächsten Morgen fand eine Konferenz statt, in der die Fälle durchgesprochen, die psychologischen Gutachten vorgetragen und die Entscheidungen gefällt wurden. Das letzte Wort hatten die Offiziere, welche die Eignungsprädikate vergaben. Der Prüfungsbericht enthielt jedoch die Gutachten und Eindrücke aller Mitglieder der Prüfungskommission.

Die Psychologen hatten die Aufgabe, sich ein Bild vom Charakter des Bewerbers zu machen und die Offiziere sollten entscheiden, ob der von den Psychologen geschilderte Charakter seinen Träger zur Offizierslaufbahn befähigt.

Simoneit charakterisiert dieses Verfahren so:

> *"Gerade diese lebendige und verständige Zusammenarbeit von Offizieren und Psychologen kennzeichnet mit ihrer ganzen Problematik die feinsinnige Menschlichkeit des psychologischen Verfahrens, für das automatisch messende und objektiv erscheinende Methoden in Deutschland nicht anerkannt wurden. Das wissenschaftlich geleitete menschliche Verstehen ist aufgrund der in Deutschland gemachten Erfahrungen aufschlußreicher und lebensnäher als eine vermeintlich exakte experimentelle Technik, die im günstigsten Falle Durchschnittstypen abstempeln könnte" (Simoneit 1948, 1972, S. 72 f.).*

Die von *Rieffert* begonnene und von *Simoneit* bis zu ihrer endgültigen Form weiterentwickelte charakterologische Testmethodik bot von den 20er Jahren an den akademisch gebildeten Psychologen erstmals die Möglichkeit, außerhalb der Universität tätig zu werden (vgl. *Rudert* 1958).

Der Psychologische Dienst bei der Reichswehr und Wehrmacht wurde in den 30er Jahren systematisch ausgebaut (Zahlen nach *Simoneit):*

Die Zahl der durch Psychologen erstellten Gutachten stieg von 2.940 im Jahre 1930 auf 150.552 im Jahre 1938. Der bis dahin größte prozentuale Anstieg war nach der Einführung der allgemeinen Wehrpflicht durch die Hitlerregierung 1935 zu verzeichnen. 1934 wurden 19.254 und 1936 81.640 Gutachten von den deutschen Militärpsychologen erstellt. Da dem einzelnen Psychologen nur eine bestimmte Anzahl von Gutachten zugemutet werden konnte (*Simoneit* nennt 1.000 Gutachten pro Jahr als die äußerste Grenze), mußte die Anzahl der für die Wehrmacht tätigen Psychologen gewaltig ansteigen.

1938 waren es schon 171 Fachpsychologen, die in den Diensten der Wehrmacht standen. Der sich abzeichnende und dann beginnende Krieg erforderte jedoch einen weiteren Ausbau der wehrmachtspsychologischen Organisation.

> *"In Rücksicht auf die gewaltigen Aufgaben Deutschlands im Zweiten Weltkriege* (man beachte Simoneits Diktion noch drei Jahre nach Kriegsende; d.A.) *erwies sich auch die Zahl des Jahres 1938 als unzureichend. Es wurde daher die wehrmachtspsychologische Organisation in dem Umfange ausgebaut, die die Zahl geeigneter Psychologen in Deutschland überhaupt gestattete, d.h. es wurden fast alle Fachpsychologen Deutschlands – auch die Hochschullehrer – als Reservepsychologen (mit dem Rang eines Kriegsverwaltungsrates) in die Wehrmachtspsychologie eingestellt" (Simoneit 1948, 1972, S.105).*

Um diesem für die damaligen Verhältnisse großen Bedarf an wissenschaftlich ausgebildeten Psychologen gerecht zu werden und die Ausbildung den Erfordernissen des Krieges anzupassen, ließ die Regierung eine Diplomprüfungsordnung erarbeiten. Sie trat 1941 in Kraft und behielt auch in der Bundesrepublik bis Anfang der 70er Jahre im wesentlichen ihre Gültigkeit. Sie sollte die *"wachsenden Anforderungen, die Staat, Wehrmacht und Wirtschaft an die Psychologie stellen"*, erfüllen und *"zur Heranziehung eines tüchtigen und einsatzbereiten Psychologennachwuchses"* dienen (Reichsminister für Erziehung, Wissenschaft und Volksbildung, 14.6.1941, zit.n.Wehrpsychol.Mitt., 2, 1972).

Die übrigen Tätigkeiten der Wehrmachtspsychologen traten an Umfang und Bedeutung weit hinter denen in der Personalauslese zurück, sollen hier aber dennoch kurz erwähnt werden:

Die Grundlagenforschung für die Eignungspsychologie führte – in Einklang mit der nationalsozialistischen Rassenideologie – zu erb-, stammes- und völkerpsychologischen Untersuchungen sowohl an den Universitäten als auch im Psychologischen Dienst der Wehrmacht.

> *"Unmittelbar mit den Eignungsuntersuchungen waren Forschungen verbunden, welche die charakterologische Beurteilung der deutschen Jugend für Wehrzwecke erleichtern und verfeinern sollten. Dazu gehörten das Studium seelisch-geistiger Eigenarten deutscher Stämme, Erbstudien an solchen Familien, die große Soldaten hervorgebracht haben, Erforschung der Fundierung deutschen Soldatentums und endlich vergleichende völkerpsychologische Studien, deren Ergebnisse auch dem Generalstab zur Grundlegung seiner Maßnahmen dienen sollten" (Simoneit 1942, 1972, S.97). Die Dienststelle, der Simoneit vorstand, hieß eine Zeit lang "Hauptstelle der Wehrmacht für Psychologie und Rassenkunde".*

Ein weiteres Arbeitsgebiet der Wehrmachtspsychologen war die psychologische Aus- und Fortbildung von Offizieren. Ferner wurden sie gelegentlich *"zur Wesenserforschung und Beratung der Betreuung von 'Sorgenkindern der Truppe' " (Simoneit* 1948, 1972, S.90) herangezogen und traten gelegentlich als Sachverständige bei Kriegsgerichtsverfahren auf.

Die Wehrmachtspsychologische Zentrale führte objektpsychologische Untersuchungen über die Gestaltung von Waffen, Geräten und Arbeitsplätzen durch. Diese hatten jedoch nur geringe Bedeutung (vgl. *Simoneit* 1948, 1972, S.98).

5. Deutsche Psychologen und Nationalsozialismus

Die Arbeitsweise der Wehrmachtspsychologen und damit fast aller Psychologen im 3.Reich war – wie bereits erwähnt – nach ganzheitlich-charakterologischen Gesichtspunkten ausgerichtet, bewegte sich also im wesentlichen auf dem Boden der Persönlichkeitstheorie der Leipziger Schule, die nach der Machtübernahme der Nationalsozialisten zur dominierenden Persönlichkeitstheorie in Deutschland wurde.

Wie war es zu dieser Dominanz gekommen? Welche Haltung nahmen die Psychologen, die nach der Machtergreifung im Land und in ihren Ämtern geblieben waren, dem Nationalsozialismus gegenüber ein?

Schon vor 1933 gab es in Deutschland eine Anzahl von Psychologen, die mit den Nationalsozialisten sympathisierten. So berichtet z.B. *Baumgarten-Tramer* (1948, S.458) von einem Schweizer Psychologen, der 1930 mehrere psychologische Institute in Deutschland besucht hatte und von dem dort herrschenden Geist schockiert war. Auf dem Jahreskongreß der Deutschen Gesellschaft für Psychologie (DGfPs) 1931 in Hamburg präsentierte sich der nationalsozialistische Geist schon in den Vorträgen von *Krüger, Wunderlich* und *Jaensch*. Im Wintersemester 1931/32 hielt *Poppelreuter* eine Vorlesung über Politische Psychologie auf der Grundlage von *Hitlers* "Mein Kampf" (vgl. *Baumgarten-Tramer* 1948, S.458).

Der 13.Kongreß der DGfPs im Jahr 1933 symbolisiert dann endgültig die "Wende" in der deutschen Psychologie, die sich parallel zur Wende in der Politik vollzog. Schon bei der Vorbereitung des Kongresses vollzogen sich einige Veränderungen. Er sollte eigentlich im April in Dresden stattfinden, wurde dann aber auf Oktober verschoben und nach Leipzig, dem Zentrum der ganzheitlich-charakterologischen Schule, verlegt.

Der Ordinarius des Psychologischen Instituts in Dresden, *Kafka,* der als Schriftführer der DGfPs den Kongreß vorbereiten sollte, widersetzte sich dem Ansinnen, jüdische Mitglieder von der Kongreßteilnahme auszuschließen, und trat aus der Gesellschaft aus (vgl. *Wehner* 1964). Auch *Stern, Katz* und *Bühler* traten aus, so daß vom Vorstand der DGfPs nur *Ach, Krüger* und *Poppelreuter* im Amt blieben. *Krüger* wurde Erster, *Poppelreuter* Zweiter Vorsitzender der Gesellschaft. Diese interne "Säuberungsaktion" fand statt, bevor aufgrund des "Gesetzes zur Wiederherstellung des Berufsbeamtentums" (7.4.1933) auch nur ein Professor von staatlicher Seite entlassen worden war (vgl. *Geuter* 1979, S.7 f.).

Die Berichte über den 13.Kongreß feiern auch gebührend diesen "Sieg":

> *"Wir Deutschen standen anderthalb Jahrzehnte lang unter dem Druck einer Gewaltherrschaft, ja eines Terrors, den die vorwiegend jüdischen Gruppen, von den damaligen Regierungen begünstigt, in unserem Fache ausübten. (...) Gegen alles dies führten wir in unserem Gebiet einen ohnmächtigen Kampf. Er ist jetzt (...) beendet und gewonnen" (Jaensch 1934, S.407).*

> *"Das Jahr der Machtübernahme führte innerhalb der Psychologie zugleich zu einer klaren Scheidung der Geister. Die Erich und Wilhelm Stern, David und Rosa Katz,*

Charlotte Bühler, Koffka, Wertheimer, Gelb, Lewin, Goldstein, Goldschmidt, Blumenfeld, Selz, Peters (eigentlich Perles!), die dank eines raffinierten Systems der gegenseitigen Belobigung und des Totschweigens und Übersehens andersrassiger Fachvertreter beinahe eine Monopolstellung innerhalb der Schulpsychologie an den deutschen Universitäten errungen hatten, wichen Kräften, die bisher zwar energisch, aber trotzdem mit ungenügendem Erfolge gegen die Überfremdung der deutschen Psychologie gekämpft hatten. An ihrer Spitze standen Männer, die heute der Deutschen Gesellschaft für Psychologie vorstehen: Felix Krüger – Leipzig, E.R. Jaensch – Marburg, Oswald Kroh – Tübingen, u.a." (Schliebe 1937, S.195).

Auf diesem Kongreß wurde

"die Einordnung der Psychologie in die Kulturbewegung des deutschen Volkes vollzogen und damit der tatbereite Wille der Psychologen zur Mitarbeit an dem kulturellen Neubau ausgesprochen (...)" (Zietz 1933, S.641).

Diese Einordnung zeigte sich sowohl am äußeren Rahmen als auch in den Vorträgen des Kongresses. Einige der Kongreßteilnehmer (*Rieffert, Volkelt, Poppelreuter*) erschienen in SA-Uniformen und zum Abschluß des Kongresses wurden das Deutschland-Lied und das Horst-Wessel-Lied gesungen (s. *Geuter* 1979, S.9 f.). In den Vorträgen zeichnete sich der Weg ab, den die deutsche Psychologie von nun an einschlagen sollte. So nannte der sächsische Minister für Volksbildung *Hartnacke* in seiner Begrüßungsansprache die Forderungen, die die neue Regierung an die deutsche Psychologie stellte:

"Die Wissenschaft ist in die Ganzheit unseres Seins einbezogen, und sie darf sich an keiner Stelle mit dem Wohle des Ganzheitsstaates stoßen oder gar berühren (...). Die Psychologie soll zugleich Dienerin und Führerin sein an dem Werke der Volksbildung, sie soll sagen, wo im allgemeinen und im einzelnen die Erziehungsgrenzen sind (...). Erblehre zur Erbgutsicherung und psychologische Erkenntnis, um das Erziehungswerk zu festigen und zu gründen, auf diesen beiden Säulen der Wissenschaftserkenntnis ruht des Volkes Zukunft" (Harthacke 1933, zit. n. Geuter 1979, S.11f.).

Krüger skizzierte in seinem Vortrag den Weg, den die deutsche Psychologie nach der "Revolution" nehmen sollte. Er forderte die Abkehr von der individualistischen und intellektualistischen Haltung, die bis dahin viele psychologische Schulen eingenommen hätten und die Hinwendung zu einer genetischen Betrachtung personaler und sozialer Wirklichkeit. Die Möglichkeit der Verwirklichung dieses Programms sah er in der engen Zusammenarbeit von Wissenschaft und nationalsozialistischer Politik (vgl. dazu *Zietz* 1933, S.642 f., *Hippius* 1934, S.101, *Geuter* 1979, S.13).

Poppelreuter sprach über "Politische Psychologie" und beschrieb die Aufgaben dieses neugegründeten Faches als Mitarbeit bei:

"der Staatsgestaltung, der politischen Propaganda, der Beeinflussung und Erziehung der Massen und Gruppen, der Rassenpsychologie, der Eugenik, der Menschenauslese für die Berufe, der Arbeitspädagogik usw., ganz besonders aber am Führerproblem" (Poppelreuter 1933, zit. n. Klemm 1934).

Jaensch sprach über den "Gegentypus der völkischen Bewegung", dessen Wahrnehmen und Vorstellen "liberalistisch, egozentrisch, individualistisch" sei, der keine "Bindung an die reale Wirklichkeit" habe und gegen dessen Vorherrschaft die neue deutsche Bewegung gerichtet sei (Zitate nach *Geuter* 1979, S.16).

Im Sinne der nationalsozialistischen Ideologie äußerten sich auch *Klemm, Clauss, Ach* und andere. Daneben gab es jedoch auf dem Kongreß viele Referate, die sich nicht durch ein Einschwenken auf die neue politische Linie auszeichneten, sondern sich auf rein fachliche Probleme bezogen.

Ein Teil der Psychologen blieb auch diesem und späteren Kongressen fern,

> *"um nicht (...) durch raffiniert gezielte Fragen zu Aussagen genötigt zu werden, die den Verlust der Stellung unmittelbar zur Folge gehabt hätten" (Metzger 1979, S.85).*

Einige deutsche Psychologen leisteten Widerstand gegen das Regime, z.B. *H. Bobertag, H. Düker, K.Huber, W.Köhler* (s. dazu *Baumgarten-Tramer* 1948, *Merz* 1960, *Wellek* 1960, *Henle* 1979).

Ein großer Teil der Psychologen verhielt sich jedoch ruhig, paßte sich an, arbeitete im nationalsozialistischen Staat mit und überließ das Feld denen, für welche die nationalsozialistische Machtübernahme die Gelegenheit bot, ihre Schulrichtung den neuen Herren anzudienen. Es war eine willkommene Chance, lästige Konkurrenten, hauptsächlich die zahlreichen jüdischen Kollegen, loszuwerden und so die Stellung ihrer Art von Psychologie innerhalb und außerhalb der Universitäten zu festigen und auszubauen.

Besonders die Ganzheitspsychologie tat sich in dieser Richtung hervor. Die beiden anderen großen Schulen der deutschen Psychologie, die Psychoanalyse und die Gestaltpsychologie wurden im 3.Reich "abgeschafft", ihre Vertreter zur Emigration getrieben oder im KZ umgebracht. Ein kleiner Teil versuchte durch "innere Emigration" bzw. partielle Anpassung zu überleben.

Schon 1937 konnte ein deutscher Psychologe über die Vertreibung der Psychoanalyse (nach dem Psychologen *Kroh* 1941 "psychologische Knochenerweichung") frohlocken:

> *"Der völkische Aufbruch hat mit diesem Spuk (*der Psychoanalyse Freuds und der Individualpsychologie Adlers; d.A.) *ein für allemal aufgeräumt, und heute genießen andere Länder die zweifelhaften Segnungen dieses Wissenschaftsbolschewismus" (Schliebe 1937, S. 196).*

Die Gestaltpsychologie verlor ihre führenden Köpfe, teils weil sie jüdischer Abstammung waren und auswandern mußten, wie z.B. *Lewin* und *Wertheimer*, und teils weil sie sich mit dem Regime nicht arrangieren wollten und deshalb von den Universitäten getrieben und politisch verfolgt wurden, wie z.B. *Köhler* und *Duncker*.

Die charakterologische Ganzheitspsychologie arrangierte sich mit den Nationalsozialisten soweit, daß "für die Nazis Psychologie gleich Charakterkunde war" (Metzger 1979, S.85)

Am Beispiel einer Veröffentlichung eines ihrer führenden Vertreter, *Sander* (1937), der auch nach 1945 eine bedeutende Stellung in der Psychologie der Bundesrepublik innehatte, soll gezeigt werden, wie sie sich dem neuen Regime andiente. *Sander* versucht zu zeigen, daß der "neue Geist", der in Deutschland eingezogen ist, und die Prinzipien der Ganzheitspsychologie einander entsprechen:

> *"Was im Politischen, im machtvoll formenden Handeln eines hellsichtigen, kühnen und gemütstiefen Führers für jeden, der guten Willens ist, sichtbaren Ausdruck gewonnen hat: eine durch neue Zielsetzungen anbrechende Umwertung geltender Werte, das muß auch abseits in den stilleren Regionen unserer Wissenschaft*

spürbar geworden sein (...). Wessen Auge ohne Voreingenommenheit, ohne Ressentiments, mit Liebe und Verständnis zu sehen fähig ist, dem wird nicht verborgen geblieben sein, daß der politischen Umformung eine tiefgreifende revolutionäre Wandlung auch in der Grundhaltung, der Lehre von der seelischen Wirklichkeit gleichläuft und z.T. vorangegangen ist – eine Wandlung, die die Seelenkunde wiederum fähig machen wird, die Forderung zu erfüllen, die die deutsche Bewegung an sie zu stellen berechtigt ist" (S.641).

Der ganzheitspsychologischen Auffassung, daß das Ganze mehr ist als die Summe seiner Teile, entspricht für *Sander* die nationalsozialistische Auffassung, daß das Volk mehr ist als die Summe der Individuen, aus denen es besteht: Hinter dem *"gewaltigen Ringen der deutschen Bewegung stehen: die Sehnsucht nach Ganzheit und der Wille zur Gestalt"* (S.641) Daraus ergaben sich für ihn konkrete Folgerungen für die deutsche Politik:

> *"daß dieses Ganze den Vorrang habe vor allen Gliedern, daß Wert und Wesen des Einzelnen bestimmt werden vom Ganzen her. Das Ganze, das Volk in seinem Lebensraum, soll leben, wenn auch der Einzelne untergehe",*

und

> *"wer das deutsche Volk nach Verzerrungen seines Wesens, denen es wehrlos preisgegeben war, zu seiner eigenen Gestalt zurückführen will, wer der Sehnsucht der Volksseele, ihr eigenes Wesen rein auszuprägen, zum Ziele verhelfen will, der muß alles Gestaltfremde ausschalten, insonderheit muß er alle fremdrassischen zersetzenden Einflüsse unwirksam machen. Die Ausschaltung des parasitisch wuchernden Judentums hat ihre tiefe ethische Berechtigung in diesem Willen zur reinen Gestalt deutschen Wesens ebenso wie die Unfruchtbarmachung der Träger minderwertigen Erbgutes des eigenen Volkes" (S.642).*

Ebenso wie der Nationalsozialismus die individualistischen Grundwerte der demokratischen Staatsphilosophien überwinden wollte, wollte die deutsche Ganzheitspsychologie die "mechanistisch-atomistische Grundhaltung" (S.643) der Assoziationspsychologie des 19.Jahrhunderts überwinden:

> *"Deutsche Psychologie der Gegenwart und nationalsozialistische Weltanschauung, beide sind ausgerichtet auf das gleiche Ziel, die Überwindung atomistischer und mechanischer Denkhaltungen, in der Ordnung völkischen Lebens hier, der Erforschung seelischer Wirklichkeit dort, Überwindung durch organisches Denken" (S.649)*

Der Gedanke der Ausschaltung von allem, was der Politik der Nazis im Wege steht, wird hier auf die Wissenschaft übertragen. Dabei geht es nicht allein um die "Ausmerzung" von Gedanken und Denkrichtungen, der Autor vertritt auch die Ansicht, daß deren Träger ausgerottet werden müßten. Ein Wissenschaftler heißt hier die Ermordung von Vertretern des eigenen Faches gut, die von der seinigen abweichende wissenschaftliche Auffassungen vertreten.

Neben diesen Angeboten, die Zwangssterilisations- und Völkermordpolitik der Nazis theoretisch-psychologisch zu untermauern, versucht *Sander* den Machthabern auch die aktive Mithilfe der Psychologen im praktischen Bereich anzudienen. Die Wehrmachtspsychologie sei dazu der erste Schritt und der erste "praktische Befähigungsnachweis der jungen deutschen Psychologie" (S.645):

"Damit ist die wissenschaftliche Psychologie im Begriff, zugleich ein brauchbares Werkzeug nationalsozialistischer Zielsetzungen zu werden, Menschenführung ist im großen und im kleinen nicht ohne Psychologie möglich. Adolf Hitler, selbst ein genialer Psychologe von Gottes Gnaden, weist in seinem Kampfbuch immer wieder hin auf die psychologischen Voraussetzungen politischen Tuns (...). Der feste organisatorische Einbau der Psychologie in die Wehrmacht ist ein Befähigungsnachweis der jungen deutschen Psychologie und wird seine Früchte tragen" (Sander 1937, S.649).

Auch *Simoneit*, der wissenschaftliche Leiter der Wehrmachtpsychologie, tat sich in seinen Schriften im 3.Reich als Apologet der nationalsozialistischen Ideologie und besonders der nationalsozialistischen Kriegspolitik hervor. Er war Herausgeber der Zeitschrift "Soldatentum" und veröffentlichte Bücher und Aufsätze über Wehrpsychologie, Wehrethik und Wehrkultur. Hier einige Beispiele aus seinen Veröffentlichungen:

"Das Soldatentum hat mit der deutschen Kulturentwicklung (...) eine Ausprägung zu einer harmonischen Einheit von Körper, Seele und Geist erhalten, die zur Trägerin nicht nur der erfolgreichen Kriegs-, sondern auch der sittlichsten und erfolgreichsten Lebensform überhaupt geworden ist.

Auf dieser Tatsache beruht die Idee Adolf Hitlers, dem ganzen deutschen Volke eine soldatische Lebensform zu geben, – und hierin liegt eine deutsche Aufgabe gegenüber der Welt (...). Das ist der Sinn des Kampfes auf Erden, daß er denen die Freiheit gibt, die mit eiserner Folgerichtigkeit dem vom Schöpfer stammenden Sollen in ihrem gesunden Herzen gehorchen" (Simoneit 1940, S.5)

Simoneit unterstützt hier die Politik Hitlers, das ganze Volk auf den Krieg auszurichten. Der letzte Satz des obigen Zitats enthält die psychologische Rechtfertigung der Unterjochung anderer Völker (der Aufsatz wurde nach dem deutschen Überfall auf Polen, der den 2.Weltkrieg ausgelöst hat, geschrieben).

"Der natürliche und gerechte Krieg rüttelt und wühlt die Seelen auf das tiefste auf. Er bringt dabei eine Intensivierung des Lebensgefühls hervor, – er führt zu einer ehrfurchtsvollen und versöhnlichen Vertiefung in die Erscheinung des Todes, – er entschleiert die irdischen Dinge von Schminke und Tünche und gibt ihnen ihre echte Wesentlichkeit wieder und zeigt uns selbst Schwäche und Fäulnis des eigenen Wesens an, das im Kriege von den ewigen Lebens- und Kraftgesetzen der Natur ausgewogen ist und gemessen wird" (Simoneit 1936, S.60)

"Pazifismus" kann vor diesem Hintergrund folgerichtig nichts anderes als "eine Charaktererweichung" sein (*Simoneit* 1936, S.176).

6. Die Auflösung der Heeres- und Luftwaffenpsychologie im Jahre 1942

Trotz allen diesen Bemühungen von im Lande gebliebenen deutschen Psychologen, dem Naziregime auf ideologischem Gebiet und in der Praxis dienlich zu sein, löste der Oberbefehlshaber der Luftwaffe Göring die Luftwaffenpsychologie im Mai 1942 auf. Im Juli desselben Jahres wurde die Heerespsychologie auf Befehl Hitlers aufgelöst, die eignungspsychologischen Dienststellen der Kriegsmarine dagegen blieben bis kurz vor Beendigung des Krieges erhalten. Diese zunächst von seiten der Psychologen lebhaft bedauerten Maßnahmen wurden nach dem Krieg von einigen von ihnen als Gelegenheit benutzt, die Wehrmachtpsychologie mit dem Widerstand gegen das Regime in Verbindung zu bringen. Daß davon keine Rede sein kann, hat die bisherige Darstellung der Psychologie im 3.Reich gezeigt.

Auch die Gründe für die Auflösung der Heeres- und Luftwaffenpsychologie, die *Simoneit* nach dem 2.Weltkrieg (1948, 1972) aufzählt, sind wohl im Zusammenhang mit der Nachkriegsauseinandersetzung um die Rolle der Psychologie in der Nazizeit zu sehen und müssen als Versuch der Selbstrechtfertigung gewertet werden:

1. Durch den forcierten Ausbau der wehrmachtspsychologischen Organisation zu Beginn des Zweiten Weltkrieges *"konnte auf die soldatische Eignung der Psychologen nicht mehr so geachtet werden (...). So kam es, daß kaum ein Drittel der im Kriege beschäftigten Wehrmachtspsychologen Reserveoffiziere bzw. Reserveoffiziersanwärter waren."*

2. *"Kaum ein Drittel"* der Wehrmachtspsychologen waren *"Mitglieder der NSDAP (...), während das Reichsministerium damals 7/10 Parteigenossen für die Reichsbehörden forderte (...)"*.
Dies waren *"zwei wunde Punkte im Urteil Hitlers und der NSDAP. 1941 wurde auf Befehl des Heerespersonalamtes versucht, diese Schwächen etwas auszugleichen. Es gelang nicht."*

3. *"Die NSDAP schürte die Opposition auch innerhalb der Wehrmacht stetig an, weil die Hitlerjugendführer und im Kriege auch andere Funktionäre der Partei nicht anders behandelt wurden wie jeder andere Deutsche."*

4. Diese Opposition *"wurde gefährlich als der Chefadjutant des Führers, Generalleutnant Schmundt, Chef des Heerspersonalamtes wurde. Er war Gegner der Wehrmachtspsychologie."*

5. Auch Keitel, der bis dahin die Wehrmachtspsychologie unterstützt hatte, wurde zu einem ihrer Gegner, *"in Verbindung mit einer ungünstigen und durch ihn nicht anerkannten Begutachtung seines Sohnes"*. Aus dem gleichen Grund wurde der Befehlshaber des Ersatzheeres zum Gegner.

6. *"Es kamen sachliche Schwächen (...) hinzu: Die Zahl der im Kriege notwendigen Eignungsuntersuchungen war so gewaltig angewachsen, daß die psychologischen Prüfstellen sie nicht zu bewältigen vermochten"*.

7. Schließlich waren auch *"Freunde der wehrpsychologischen Sache unsicher geworden, ob es richtig sei, die psychologischen Eignungsuntersuchungen auch im Kriege beizubehalten, also in einer Lage, in der doch jeder gesunde deutsche Mann sowieso Soldat werden mußte, in der sich die Offiziersanwärter im Frontkampf bewähren müssen und in der die Spezialisten-Verteilung weit über die zahlenmäßige Leistungsfähigkeit der Wehrpsychologie hinausging"* (alle Zitate *Simoneit*, 1972, S.106 f.).

Der Großteil dieser, von *Simoneit* angeführten Gründe für die Auflösung der Heeres- und Luftwaffenpsychologie sind nicht fachlicher Natur. Die Wehrmachtspsychologie war nach dieser Lesart der politischen und Teilen der militärischen Führung suspekt, weil in ihr zu wenige Soldaten und zu wenige Parteimitglieder vertreten waren und weil sie unbeirrbar objektiv arbeitete, d.h. keinen Bewerber – gleich welcher Organisation er angehörte oder wer sein Vater war – bevorzugte.

Fachliche Gründe wurden eher beiläufig erwähnt; sie "kamen hinzu". Aus heutiger Sicht dürften sie wohl die Hauptgründe gewesen sein. Die von *Simoneit* (1954) genannten "Bewährungsbefunde" (Prozentzahlen der Übereinstimmung zwischen der Vorhersage des psychologischen Gutachtens und Beurteilung der Anwärter nach einer bestimmten Dienstzeit durch Vorgesetzte) von 85% bei Offiziersanwärtern und 93% bei Spezialisten werden von *Fritscher* (1972) allein schon wegen der mangelhaften Validität des Kriteriums (d.h. der Verläßlichkeit der Beurteilungen durch Vorgesetzte; d. A.) angezweifelt. Heute stimmen die Autoren im wesentlichen darin überein, daß die Auflösung überwiegend auf fachliche Gründe zurückzuführen ist (n. *Dorsch* 1963, *Mitze* 1972). Durch den sich immer mehr ausweitenden Krieg wurde der Bedarf an Soldaten immer höher, so daß die Nachfrage das Angebot bald überstieg. In einem solchen Fall wird ein Selektionsverfahren sinnlos, allenfalls Plazierungsverfahren haben in einer solchen Situation noch einen Sinn. Durch den Zeitaufwand, den die charakterologischen Methoden erforderten, konnte die Wehrmachtspsychologie – außer bei der Marine, die kürzere Verfahren anwandte und deren Personalbedarf auch nicht so hoch war – den Bedürfnissen der Wehrmacht mit zunehmender Kriegsdauer nicht mehr gerecht werden.

Gewisse negative Einstellungen der Wehrmachtsführung, in der es viele Offiziere gab, die die Arbeit der Militärpsychologen als Einmischung in ihre eigenen Aufgabenbereiche betrachteten, und der politischen Führung, der die Psychologie trotz der Anbiederungsversuche vieler ihrer damaligen Wortführer wegen der zahlreichen jüdischen Vertreter unter den Gründern der psychologischen Wissenschaft suspekt war, mögen eine gewisse Rolle gespielt haben. Die o.g. sachlichen Gründe dürften jedoch beim Verzicht auf den größten Teil der Wehrmachtspsychologie im Vordergrund gestanden haben.

7. "Vergangenheitsbewältigung" nach 1945

Nachdem mit dem Ende des Zweiten Weltkrieges das nationalsozialistische Regime zusammengebrochen war, fand nur eine kurze und sehr oberflächliche Auseinandersetzung über die Rolle, welche die deutsche Psychologie im 3.Reich gespielt hatte, statt. Kritische Stimmen kamen zunächst nur aus dem Ausland (z.B. *Davis* 1947, *Baumgarten-Tramer* 1948).

Die Behandlung der Schrift von *Baumgarten-Tramer* durch die Psychologen im Nachkriegsdeutschland kann hier als Beispiel dienen. Sie ist bis heute in der Bundesrepublik nur in ihrer englischen Fassung erhältlich. Darin wird die Rolle der deutschen Psychologie zwischen 1914 und 1945 kritisch beleuchtet und dazu aufgefordert, über diese Rolle zu diskutieren. Die einzige offizielle Antwort darauf war eine kurze Replik des damaligen Präsidenten der DGfPs in der Britischen Besatzungszone, *v. Allesch*. Sie enthält nur eine sehr pauschale Zurückweisung der Kritik *Baumgarten-Tramers* und bringt keine Belege, die diese Kritik entkräften könnten. Statt dessen enthält sie den Vorwurf, daß die Forderung nach einer Diskussion den friedlichen Wiederaufbau stören könne:

> *"(...) die Welt, die wissenschaftliche und psychologische Welt inbegriffen, muß Frieden und Ordnung wiedererlangen. Diskussionen dagegen, die die Katastrophe betreffen, die über uns hereingebrochen ist, werden dies nur behindern" (v. Allesch 1950, S.402)*

So wurde diese Diskussion, bevor sie richtig in Gang gekommen war, durch ein abschließendes Wort von *Ansbacher* (1951), der sich für das Dritte Reich u.a. durch

Veröffentlichungen über den Reichsarbeitsdienst als Psychologe verdient gemacht hatte, dann aber in die USA ausgewandert war und dort nun die Rolle des Unverdächtigen zu spielen vermochte, vorläufig abgewiegelt. Noch 1964 vermied es *Welleck* bei der Erwähnung des Artikels von *Baumgarten-Tramer*, die Autorin beim Namen zu nennen. Auch *Merz*, der 1960 in einer Buchbesprechung in einigen Sätzen auf die Rolle der Psychologie im Nationalsozialismus hinweist und dabei Ausschnitte aus dem – oben ausführlich zitierten – Artikel von *Sander* (1937) anführt, nennt den Namen *Sander* nicht, obwohl (oder weil?) dieser nicht irgendein unbekannter Psychologe war, sondern auch in der Psychologie der Bundesrepublik noch eine bedeutende Rolle gespielt hat.

Diese Beispiele sind wie viele andere symptomatisch für die Vermeidung einer offenen Diskussion der deutschen Psychologie über die Rolle, die sie im 3.Reich gespielt hat. Man ging nach der "Katastrophe", die "hereingebrochen" war, schnell wieder zur Tagesordnung über; z.B. entwickelte sich vom Ende der 40er Jahre an ein Schulenstreit zwischen den alten Charakterologen und der jüngeren Generation, die die deutsche Psychologie der amerikanischen annähern wollte (s. dazu *Maikowski* et.al. 1976, *Geuter* 1980).

Die personelle Kontinuität blieb gewahrt. Viele ehemalige Wehrmachtspsychologen machten Karriere an den Universitäten der Bundesrepublik. Die Ordinarien der Psychologielehrstühle in den 50er Jahren waren "fast ausnahmslos" (*Rauch* 1977) ehemalige Wehrmachtspsychologen (u.a. *Lersch, Hofstätter, Heiss, Rudert*).

Ansbacher (1949) bescheinigte der Wehrmachtspsychologie, daß sie mit der Entwicklung und Verfeinerung der charakterologischen Testmethoden "Bleibendes" geschaffen habe, und so bewegte sich auch die Diskussion über die Wehrmachtspsychologie fast ausschließlich auf einer methodenkritischen Ebene. *Simoneit* wurde im ersten Vorstand des neugegründeten "Berufsverbandes Deutscher Psychologen" (BDP) zum Zweiten Vorsitzenden gewählt. Auch andere, im 3.Reich tief in die Machenschaften der Nazis verstrickte Psychologen blieben nicht nur unbehelligt, sondern machten steile Karrieren, z.B. *Sander*, der bis 1959 dreimal zum Vorsitzenden der "Deutschen Gesellschaft für Psychologie" (DGfPs) gewählt wurde. Letzterer erwähnte in einer Darstellung seines Lebens (In: *Pongartz* et al. 1972) von seiner Tätigkeit während der zwölf Jahre der Naziherrschaft nur seine Mitarbeit bei der Erstellung der Diplomprüfungsordnung für Psychologen in einem halben Satz; diese Unterschlagung blieb ohne Kommentar durch die Herausgeber, ebenso wie seine Dankadressen an andere Psychologen – *W. Stern,* das Ehepaar *Katz*, und *Ch. Bühler* –, deren "Ausschaltung" er 1937 gefordert hatte (vgl. *Sander* 1972, S.332).

Als von 1964 an einige Universitäten (Berlin, Tübingen, München) in der Bundesrepublik begannen, sich in Ringvorlesungen mit ihrer Vergangenheit im Nationalsozialismus auseinanderzusetzen (s. dazu *Flitner* 1965), beteiligten sich die psychologischen Fachvertreter dieser Hochschulen nicht daran (s. *Haug* 1967, S.11).

Die Bundeswehrpsychologie widmete ihrer Vorgängerin 1972 ein Sonderheft ihres Organs "Wehrpsychologische Mitteilungen" (WPsych. Mitt. 2/72). Schon im Vorwort von *Mitze*, dem damaligen Leiter des "Psychologischen Dienstes der Bundeswehr" (Psych. Dst. Bw.) wird deutlich, daß es dabei nicht um eine kritische Auseinandersetzung mit der Rolle von Psychologen in den Diensten der Armee eines totalitären Staates geht. Es gilt vielmehr, *"grob negativ gefärbte subjektive Meinungsäußerungen der in- und ausländischen Fachwissenschaft"* richtigzustellen (S.12). *Mitze* spricht von "Erfordernissen" der "damaligen Zeit" (S.16) und sagt, daß für die Wehrmachtspsychologen *"gelegentliche Konzessionen an den Zeitgeist unvermeidlich"* gewesen seien (S.13). Die Auflösung der Heeres- und Luftwaffenpsychologie ist auch für ihn ein *"Desaster"* (S.14).

Unter anderem ist auch *Simoneits* Darstellung der Wehrmachtspsychologie, die er 1948 zur Rechtfertigung von deren Taten für die Alliierten schrieb, abgedruckt. Daß jener dabei von den *"gewaltigen Aufgaben Deutschlands im Zweiten Weltkriege"* (S.105) spricht und Hitler noch immer seinen *"Führer"* (S.106) nennt, blieb ohne Kommentar durch die Herausgeber.

Das Sonderheft wurde allen ehemaligen Wehrmachtspsychologen, die man noch auffinden konnte, zugeschickt. In Leserbriefen, die ohne Nennung der Namen ihrer Verfasser abgedruckt sind (W.Psych.Mitt. 4/72), äußern die "Ehemaligen" ihre Freude, ja sogar Verwunderung darüber, *"daß die Nachfolgebehörde der Wehrmachtspsychologie sich der Mitarbeiter von früher in so positiver Weise erinnert"*.

In einem Brief heißt es:

> *"Gerade in einer Zeit, in der menschliche und kollegiale Verbindungen eine gefahrvolle Schwächung erfahren, ist der Zusammenschluß der Kräfte wichtig, damit nicht in die entstehenden Lücken kollektivistische Strömungen einbrechen" (S.120).*

Aus der Begeisterung der alten Kameraden schließt *Mitze:*

> *"Das nicht ganz risikolose Unterfangen, hic et nunc aus jenen Tagen zu berichten, trägt somit seine Rechtfertigung in sich (...). Damit dürfte M. Simoneit die ihm zu Lebzeiten versagt gebliebene Anerkennung posthum zuteil geworden sein. Die Nachwelt flicht dem Außergewöhnlichen doch noch Kränze" (S.121).*

Dieser *"Außergewöhnliche"* besaß nach dem Krieg sogar die Stirn, seine Wehrmachtspsychologie mit dem Widerstand gegen das Hitlerregime in Verbindung zu bringen. Er versucht das z.B. in einem, wie beiläufig, niedergeschriebenen Satz: *"Inwieweit die Wehrmachtspsychologie in der Widerstandsbewegung beteiligt war, muß ich hier verschweigen ..."* (*Simoneit* 1954, S.141). Was hätte es da wohl zu verschweigen gegeben? Es gehörte zu den Erscheinungen der Nachkriegszeit, daß auf einmal viele Leute auftauchten, die sich als unentdeckte Widerstandskämpfer feiern ließen. Zahlreiche Politiker der Bundesrepublik versuchten sogar, ihre ehemalige Mitgliedschaft in der NSDAP und ihren Unterorganisationen als Teil eines Widerstandskonzeptes (z.B. "um Schlimmeres zu verhüten") zu rechtfertigen. Bis heute steht eine einfache NSDAP-Mitgliedschaft einer Berufung von Politikern in hohe und höchste Staatsämter nicht im Wege. Die Menschen, die für ihre Opposition gegen das NS-Regime schwere Verfolgungen und Verluste an Leib, Leben und Gut hingenommen haben, wehrten sich vergebens gegen diesen fahrlässigen und irreführenden Umgang mit dem Widerstandsbegriff. Die Wehrmachtspsychologen sind wohl kaum zu dieser Gruppe zu zählen.

8. Die Entstehung des "Psychologischen Dienstes der Bundeswehr"

Vor dem Hintergrund der von uns bisher vorgelegten Materialien verwundert es nicht, daß der Übergang von der Wehrmacht zur Bundeswehrpsychologie ohne große Zäsuren vonstatten ging. Dieser Vorgang wurde von *Mattes* (1980) ausführlich beschrieben, so daß es hier genügt, diese Entwicklung nur kurz zu umreißen.

Schon im März 1952 – also kurz nachdem bekannt wurde, daß die Regierung Adenauer den Aufbau einer neuen Armee plante, und lange bevor diese Pläne vom Bundestag abgesegnet wurden – begannen sich die im BDP organisierten Psychologen um eine Mitarbeit beim Aufbau dieser neuen "Wehrmacht" zu bemühen:

> *"Prof. Herwig und Dr. Zeise berichteten über einzelne Anfragen bzw. unverbindliche Besprechungen in der Frage der Wiedereinrichtung der Wehrmachtspsychologie. Soviel scheint festzustehen, daß eine künftige Wehrmachtspsychologie sich nicht nur auf die Auswahl des Offizierskorps, sondern vielmehr auf die Ausbildung und psychologische Beeinflussung sowie auf Waffenpsychotechnik usw. erstrecken wird. Prof. Herwig wird geeignete Maßnahmen treffen, um die Verbindung zwischen dem BDP und den in Betracht kommenden Dienststellen rechtzeitig herzustellen. Die weitere Entwicklung dieser noch im Anfangsstadium befindlichen Angelegenheit muß vom Vorstand aufmerksam verfolgt werden" (Rundschreiben des BDP-Vorstandes 19.3.1952, zit. n. Mattes 1980, S.43).*

Im Dezember 1952 bot der BDP dem Amt *Blank*, der Dienststelle im Bundeskanzleramt, die die Wiederaufrüstung vorbereiten sollte, seine Dienste beim Aufbau der Bundeswehr und der Einrichtung einer Militärpsychologie an. Man nahm Kontakt zu ehemaligen Wehrmachtspsychologen auf und erstellte unter Mitarbeit von ehemaligen Offizieren 1953 ein Exposé über "Aufgaben und Organisation der künftigen Heerespsychologie", in dem

> *"angefangen mit den bewährten alten Aufgaben über die Aufstellung von Ausbildungs- und Erziehungsgrundsätzen bis zu solchen der "Herstellung von engen Vertrauensbeziehungen zur Bevölkerung" (Vorteil: Optimale Gestaltung des Wehrgeistes der Nation) die Hilfe der Psychologie angeboten wird" (Mattes 1980, S.45).*

Als gemeinsamer Beauftragter des BDP und der DGfPs für Kontakte mit dem Amt Blank wurde der hier schon häufig erwähnte *F. Sander* eingesetzt. Trotz aller dieser Bemühungen wurden die beiden Psychologenverbände zunächst bei der Einrichtung einer "Psychologischen Studienkommission", die ein Gesinnungsverfahren für Offiziere entwickelt hatte, übergangen. Die Enttäuschung der organisierten Psychologen über dieses Vorgehen drückte *Zeise* aus:

> *"Seit den Anfängen des Amtes Blank haben auch Psychologen teils gebeten, aber meist ungebeten, ihre guten Dienste zum Aufbau der neuen Streitkräfte angeboten. Manch einer witterte hier die große Chance für die Psychologie – und schließlich auch für sich selbst: wer beizeiten zum Wasserhahn ging, durfte hoffen, vielleicht einmal erster Mann an der Spritze zu sein (...). Was aber dann als Ergebnis (...) zum Vorschein kam, war so erschütternd, daß man zunächst seinen Augen nicht trauen mochte. Das neugebackene Verteidigungsministerium hatte sich nicht damit begnügt, die Psychologen stillschweigend beiseite zu schieben und auf vorwissenschaftliche Verfahren zurückzugreifen, es fühlte sich durch den vorangegangenen Umgang mit Psychologen offenbar informiert genug, um eigene Intelligenz- und Charaktertests herauszubringen..." (Interne BDP-Mitteilungen VII/4 1956, zit. n. Mattes 1980, S.45 f.).*

Durch Kritik in der Presse am Vorgehen des Verteidigungsministeriums und durch erneute Bemühungen der Psychologenverbände gelang es schließlich doch, einen "Psychologischen Dienst" bei der Bundeswehr einzurichten. *Flik*, ein ehemaliger Wehrmachtspsychologe, wurde im Oktober 1956 mit seinem Aufbau beauftragt.

9. Die Arbeitsgebiete des "Psychologischen Dienstes der Bundeswehr"

Die Aufgabengebiete des Psychologischen Dienstes der Bundeswehr sind nicht klar eingeteilt und gegeneinander abgegrenzt. Verschiedene Autoren nennen sowohl eine verschiedene Anzahl von Gebieten als auch unterschiedliche Gebiete. Im wesentlichen sind vier zu nennen: Personalpsychologie, Wehrtechnische Psychologie, Sozialpsychologie und Klinische Psychologie. Zwei wichtige Gebiete fehlen in allen diesen Aufzählungen der Militärpsychologen, nämlich die psychologische Friedensforschung und die psychologische Kriegsführung bzw. Verteidigung.

Obwohl die Bundeswehr in allen Sonntagsreden der Politiker als "Friedensarmee" o.ä. bezeichnet wird, betreibt keine der dem Verteidigungsministerium unterstellten psychologischen Organisationen psychologische Friedensforschung (vgl. *Geuter* und *Kroner* 1981, S.680). Die psychologische Verteidigung wird nicht dem Psych.Dst.Bw zugerechnet. Die Bundeswehr unterhält seit 1966 eine "Schule für Psychologische Verteidigung" (s. *Puzicha* 1923, *Willkomm* 1977). Außerdem hat sie spezielle Truppeneinheiten für psychologische Verteidigung mit etwa 3000 aktiven Soldaten, die auf diesen Gebieten ausgebildeten Reservisten nicht mitgerechnet (s. *Eckebrecht* 1978, *Watson* 1978). Wegen der eminent wichtigen Rolle, die die psychologische Kriegsführung innerhalb der NATO, besonders bei der Führungsmacht USA spielt, soll sie in die kurze Beschreibung der Aufgabengebiete des Psychologischen Dienstes der Bundeswehr aufgenommen werden (im Kapitel "Militärpsychologie in den USA" wird der sogenannte *"Psywar"* einen breiteren Raum einnehmen).

"Personalpsychologie"

Sie ist auch heute noch der personalintensivste Zweig der Bundeswehrpsychologie (die Angaben über die in diesem Bereich tätigen Psychologen liegen zwischen 70 und 80% aller Bundeswehrpsychologen). *Steege* nennt ihre Hauptaufgaben:

> *"Eignungsfeststellungen zur Vorbereitung personeller Entscheidungen (...) im Zusammenhang mit der Einstellung von Offiziersanwärtern und längerdienenden Freiwilligen bzw. Wehrpflichtigen (vor der Militärdienstzeit) sowie im Zusammenhang mit Maßnahmen der Ausbildung und Bildung in den Streitkräften (während der Dienstzeit) zu treffen. Vergleichbare Maßnahmen werden für Bedienstete der Bundeswehrverwaltung durchgeführt" (Steege 1977, S.52).*

Seit im Jahre 1964 das Losverfahren abgeschafft und stattdessen die "Eignungs- und Verwendungsprüfung" (EVP) eingeführt wurde, werden alle tauglich gemusterten Wehrpflichtigen dieser Prüfung unterzogen,

> *"mit dem Ziel, diejenigen, die den geistigen Anforderungen in einer modernen Streitkraft kaum gewachsen sind, nicht einzuberufen und die übrigen ihren Anlagen und Fähigkeiten entsprechend zu verwenden" (Flik 1969, S.229).*

In den letzten Jahren wurden jährlich etwa 300.000 Wehrpflichtige mit der EVP getestet (vgl. *Wildgrube*, 1970, S.45). Weiterhin werden im Dienst befindliche Soldaten Berufseignungstests und Tests zur Auswahl von militärischen Spezialisten wie z.B.

Kampfbeobachtern, Kampfschwimmern und Minentauchern unterzogen. Hierzu gehören auch Testentwicklungen auf NATO-Ebene, die es z.B. ermöglichen sollen, zwischen verschiedenen "Kämpfertypen" zu unterscheiden (s. dazu *Olbrich* 1972; nähere Beschreibung weiter unten im Kapitel "Militärpsychologie in den USA").

Persönlichkeitstests werden bisher nur in den Offiziersanwärter- und Freiwilligenprüfungen angewandt, die EVP beschränkt sich auf Intelligenztests und Tests für spezielle Tätigkeiten. Auf sozialpsychologischem Gebiet wird an Prognosemöglichkeiten für abweichendes Verhalten während der Wehrdienstzeit (z.B. eigenmächtige Abwesenheit, Fahnenflucht) gearbeitet. Vorbild sind dabei Prognosetabellen aus der Forensischen Psychologie, die der Vorhersage von Straftaten dienen sollen (s. dazu *Feser* u. *Puzicha* 1971, *Feser* u. *Schenk* 1974).

"Wehrtechnische Psychologie"

Diese befaßt sich mit den psychologischen Aspekten des *"Leistungsverhaltens und sich daraus ergebenden Folgerungen für das Wehrmaterial"* (*Steege* 1979). Dieses Gebiet wird auch *"Ergonomie"*, *"human engineering"*, *"human factors engineering"* oder *"Anthropotechnik"* genannt, die heute gebräuchlichsten Bezeichnungen sind *human engineering* und *human factors engineering*. Beide Begriffe beinhalten die Anpassung von Mensch und Maschine aneinander, wobei *human engineering* eher die Modifizierung und Anpassung der Maschine z.B. durch optimale Anordnung von Bedienungs- und Überwachungselementen an die menschliche Leistungsfähigkeit meint, während *human factors engineering* stärkeres Gewicht auf den "Faktor Mensch" legt und sich mit der Erforschung der psychophysiologischen Leistungsmöglichkeiten des Menschen und seiner Anpassung an die Anforderungen der Maschine durch Personalauslese und Training beschäftigt (vgl. *Diringshofen* 1973). Die Begriffe sind jedoch nicht eindeutig gegeneinander abgegrenzt und werden von verschiedenen Autoren unterschiedlich gebraucht.

Die Bundeswehrpsychologie unterhält hier enge Beziehungen zur Rüstungsindustrie und zu zivilen und militärischen arbeitsmedizinischen und -psychologischen Einrichtungen. Das Verteidigungsministerium vergibt ergonomische Forschungsaufträge an Universitätsinstitute und andere zivile Forschungseinrichtungen.

"Sozialpsychologie"

Der "Sozialpsychologische Dienst" der Bundeswehr wurde erst 1968 eingerichtet. Bis dahin wurden sozialpsychologische Untersuchungsaufträge an private Sozialforschungsinstitute (z.B. Emnid, INFAS) und Universitätsinstitute (z.B. *R. Königs* Institut für Soziologie und Sozialpsychologie in Köln und das Psychologische Institut der Universität Würzburg, *L. Pongartz*) vergeben. Diese und andere Institute führen zum Teil auch heute noch Forschungsaufträge für die Bundeswehr durch. Jedoch haben die bundeswehreigenen Institutionen, nämlich das "Dezernat Wehrpsychologie im Streitkräfteamt" und das "Sozialwissenschaftliche Institut der Bundeswehr" in München, seit ihrer Gründung zunehmend an Bedeutung gewonnen (vgl. *Lippert* 1977).Der "Sozialpsychologische Dienst" soll empirisch abgesicherte Entscheidungshilfen für die politische und militärische Führung erarbeiten (vgl. *Steege* 1977). Dabei sollte das

> *"Kriterium für den Einsatz sozialwissenschaftlicher Forschung im Bereich der Bundeswehr (...) immer eine positive Beantwortung der Frage nach der damit*

bewirkten Effektivität der Streitkräfte sein. Wir definieren "Effektivität" als den Grad der Erfüllung des politischen Auftrages an die Bundeswehr. Dieser Auftrag muß für die Zielsetzung empirischer Forschung konstante und zentrale Größe sein" (Puzicha 1973, S.13).

Die Sozialpsychologie der Bundeswehr konzentriert sich hauptsächlich auf die Forschung im Bereich Personal und Personalaufkommen. *Puzicha* (1973) gliedert diese Variable in *"vier unterscheidbare, wenn auch interdependente Komponenten":*
a) Attraktivität des Soldatenberufs
b) Integration der Bundeswehr in die sie umgebende zivile Gesellschaft
c) Sozialisationsleistung der Bundeswehr
d) Moral der Truppe

Zu a) Attraktivität des Soldatenberufs:

Die Bundeswehr hat seit ihrer Gründung Schwierigkeiten, genügend Längerdienende und Berufssoldaten für die Besetzung aller Unteroffiziers- und Offiziersplanstellen zu bekommen. Das Berufsprestige des Soldaten ist gegenüber den früheren deutschen Armeen stark gesunken (vgl. *Rogmann* u. *Ziegler* 1977).

Von sozialwissenschaftlicher Stelle wird versucht, diesen Problemen vor allem durch die Verbesserung der Arbeitszufriedenheit der Soldaten zu begegnen. Diese soll durch zeitgemäße Menschenführung auf der Basis des *"human-relations"*-Ansatzes erreicht werden (s. dazu *Feser* et al. 1973, *A. Puzicha* 1977).

Zu b) Integration der Bundeswehr in die Gesellschaft:

Hier stehen Probleme, die sich aus mangelndem Kontakt zwischen Soldaten und Zivilbevölkerung an Bundeswehrstandorten durch Kasernierung und häufige Versetzung der Soldaten und aus der Herkunft verschiedener Rangstufen aus verschiedenen Bevölkerungskreisen ergeben, im Mittelpunkt des Interesses. Diese Probleme werden durch Vorschläge für die Verbesserung der Bildung und Ausbildung innerhalb der Bundeswehr und durch Erforschung von Einstellungen in der Gesellschaft zur Armee (z.B. Pazifismus-Militarismus) und daraus resultierende Vorschläge an die Führung zur Veränderung der Informationspolitik u.ä. angegangen.

Zu c) Sozialisationsleistung der Bundeswehr:

Erforschung von Faktoren des Zivillebens und tradierter Normen des Militärs (Befehl-Gehorsam, Disziplin, Uniformierung etc.), die bei der Anpassung des Rekruten an die Armee eine Rolle spielen.

Als Hauptproblem wird hier angesehen, daß die Verhaltensweisen, die der Wehrpflichtige aus dem Zivilleben als Ergebnisse seiner "primären Sozialisation" mitbringt, zum Teil den Normen des Militärs widersprechen und deshalb seine sog. "sekundäre Sozialisation", d.h. die Eingliederung in die militärische Institution, die Übernahme der Rolle des Soldaten erschweren (*"zivil-militärische Konfrontationsthese", Fleckenstein* u. *Schössler* 1973).

Eine Anzahl von Untersuchungen befaßt sich mit der Art und Weise, wie die Bundeswehr die "sekundäre Sozialisation" erreicht (z.B. *Klüver* 1979, *Treiber* 1973, *Lippert* et al. 1976) und mit Ursachen und Folgen ihres Nichtgelingens (z.B. *Feser* u. *Puzicha* 1971, *Feser* et al. 1973, *Feser* u. *Schenk* 1974). Die Folgen wie eigenmächtige Abwesenheit, Fahnenflucht, Drogenkonsum, Suizidversuche und Kriegsdienstverweigerung (!) werden zumeist in klinische Kategorien ("abweichendes Verhalten") eingeordnet und die Ursachen vorwiegend beim Individuum und seiner nichtgelungenen "primären Sozialisation" gesucht. Wer sich dem Militär anpaßt, ist geistig gesund, wer nicht, gilt als Neurotiker oder Psychopath:

"Neurotiker wird es immer geben, nur dürfen wir über deren Schicksal nicht diejenigen vergessen, die ebenfalls unter den Verhältnissen leiden, jedoch aus Loyalität und Pflichtgefühl heraus ihren Dienst verrichten und der Versagung gegenüber unter persönlichen Opfern Abwehrmechanismen mobilisieren. Für diese Menschen sollten die Verhältnisse so gestaltet werden, daß für sie eine Selbstverwirklichung möglich und der heutzutage gar nicht mehr selbstverständliche Wille zur Dienstleistung honoriert wird" (Klüver 1971, S.109).

Ein besonders eindrucksvolles Beispiel für die Klinifizierung von unangepaßtem Soldatenverhalten bietet das Nachschlagewerk des Psychiaters *Ziese* "Wehrpsychiatrie von A-Z" (1972). Hier einige Beispiele aus dem psychoanalytisch orientierten Werk:

Stichwort *Aufwiegelung: "In der Regel Psychopathen geltungssüchtiger und querulatorischer Prägung, Rechtsfanatiker, gelegentlich reifungsgehemmte junge Männer mit konfliktuösem Bezug zur Autorität, zum Teil Ideologiebildung. (Ödipusproblematik)..."*

Stichwort *Autoritätskonflikt: "Reifungshemmung, ödipale Problematik. Die Bundeswehr ist psychodynamisch gesehen "Vaterfigur". Rebelliert der junge Mann gegen den persönlichen Vater (verzögerte Reifung), so treten entsprechende Reaktionen bei allen "Ersatzvätern" auf, d.h. in der Lehre, beim Vorgesetzten, im Beruf, in der Bundeswehr. Autorität wird nicht anerkannt, Notwendigkeit einer Rangordnung mit autoritativer Komponente bestritten. Alles, was geeignet ist, Zwang auszuüben, wird abgelehnt. Erhaltenbleiben bzw. Verlängerung der Phase des Pubertätsprotestes gegen den Vater...".*

Stichwort *Eigenmächtige Abwesenheit: "... Durch psychopathische Mechanismen nach dem Lust-Unlustprinzip bei Über-Ich-Schwäche und Es-Haftigkeit ..."*

Stichwort *Gehorsamsverweigerung: "Querulation, psychotisches Geschehen, Psychopathie, aggressionsungehemmte Persönlichkeiten, Reifungshemmung, Neurose (konfliktuöser Bezug zur Autorität, Hysterie, Phobie oder Anankasmen mit Zwang vor (!) Gehorsam (...). Psychopathologisch finden sich mangelnde Selbststeuerung der Affekte, Affekte in übermäßiger Menge sowie mangelnde Steuerfunktion. Anale phallisch ödipale Problematik ..."*

Stichwort *Wehrdienstverweigerung: Ziese* berücksichtigt hier *"nicht die Wehrdienstverweigerer (...) aus echter Überzeugung und Gewissensentscheidung...".* Aber welche meint er dann? *"Häufig abnorme Persönlichkeiten mit Ich-Schwäche, starker Es-Problematik und schwachem bzw. defektem Über-Ich. Weiterhin Neurotiker mit den Symptomen der Angst vor einer Gemeinschaft, Angst vor der Nähe anderer Menschen, Angst vor der Waffe (Hoplophobie) und schwerer ödipaler Problematik ..."*

Zu d) *"Moral der Truppe":* Entgegen der eigentlichen Bedeutung des Begriffs Moral (von lat. *mores* – die Sitten – Sittlichkeit, Sittliches Verhalten) wird beim Militär als eine Bedingung für militärische Leistungsfähigkeit einer militärischen Einheit gebraucht. Wir wollen ihn deshalb im folgenden in Anführungszeichen setzen.

Die "Moral" der Truppe ist eng mit der Sozialisation in der Armee verbunden. Nach *Hofstätter* (1957) wird sie bestimmt durch den Grad des Vertrauens der Soldaten in Vorgesetzte, Gruppe, Waffen und Geräte, Verbündete und Überlegenheit der eigenen Weltanschauung. Die Grundlage der Forschungen der Bundeswehrpsychologie auf diesem Gebiet ist der *"human-relations-*Ansatz" (s. *Lippert* u. *Puzicha* 1977), d.h. es werden Einflüsse der Gruppenstruktur und des Führungsverhaltens auf die militärische Leistungsfähigkeit einer Truppe untersucht und daraus Handlungsanweisungen für die militärische Führung erarbeitet (vgl. Abschnitt "Militärpsychologie in den USA").

"Klinische Psychologie"

Die klinische Psychologie in der Bundeswehr umfaßt Diagnostik, Therapie und Prophylaxe bei Soldaten und Bediensteten der Bundeswehr, die Leistungs- und/oder Verhaltensstörungen zeigen (vgl. *Steege*, 1977). Dieses Gebiet, besonders der therapeutische Anteil, wird nach wie vor von den Militärpsychiatern dominiert. Den klinischen Psychologen fallen in den Bundeswehrkrankenhäusern hauptsächlich diagnostische Aufgaben zu. Die stärkere Beteiligung von Psychologen an der militärpsychiatrischen Arbeit wird jedoch neuerdings auch von Psychiatern gefordert (z.B. *Schrappe* 1980).

Die Psychologen des Psychologischen Dienstes der Bundeswehr haben sich in den letzten Jahren stark darum bemüht, auch therapeutische Aufgaben zu übernehmen. Besonders die Übernahme verhaltenstherapeutischer Techniken wird zur Zeit z.B. durch Teilnahme von Bundeswehrpsychologen an Kongressen ziviler Verhaltenstherapeuten und Einladungen ziviler Verhaltenspsychologen zu Bundeswehrtagungen forciert.

Das Interesse der Militärpsychologie an den behavioristischen Theorien und an verhaltenstherapeutischen Techniken wendet sich jedoch seit einigen Jahren von einer rein klinischen Anwendung hin zu ihrer erweiterten Verwendung im militärischen Bereich, um das Verhalten der Truppe zu beeinflussen:

> *"Der klinisch tätige Verhaltenstherapeut in der Bundeswehr betreibt keine Wehrpsychologie, wenn er Neurotiker behandelt (...). Viele Autoren (...) weisen darauf hin, daß man in der Beeinflussung von Menschen, ob man diese nun Manipulation, Überzeugung oder Werbung nennt, seit je nach verhaltenstherapeutischen Prinzipien vorgeht" (Leifert 1977, S.195 f.).*

Die Verwendung der Verhaltenstheorien in der Militärpsychologie befindet sich in der Bundesrepublik erst in einem Anfangsstadium, während sie in den USA schon weit vorangeschritten ist (s. dazu unten "Militärpsychologie in den USA").

"Psychologische Verteidigung"

Über dieses Gebiet existieren nur sehr wenige Veröffentlichungen, was wahrscheinlich weniger auf einen Mangel an Aktivitäten als auf die Geheimhaltung in diesem Bereich zurückzuführen ist. Psychologische Verteidigung oder Kriegsführung wird in der Bundesrepublik nicht zur Militär- oder Wehrpsychologie gezählt (s.o.).

Am Lehrgangsprogramm der "Schule der Bundeswehr für Psychologische Verteidigung" (PSVSBw) kann gezeigt werden, welche Themenbereiche das Gebiet umfaßt (nach *Willkomm* 1977):

> Die PSVSBw führt jährlich mehr als 40 Lehrgänge mit aktiven Soldaten, Reserveoffizieren, Mandatsträgern, Angehörigen des Reservistenverbandes und zivilen Beamten durch.
>
> Lehrgangsprogramm:
> - Psychologische Verteidigung als militärische Führungsaufgabe
> - Manipulation durch psychologische Beeinflussung und Propaganda im 2.Weltkrieg. Folgerungen für die psychologische Verteidigung.
> - Verteidigungspolitik als Bestandteil der Sicherheitspolitik
> - Informationen zum Rechtsextremismus in der BRD

- Informationen zum Linksextremismus in der BRD
- Diskussionsübung unter fachkundiger Anleitung zur Thematik der Auseinandersetzung mit Kommunisten und kommunistischen Gruppen
- Das Erleben und Verhalten des Menschen und seine Beeinflussung
- Planübung zu psychologischen Verteidigungsmaßnahmen (z.B. gegen eine Demonstration vor einem Kreiswehrersatzamt).

Zusammenfassung

Der Erste Weltkrieg bot den deutschen Psychologen, die bis dahin fast ausschließlich in Forschung und Lehre tätig gewesen waren (vgl. *Dorsch* 1971), erstmals die Gelegenheit, als Militärpsychologen ihre Forschungsergebnisse in einem größeren Umfang praktisch anzuwenden. Viele ergriffen diese Chance, sich zu etablieren, ohne erkennbares Zögern.

Im Gegenteil, viele von ihnen agierten auch als Apologeten dieses bis dahin schlimmsten aller Kriege in der menschlichen Geschichte. Auch als der Krieg beendet war, das Grauen und das Elend, das er verursacht hatte, in vollem Umfang sichtbar wurden und die Mitschuld Deutschlands an seinem Ausbrechen nicht mehr geleugnet werden konnte, erhoben sich in der deutschen Psychologenschaft keine hörbaren kritischen und selbstkritischen Stimmen.

Die Ausnutzung der Militärpsychologie als Motor für die Etablierung einer Angewandten Psychologie wurde nach dem Kriege fortgesetzt. Die Ergebnisse der Heerespsychotechnik und der charakterologischen Offiziersanwärterprüfungen ermutigten auch andere staatliche Institutionen (z.B. die Reichspost) und die Industrie, psychologische Arbeitsstellen zu schaffen. Die Weltwirtschaftskrise am Ende der 20er Jahre ließ diesen Aufschwung, zu dem der Erste Weltkrieg der angewandten Psychologie mitverholfen hatte, wieder erlahmen (vgl. *Thomae* 1977). Auch die akademische Stellung der Psychologie war in jener Zeit, verglichen mit anderen Fächern, noch sehr schwach (vgl. *Geuter* 1979).

Viele Psychologen sahen dann in der Machtübernahme der Nationalsozialisten eine Gelegenheit, die Stellung ihrer Wissenschaft auszubauen, indem sie sich den neuen Herren andienten und versuchten, die nationalsozialistische Ideologie theoretisch-psychologisch zu untermauern. Auch bot sich für sie die Möglichkeit an, lästige jüdische Kollegen und solche, die mit der Naziideologie nicht konform gingen, ein für allemal loszuwerden. Besonders die intensiven Kriegsvorbereitungen der Hitlerregierung boten sich für ihre Zwecke an. Der schnelle Auf- und Ausbau der Wehrmacht schuf eine für damalige Verhältnisse große Anzahl von Arbeitsplätzen für Psychologen im Anwendungsbereich. Diese Nachfrage von seiten des Militärs war wohl der hauptsächliche Anlaß für die Schaffung eines gestrafften, einheitlichen Ausbildungsganges, der "Diplomprüfungsordnung für Psychologen" von 1941, der wiederum den Ausbau der psychologischen Lehrkapazitäten an den Universitäten forcierte (vgl. *Kroh* 1941, *Mitze* 1972, *Thomae* 1977).

Die Auflösung der Heeres- und Luftwaffenpsychologie mitten im Krieg zeigt dann allerdings, daß – abgesehen vom geringen Wert von Selektionsmaßnahmen, wenn die Nachfrage nach Personal das Angebot übersteigt – die nationalsozialistischen Machthaber den Wert der Wehrmachtspsychologie geringer einschätzten als die Psychologen selbst.

Die Chancen, die der Zusammenbruch des 3.Reiches für einen radikalen Neubeginn, an dessen Anfang eine gründliche und offene Auseinandersetzung mit der Rolle der Psychologie im Nationalsozialismus hätte stehen können, bot, wurden nicht wahrgenommen. Die aktive Mithilfe der Wehrmachtspsychologie bei den Angriffskriegen der Nazis war kein Gegenstand der Reflexion darüber, wie eine Wissenschaft von einem totalitären Regime mißbraucht werden kann und sich mißbrauchen läßt. Die Auflösung der Heeres- und Luftwaffenpsychologie wurde nach dem Kriege von vielen bedauert, daneben aber auch als "Beweis" dafür genommen, daß sich der Nationalsozialismus und die deutsche Psychologie nicht vertragen hätten. Manche versuchten sogar, die Wehrmachtspsychologie nach dem Krieg – zumindest zwischen den Zeilen – in eine Verbindung mit dem Widerstand gegen das Regime zu bringen.

Als sich der Aufbau einer neuen Armee, der Bundeswehr, abzuzeichnen begann, bemühten sich die inzwischen zum großen Teil in hohe Stellungen in den Universitäten aufgestiegenen ehemaligen Wehrmachtspsychologen und ihre Verbände – besonders der BDP – mit großem Eifer darum, bei dieser neuen "Wehrmacht" wieder dabei zu sein, was nach einigen Schwierigkeiten auch gelang: der erste Leiter der Bundeswehrpsychologie war ein ehemaliger Wehrmachtspsychologe.

Der erhoffte Aufschwung für die Psychologie durch die Einrichtung des Psychologischen Dienstes der Bundeswehr blieb allerdings weitgehend aus. Die Hochschulabsolventen zogen andere Stellen außerhalb der Bundeswehr vor: diese versuchte daher lange Zeit, durch Vergabe von Stipendien an Psychologiestudenten, die sich als Gegenleistung für einige Jahre zur Arbeit im Psychologischen Dienst der Bundeswehr verpflichten mußten (s. *Mitze* 1971), dem Mangel an Militärpsychologen zu begegnen.

Die Bundeswehrpsychologie hat bis heute bei weitem nicht die Bedeutung erlangt, die sich ihre Gründer in den 50er Jahren von ihr erhofft hatten. Ihre inhaltlichen und personellen Verbindungen zur akademischen Psychologie der Bundesrepublik sind bisher erstaunlich wenig entwickelt, was u.a. mit dem – man weiß nicht, soll man sagen erschreckend oder erfreulich niedrigen wissenschaftlichen Niveau vieler Veröffentlichungen der Bundeswehrpsychologen in den einschlägigen Organen zusammenhängt. Es fehlt jedoch nicht an Bemühungen von seiten der Bundeswehrführung, diese Verbindungen zu verstärken und zu erweitern. Man muß dabei nur an die zahlreichen Beziehungen denken, welche die Bundeswehr im Rahmen von Forschungsaufträgen zu psychologischen und soziologischen Instituten innerhalb und außerhalb der Universitäten unterhält.

B. Militärpsychologie in den USA

1. Anfänge der Militärpsychologie der USA

Der Beginn der Militärpsychologie in den USA läßt sich an einem genauen Datum festmachen, dem 6.April 1917 – dem Tag, an dem die USA dem Deutschen Reich den Krieg erklärten und so in den 1.Weltkrieg eintraten. Die Nachricht vom Kriegseintritt erreichte das Führungsgremium der *"American Psychological Association"* (APA) auf seinem Jahreskongreß, und deren Vorsitzender *Yerkes* ergriff sofort die Initiative. Er informierte noch am selben Tag die *"Council members"* (Ratsmitglieder) der APA und mobilisierte so fast die gesamte Psychologenschaft des Landes zur Mitarbeit bei der Lösung der Probleme des *"Department of War"* (Kriegsministerium). Unter *Yerkes'*

Leitung wurde ein Psychologenkomittee mit zwölf Subkomittees gegründet, in dem die bekanntesten Namen der damaligen amerikanischen Psychologie vertreten waren (u.a. *Angell, Boring, McKeen, Cattell, Dodge, Seashore, Terman, Thorndike, Watson, Whipple, Woodworth*).

Die Aufgabenstellung dieser Komittees waren: Untersuchung von Rekruten, Ausbildung und Spezialtraining, Untüchtigkeit, militärisches Training, Gefühlsstabilität, Motivation, Erholung, besondere Fähigkeiten, Flugwesen, Probleme des Sehens, psychologische Literatur, Tests für Täuschung (vermutl. Tests zur Entlarvung von Simulanten; d.A.), ein Psychologiekurs für das *"Student Army Training Corps"* und Propaganda (*Bray* 1968, S.333; dtsch. d. A.).

Die größte Bedeutung während des Krieges erlangte das *"Comittee on Methods of Psychological Examining of Recruits"* (Komitee zur Entwicklung von Testmethoden für Rekruten; d.A.). Es arbeitete sehr schnell und effektiv. Schon im August 1917 – vier Monate nach seiner Gründung – konnte es eine Testbatterie vorlegen, die nach einigen Vorversuchen und Veränderungen Anfang 1918 offiziell eingeführt und angewendet wurde (vgl. *Lipmann* 1922, *Sperling* 1968).

Anders als dem Deutschen Reich stand den USA zum Zeitpunkt ihrer Kriegserklärung nur ein kleines Berufsheer zur Verfügung. Die Teilnahme am 1. Weltkrieg erforderte jedoch ein Millionenheer, das in kürzester Zeit aus Männern rekrutiert werden mußte, die noch nie militärische Tätigkeiten ausgeführt hatten und über deren militärische Fähigkeiten man nichts wußte. *Terman*, der Leiter des Rekrutierungskomittees beschreibt, wie diese Probleme angegangen wurden:

> "*Solange sie* (die Armee; d.A.) *nichts als ein zusammengewürfelter Haufen ist, kann sie leicht von einer ausgebildeten Armee vom zwanzigsten Teil ihrer Größe besiegt werden (...). Bevor der Haufen in eine Armee verwandelt werden kann, sind zwei Arten von Klassifizierung und Auslese gleichermaßen wichtig und notwendig: (1) aufgrund der vorangegangenen Beschäftigung* (im Zivilleben; d.A.) *und (2) aufgrund der geistigen Fähigkeit" (Terman 1918 B, S.177 f.).*

Im weiteren geht *Terman* auf den zweiten der von ihm genannten Punkte ein und legt dar, warum die amerikanische Militärpsychologie soviel Wert auf das Testen der Intelligenz der Rekruten legt:

> *"Die Bedeutung der Auslese aufgrund der geistigen Fähigkeiten wird erhöht durch die Tatsache, daß die Mehrheit der Männer, die in die Armee eintreten, mit Aufgaben betraut werden müssen, die wenig gemein haben mit dem Beruf, den sie im Zivilleben ausgeübt haben. Sie müssen ihre neuen Aufgaben von Grund auf erlernen, und die Geschwindigkeit, mit der sie dies tun, hängt wesentlich von ihrer Intelligenz ab" (Terman* 1918 B, S.178).

Aufgrund solcher Überlegungen wurden Intelligenztestbatterien auf der Basis der Stanford-Binet-Skala entwickelt: die Gruppentests "Army-Alpha" für Rekruten, die englisch lesen und schreiben konnten, und den sprachfreien "Army-Beta" für Analphabeten und Einwanderer, welche die englische Sprache noch nicht beherrschten.

Die Einführung von Gruppentests ermöglichte es, mit relativ geringem Personalaufwand eine große Anzahl von Rekruten in sehr kurzer Zeit zu untersuchen. Die angegebenen Zahlen der zwischen dem Beginn des Einsatzes der Army-Tests und dem Ende des Ersten Weltkrieges Getesteten liegt zwischen 1,75 und 2 Millionen.

Die Hauptziele dieser Massentestung waren:

1. Das Auffinden überdurchschnittlich Begabter für höhere Laufbahnen,
2. Aussonderung von geringer Begabten, welche die Ausbildung der anderen hemmen könnten und ihre Zuweisung zu sog. *"labor"* – oder *"development battalions"*, wo sie meist körperliche Arbeiten, wie z.B. das Ausheben von Schützengräben, zu verrichten hatten.
3. Formierung von Einheiten aus Soldaten mit etwa gleich hohem Intelligenzquotienten,
4. Selektion von Geeigneten für verschiedene spezielle Tätigkeiten,
5. Ausmusterung derjenigen, deren geringe geistige Fähigkeiten eine Last oder eine Bedrohung für die Truppe bedeuten könnte (zu 1.-5. vgl. *Terman* 1918 A, S.160 und ders. 1918 B, S.179).

Die anderen oben genannten Aufgaben der militärpsychologischen Komittees traten in ihrer Bedeutung gegenüber der Entwicklung und Anwendung der Armeeintelligenztests weit in den Hintergrund. Lediglich die Entwicklung und Erprobung von Trainingsmethoden bei der Marine, die Erforschung von Effekten, die die Situation des Fliegens auf das Flugpersonal ausübt und die Entwicklung und Verbesserung der Gasmaske – die ersten Anfänge des *"human engineering"* bei der Armee – erlangten einige Bedeutung (vgl. *Uhlaner* 1977, S.226).

Das Interesse an der Militärpsychologie nahm in den USA mit dem Ende des Krieges stark ab. Die Armee schätzte ihren Wert bedeutend geringer ein als die Psychologen, wendete sich von ihr ab und kehrte zu ihren traditionellen Rekrutierungs- und Trainingsmethoden zurück. Und das, obwohl die Psychologen vor diesem Schritt eindringlich warnten:

> *"... ich fürchte, daß andere Nationen die psychologischen Analysen aufnehmen werden, während wir sie liegen lassen, und daß sie sie zu einer wirklichen Militärpsychologie entwickeln werden, die tödlicher wirken wird als ein 42-cm-Geschütz" (Dodge 1919, zit. n. Lipman 1922, S.259).*

Trotzdem blieben die US-Militärs bei ihrer Zurückhaltung, und die jährliche Anzahl von militärpsychologischen Publikationen sank in den 20er und 30er Jahren rapide ab. Erst Anfang 1939, als sich ein neuer großer Krieg abzuzeichnen begann, wurde die psychologische Arbeit für das Militär wieder aufgenommen.

Dennoch hatten die militärpsychologischen Anstrengungen des 1.Weltkrieges der zivilen amerikanischen Psychologie der 20er Jahre entscheidende Impulse gegeben. Vor dem Krieg hatten sich die Klagen der Psychologen über die geringe Beachtung und Unterstützung ihrer Wissenschaft durch Regierung und Öffentlichkeit gehäuft (s. *Camfield* 1973, S.66 ff., *Samuelson* 1977, S.274 ff.). Dies änderte sich jedoch nach dem Krieg. Der Masseneinsatz von Tests in der Armee weckte das Interesse der Behörden und der Wirtschaft an der Testpsychologie. Von beiden Seiten wurden Aufträge zur Entwicklung und Anwendung von Fähigkeits- (meist Intelligenz-)Tests erteilt. Auf diese Weise wurde auch für den "Mann auf der Straße" Psychologie allmählich zu einem Begriff; aufgrund der einseitigen Entwicklung jedoch vor allem als Testpsychologie.

Auch hatte der Krieg der psychologischen Forschung mit den Ergebnissen von annähernd zwei Millionen Tests eine riesige Anzahl von Daten hinterlassen, die in den Nachkriegsjahren systematisch ausgewertet wurden. Man hielt jedoch die Testergebnisse für den Ausdruck grundlegender Fähigkeiten und vernachlässigte die Einflüsse des sozialen und kulturellen Umfeldes, wie z.B. Erziehung und Bildung, auf die Intelligenzwerte, und kam so zu Ergebnissen, die für manche gesellschaftliche Gruppen fatale Auswirkungen hatten, z.B. daß

1. das durchschnittliche Intelligenzalter des amerikanischen Soldaten 13 Jahre beträgt; ein Intelligenzalter von 12 Jahren für einen Erwachsenen wurde als Obergrenze für Schwachsinn betrachtet; dieses Ergebnis hatte großen Einfluß auf die Nachkriegsdebatte über Eugenik, Rassendiskriminierung, Demokratie und Schulerziehung;
2. die geistigen Fähigkeiten der schwarzen Soldaten weit unter denen ihrer weißen Kameraden liegen; es schien also, daß die soziale Struktur der Gesellschaft mit ihrer Rassendiskriminierung das "gerechte" Ergebnis angeborener Fähigkeiten bzw. Unfähigkeiten war;
3. die Intelligenz von Einwanderern aus Südeuropa niedriger ist als die derjenigen aus Nordeuropa; dieses Ergebnis paßte gut in die damalige Diskussion über die Einschränkung von Einwanderungen aus Südeuropa, die in einem die Südeuropäer diskriminierenden neuen Einwanderungsgesetz (1924) gipfelte (vgl. dazu *Samelson* 1977).

Samelson zieht auch das Fazit aus dieser ersten, testpsychologischen Phase der amerikanischen Militärpsychologie:

> *"Die Psychologie war tatsächlich von allgemeinem Interesse geworden. Andererseits wurde der Preis für diesen Erfolg teilweise von einigen der Subjekte der Psychologen bezahlt: Einwanderern, Schwarzen, den unteren Klassen und anderen, die mit dem Etikett geistiger Minderwertigkeit versehen wurden" (Samelson 1977, S.280).*

2. Die Militärpsychologie der USA im 2.Weltkrieg

Wie erwähnt wurde der weitere Ausbau der Militärpsychologie erst wieder ab 1939 betrieben. Es wurde zunächst eine Abteilung für das Testen von Personal (*"Personal Testing Section"*) beim Büro für Kriegsplanung (*"War Plans Office"*) eingerichtet, der später, im gleichen Jahr, weitere Arbeitsgruppen beim Kriegsministerium und innerhalb des Nationalen Forschungsrates (*"National Research Council"*) für verschiedene psychologische Aufgaben folgten.

Die größten Anstrengungen galten zunächst wiederum der Entwicklung eines Gruppentests zur Messung intellektueller Fähigkeiten. Bei der Entwicklung dieses Tests, dem *"United States Army General Classification Test"* (AGCT) versuchte man jedoch, einige der Fehler aus dem 1.Weltkrieg zu vermeiden. Man nannte die Untertests dieser Testbatterie nicht mehr IQ-Tests, um die leidige Diskussion über Intelligenzalter, angeborene geistige Fähigkeiten u.ä. von vornherein zu unterbinden (vgl. *Samelson* 1977, S.279). Das Hauptkriterium des AGCT war *"trainability"*, also die Fähigkeit, eine militärische Ausbildung erfolgreich abzuschließen. Mit ihm und seinen weiterentwickelten, für spezielle Messungen abgewandelten Formen wurden bis zum Ende des 2.Weltkrieges etwa 12 Millionen Personen untersucht (vgl. *Uhlaner* 1968, 1977). Weitere *"aptitude"*-Tests zur Messung spezieller Fähigkeiten für Mechaniker, Büropersonal, Piloten, Flugnavigatoren, Bombenschützen etc. wurden während des Krieges entwickelt.

Die Erkenntnis, daß die Kampfkraft einer Truppe nur zum Teil von den intellektuellen Fähigkeiten ihrer Mitglieder abhängt und zum großen Teil vom Interesse und der Motivation der Soldaten bestimmt wird, führte zum verstärkten Einsatz von Soziologen und Sozialpsychologen während des Krieges. Der Erfolg einer ersten Repräsentativuntersuchung Ende 1941 über Fragen der Ausbildung und Führung militärischer Gruppen regte die Armeeführung dazu an, eine Spezialabteilung für sozialwissenschaftliche Untersuchungen einzurichten, die bis Kriegsende etwa 200 bis 300 Untersuchungen durchführte (vgl. *Rogmann* u. *Ziegler* 1977).

Ergebnisse und Methoden der gesamten sozialwissenschaftlichen Untersuchungen während des 2.Weltkrieges wurden nach dem Krieg von *Stouffer* et al. in dem vierbändigen Werk *"The American Soldier"* (1949/1959) veröffentlicht. Dieses befaßt sich mit Problemen wie: Anpassung des Soldaten an die Armee, soziale Mobilität, Führungsverhalten, soziale Kontrolle, Haltung der Soldaten zum Krieg, Verhalten und Stellung von Farbigen in der Armee, Bedeutung der Gruppe für Kampfverhalten und "Kampfmoral", Vorhersagemöglichkeiten des Auftretens neurotischer und psychotischer Symptome in Kampfsituationen, methodische Probleme (Probleme der Umfragetechnik, Meß- und Skalierungsprobleme) etc.

Der Einfluß der Primärgruppe (*"face-to-face-group"*) auf das Kampfverhalten und die sog. "Kampfmoral" des einzelnen Soldaten erregte in besonderem Maße das Interesse der Sozialwissenschaftler. Man kam nämlich zu dem überraschenden (und schockierenden) Ergebnis, daß der Soldat nicht, wie man bis dahin angenommen hatte, für abstrakte Begriffe wie Vaterland oder Ehre oder für nationale Kriegsziele und Symbole oder aus Haß auf den Feind oder aus Angst vor Bestrafung wegen Feigheit kämpft, sondern daß die meisten Soldaten für ihren unmittelbaren Vorgesetzten und den Bestand der kleinen "informellen" Gruppe, der sie sich zugehörig fühlen, kämpfen (vgl. *Stouffer* et al. 1949/50, *Marshall* 1947, *Bigler* 1963). Man erkannte, daß neben der "formalen" Struktur, dem von der Führung geplanten Aufbau einer Armee (oder jeder anderen Organisation) mit festgelegten Kommunikationskanälen und Regeln, die das Verhalten der Mitglieder bestimmen, zwangsläufig und spontan innerhalb einer kleinen überschaubaren Gruppe eine "informelle" Struktur entsteht. Die Mitglieder dieser Kleingruppe entwickeln affektive Beziehungen zueinander (Freundschaft, Rivalität etc.), und die Gesamtheit dieser Beziehungen bildet die informelle Gruppenstruktur. Die Stärke dieser Bindungen hat innerhalb einer kämpfenden Gruppe einen entscheidenden Einfluß auf ihre "Kampfmoral".

> *"Die Loyalität zur kleinen Gruppe überragt die Loyalitätsgefühle zur Organisation und zum Land. Der Soldat kämpft entschlossen für das Fortbestehen dieser Friedensinsel inmitten des Meeres der Unsicherheit und Feindseligkeit" (Bigler 1963, S.51)*

Diese Ergebnisse wurden durch Untersuchungen nach dem Krieg an der Zivilbevölkerung der ehemals gegnerischen Länder (z.B. *Shils* u. *Janowitz* 1954) bestätigt. Nach weiteren Forschungen in Korea und Vietnam mußten sie jedoch teilweise revidiert und modifiziert werden (s.u.).

Eine weitere aufsehenerregende Erkenntnis aus dem 2.Weltkrieg übte starken Einfluß auf die Militärpsychologie der USA aus. *Marshall* hatte durch Untersuchung von etwa 400 Kompanien direkt nach einem Kampfeinsatz festgestellt, daß nur etwa 15% der Soldaten während des Kampfes ihre Schußwaffe benutzt hatten. Dieser Prozentsatz (*Watson* nennt diese Rate "Killereffizienz", s. 1982, S.51) war unabhängig von der Dauer des Kampfes; es waren auch immer dieselben Soldaten, die schossen. Selbst bei Elitetruppen und in Situationen, in denen die Einheiten eingekesselt waren, lag der

Anteil der Soldaten, die von der Waffe Gebrauch machten, höchstens bei 30% (s. *Marshall* 1947).

Diese Ergebnisse, die bei den zuständigen Stellen zunächst Unruhe ausgelöst hatten, eröffneten nun die Möglichkeit, mittels psychologischer und sozialwissenschaftlicher Methoden die Feuerkraft kämpfender Einheiten dadurch zu erhöhen, daß man den Anteil der schießenden Soldaten (*"fighters"*) in diesen Einheiten vergrößerte. Die militärpsychologische Forschung konzentrierte sich zunächst darauf, Persönlichkeitsunterschiede zwischen *"fighters"* und *"non fighters"* zu erfassen, um dann durch Selektion und geeignete Ausbildungsmaßnahmen die Rate der *"fighters"* in den Kampfeinheiten zu erhöhen (vgl. *Watson* 1982, S.50 ff.) Die ersten großen Anstrengungen in dieser Richtung wurden dann nach dem Koreakrieg unternommen, in dem *Marshall* in einer neuen Studie zwar wesentlich höhere Anteile von *"fighters"* (ca. 50%) fand als im 2.Weltkrieg, was die Militärs aber noch nicht befriedigte. Forschungen zur Erhöhung der "Killereffizienz" werden bis heute unternommen (s.u.).

Von 1942 an wurden die ersten klinischen Psychologen bei der Armee eingesetzt. Ursprünglich war man davon ausgegangen, daß das Auftreten psychopathologischer Symptome an der Front durch die Anwendung von *"Screening-*(Sichtungs-)Verfahren" bei der Musterung auf ein Minimum reduziert werden könnte. Dies erwies sich jedoch als Fehlkalkulation (s. dazu das Kapitel "Militärpsychiatrie in den USA"); als Folge wurden die psychologischen Testmethoden zugunsten der schon im 1.Weltkrieg in anderen Ländern angewendeten "frontnahen Psychiatrie" (*"forward psychiatry"*) für den weiteren Verlauf des Krieges eingeschränkt und die klinischen Psychologen – am Ende des Krieges waren es etwa 250 – in den neurologischen und psychiatrischen Abteilungen der Lazarette eingesetzt (vgl. *Uhlaner* 1968).

Unter der Leitung von *Eisenhower* lief nach dem Krieg ein riesiges interdisziplinäres Forschungsprojekt an der Columbia-Universität an, an dem Soziologen, Psychologen und Psychiater beteiligt waren. Ziel war es, die Ursachen für effektive und ineffektive Dienstausübung von Soldaten umfassend zu ergründen. Die Ergebnisse sind in dem dreibändigen Werk *"The Ineffective Soldier"* (*Ginzberg* et al. 1959) dokumentiert. Zahlreiche andere Forschungs- und Anwendungsgebiete der Psychologie wurden während des 2.Weltkrieges in den Dienst der Armee gestellt. Einige Beispiele:

- das Fach *"human engineering"* erlebte hauptsächlich in den Diensten der Marine und der Luftwaffe seinen ersten großen Aufschwung.
- Methoden der psychologischen Inhaltsanalyse fanden große Beachtung. Unter der Leitung von *Laswell* wurde eine Gruppe gegründet, welche die Weltpresse analysierte, um öffentliche Meinung, Absichten politischer Führungspersönlichkeiten und militärische Pläne gegnerischer Länder aufzudecken.
- *Allports* und *Postmans* vielbeachtetes Werk über die "Psychologie des Gerüchtes" (1947) basiert auf Forschungen im Auftrag der Armee während des Krieges (s. dazu *Silbermann* 1974, S.278 ff.).
- *Skinner* arbeitete an einem Projekt für den Einsatz von Tauben zur Steuerung von abwehrraketen (*Skinner* 1960). Nach dem Krieg wurden weitere Forschungen über die Möglichkeiten, die Eigenschaften bestimmter Tierarten für militärische Zwecke nutzbar zu machen, durchgeführt (z.B. Wale und Delphine als "Minenräumer", Hunde zum Aufspüren von Sprengstoffen und zur Entdeckung versteckter Guerillakämpfer, Tauben als "Spione" u.ä.; ausführl. Beschreibung bei *Watson* 1978, S.182 ff.).

Dies sind nur einige Projekte und Aktivitäten, an denen amerikanische Psychologen während des 2.Weltkrieges im militärischen Auftrag beteiligt waren. Einzelheiten finden sich in den oben angeführten und zitierten Werken der US-Militärpsychologie und ausführlichere Aufzählungen der Projekte, Aktivitäten und Institutionen u.a. bei *Melton* 1957, *Bray* 1968, *Sperling* 1968, *Uhlaner* 1968, 1977, *Crawford* 1970, *Geuter* u. *Kroner* 1981.

3. Die Militärpsychologie der USA nach dem 2.Weltkrieg

Nach dem 2.Weltkrieg erlahmte das Interesse des Militärs an der Psychologie nicht, wie es nach dem 1.Weltkrieg der Fall gewesen war. Die militärische Führung erkannte vielmehr, daß sie für ihre speziellen Bedürfnisse auch in Friedenszeiten psychologische Forschungseinrichtungen brauchte und eigene Institutionen, die psychologisches Wissen in der Armee anwendeten. So wurden viele der während des Krieges geschaffenen Einrichtungen beibehalten und je nach dem, welche Probleme die aktuelle militärische und politische Lage für die Armee aufwarf, neue geschaffen oder bestehende der veränderten Situation angepaßt. Das Verteidigungsministerium finanzierte zusätzlich zahlreiche Forschungsprogramme, die an Universitäten und anderen zivilen Institutionen durchgeführt wurden. Die APA hatte schon 1944 eine spezielle militärpsychologische Unterabteilung ("Division 19") gegründet. Sie besteht bis heute.

Man begann, die Erfahrungen, die der Krieg für die Militärpsychologie gebracht hatte, systematisch auszuwerten. Der einsetzende "Kalte Krieg" und der damit einhergehende Rüstungswettlauf stellte den für das Militär arbeitenden Wissenschaftlern in zunehmendem Maße die Aufgabe, sich mehr als bisher damit zu befassen, wie mit möglichst geringen Kosten die Schlagkraft militärischer Einheiten optimiert werden könnte. Die Militärpsychologie konzentrierte sich auf die optimale Ausschöpfung der für militärische Zwecke zur Verfügung stehenden menschlichen Reserven (*"human resources", "manpower resources"*).

Der Zweite Weltkrieg hatte erwiesen, daß durch Selektion und Klassifikation allein diese Probleme nicht gelöst werden konnten. Waffensysteme, Taktiken und Strategien wurden immer komplizierter, die Wirkung der Waffen immer verheerender. Es galt also auf der einen Seite durch Selektion und Klassifikation, durch spezielle Ausbildungs- und Trainingsmethoden und durch die gegenseitige Anpassung von Mensch und Kriegsgerät militärische Einheiten und Systeme technisch zu effektivieren und auf der anderen Seite die Soldaten durch sozialpsychologische, klinisch psychologische und psychiatrische Methoden psychisch auf die Gegebenheiten des modernen Krieges einzustellen.

Die *Human-Resources*-Forschung konzentrierte sich auf Selektion, Training, Tätigkeitsanalysen. Entwicklung von Trainings- und Ausbildungstechniken, Ergonomie und das Zusammenwirken all dieser Elemente in integrierten Systemen (*"system-approach";* vgl. *Melton* 1957, *Windle* u. *Vallance* 1964).

Die Dominanz des Themas *Human-Resources* bis in die frühen 60er Jahre wird verdeutlicht durch die Dominanz des *"Human-Resources Research Office"* (HumRRO) in jener Zeit, das bis 1969 zur George Washington Universität gehörte und bis heute als "unabhängige" (60-65% seiner Mittel stammen aus dem Miliärbudget, s. *Watson* 1978, S.462) Institution existiert. Die Forschungen auf diesem Gebiet nehmen auch heute noch einen bedeutenden Platz in der US-Militärpsychologie ein. Anfangs der 60er Jahre gewann jedoch, wohl im Zusammenhang mit den zunehmenden Verwicklungen der USA in Ländern der 3.Welt, ein anderer Zweig der Militärpsychologie an Bedeutung, der grob mit dem Begriff "counter-insurgency" (etwa "Aufstandsbekämpfung") umrissen wird.

Im folgenden sollen zunächst die wichtigsten Gebiete der *Human-Resources*-Forschung mit einigen Experimenten und Resultaten und danach der Bereich der *Counter-Insurgency*-Forschung dargestellt werden.

Der größte Teil der militärpsychologischen Forschungen und ihrer Ergebnisse unterliegt mehr oder weniger strenger Geheimhaltung. Militärpsychologische Artikel in den zivilen amerikanischen Wissenschaftsjournalen sind oft recht allgemein gehalten und für den Zweck unserer Analyse bisweilen wenig aufschlußreich. Auch werden häufig Forschungsergebnisse aus Projekten, die ganz oder zum Teil aus dem Militärbudget finanziert werden, in einer geheim gehaltenen Version für das Militär und einer öffentlich zugänglichen "zivilen" Version veröffentlicht, an der nicht zu erkennen ist, daß es sich ursprünglich um militärische Auftragsforschung handelte. Ein Beispiel dafür ist die berühmte Gefängnisstudie von *Zimbrado* (*Haney* et al. 1973, s.u.).

1978 erschien das schon mehrmals angeführte Werk *"War on the mind"* (deutsch: Psychokrieg, 1982) von *P. Watson*. Der Autor ist Journalist und hatte zwischen 1973 und 1978 die einmalige Gelegenheit, militärpsychologische Institutionen in Nordamerika, Europa und im Nahen Osten zu besuchen – er zählte insgesamt 146 in den von ihm besuchten Ländern, 130 davon in den USA – und ihre Archive und Bibliotheken einzusehen. Er beschreibt eine große Anzahl von Experimenten und Studien, die sonst nicht öffentlich zugänglich sind. Aus dieser Quelle wird im folgenden mehrfach zitiert.

a) Human-Resources-Forschung

Hier sollen die drei wichtigsten Gebiete der Human-Resources-Forschung und ihre Entwicklung seit dem Zweiten Weltkrieg:

- Selektion und Training
- Sozialpsychologie
- Klinische Psychologie

und ein weiteres Gebiet, das in einer gewissen Weise zwischen *Human-Resources-* und *Counter-Insurgency*-Forschung angesiedelt ist, nämlich die Psychologie der Gefangenschaft, beschrieben werden.

Selektion und Training

Wie bereits oben erwähnt galt der Auslese von Soldaten mit guten "Killerqualitäten" das Hauptaugenmerk der militärpsychologischen Forschung in den ersten Jahren nach dem 2.Weltkrieg. Im Korea-Krieg wurden dazu umfangreiche Untersuchungen direkt in den kämpfenden Einheiten unternommen. Eine der differenziertesten ist dabei die Untersuchung des HumRRO (nicht veröffentlicht, dokumentiert bei *Watson* 1982, S.5 ff.).

Das Forschungsteam führte Interviews mit Soldaten aus drei Infanteriedivisionen nach ihrer Rückkehr aus verschiedenartigen Kampfeinsätzen durch und unterzog sie 86 psychologischen Tests; es wurden Unterschiede zwischen *"fighters"* und *"non fighters"* u.a.. in folgenden Bereichen gefunden:

- beim militärischen Rang: höherrangige Soldaten hatten bessere Kämpferqualitäten;
- den Intelligenztestwerten: Soldaten mit höherem IQ kämpften besser als die mit niedrigem. Der Befund, daß die Testintelligenz bei den untersuchten Kampfeinheiten (IQ-Mittelwert: 70) weit unter dem Durchschnitt der Gesamtbevölkerung (IQ = 100) liegt, weist darauf hin, daß es den intelligenteren jungen Männern eher

gelingt, dem Wehrdienst überhaupt oder aber dem Einsatz in Einheiten, die direkt in Kämpfe verwickelt werden, zu entgehen (s.u.);

- "Maskulinität", "emotionale Stabilität": hohe Werte auf diesen Skalen weisen den "guten Kämpfer" aus;
- "Sinn für Humor": "gute Kämpfer" ziehen den "beißenden Sarkasmus (...) flacheren Formen des Humors" vor;
- Körperbau: "gute Kämpfer" sind eher "mesomorph" (athletisch) gebaut und haben ein höheres Körpergewicht;
- Vorgeschichte: "gute Kämpfer" kommen aus geordneten Familienverhältnissen, sie machen ihre ersten sexuellen Erfahrungen später und haben eine weniger "liberale" politische Einstellung als die "schlechten Kämpfer"; als wichtiger Faktor erweist sich auch in späteren Untersuchungen (z.B. in Israel) die Stellung des Soldaten in der Geschwisterreihe, wobei sich zeigte, daß Erstgeborene im allgemeinen im Kampf ein ängstlicheres Verhalten an den Tag legten als jüngere Geschwister.

Anhand dieser und anderer Daten begann man nun Selektionsinstrumente zu entwickeln, die in der Lage waren, "gute" und "schlechte" Kämpfer von vornherein zu identifizieren, um so optimale Kampfeinheiten zusammenstellen zu können.

In jüngerer Zeit gibt es Versuche, zwischen "technologischen" und "direkten" Kämpfern zu unterscheiden. Auf dem "NATO-Symposium für Angewandte Militärpsychologie" 1971 traf der Referent *Shalit* die Unterscheidung zwischen dem: *"Kämpfer vom Typ 1"*, der dem Feind direkt gegenübersteht, töten muß und im Falle seines Versagens selbst verletzt oder getötet wird, und dem *"Kämpfer vom Typ 2"*, dem "technologischen Kämpfer" ohne direkten Feindkontakt, der auf den Knopf drückt und die Auswirkungen seiner Aktionen nicht direkt wahrnehmen kann.

Die üblichen Selektions- und Ausbildungstechniken des Militärs seien geeignet, Zivilisten zu "Kämpfern vom Typ 2" zu machen. Für den "Typ 1" sei die wichtigste Eigenschaft, mit der direkten Belastung des Kampfes fertigzuwerden. *Shalit* hat ein Ausleseinstrument entwickelt, das es ermöglichen soll, Soldaten mit dieser Eigenschaft auszulesen (s. dazu *Olbrich* 1972, S.93 ff.).

Andere Untersuchungen gelten der Frage, ob und inwieweit "eingeschränkt Taugliche", also geistig oder körperlich behinderte Männer (*"marginal men"*) und Vorbestrafte nutzbringend beim Militär verwendet werden könnten. Schon im 2.Weltkrieg hatte man spezielle Fähigkeitstests und Ausbildungsmethoden für geistig behinderte Soldaten benutzt. In den ersten Nachkriegsjahren kam man dann zu dem Ergebnis, daß etwa 50% dieser Männer durch geeignete Maßnahmen zu voll einsatzfähigen Soldaten gemacht werden könnten. Ein im Jahre 1953 begonnenes großes Forschungsprogramm brachte dann aber für die Militärs wenig befriedigende Ergebnisse, und es wurde empfohlen, eingeschränkt Taugliche nur in "nationalen Notfällen" einzuziehen (vgl. *Watson* 1982, S.132 ff.). Als im Jahre 1944 die US-Armee in größere Schwierigkeiten hinsichtlich des Auffüllens der dezimierten Einheiten kam, zog man auch Vorbestrafte und Gefängnisinsassen ein; ausgenommen waren nur wegen Mordes, Vergewaltigung, Entführung oder Hochverrats Verurteilte. Sie bewährten sich im Kriege im Sinne der Militärs recht gut. Untersuchungen in den 50er Jahren brachten jedoch widersprüchliche Ergebnisse, so daß auch hier der Rückgriff auf diese "Menschenreservoire" nur für "nationale Notfälle" empfohlen wird (vgl. *Watson 1982, S.134 ff.)*

Die Untersuchungen insgesamt zeigen jedoch, daß die Militärpsychologen sich nicht scheuen, bei ihren Bemühungen um die Erhöhung der Schlagkraft des Militärs auch die Unterprivilegierten und Außenseiter einer Gesellschaft für die militärischen Ziele verfügbar zu machen.

Auf dem Gebiet der Trainingsmethoden gewannen Motivationsuntersuchungen an Bedeutung. Das Militär hatte bisher zur Erreichung seiner Ausbildungsziele in der Hauptsache mit Bestrafungstechniken gearbeitet. In den 60er Jahren gab es zahlreiche Untersuchungen, in denen nachgewiesen wurde, daß auch im militärischen Kontext die Prinzipien der behavioristischen Lerntheorien anwendbar sind und Belohnungstechniken in den meisten Fällen wirksamer sind als Bestrafung (vgl. Watson 1978, S.53).

Die Simulation der Gegebenheiten einer echten Kampfsituation wird als sehr wichtig für die Ausbildung der Soldaten angesehen, bietet aber große Schwierigkeiten. Hier sind die Militärpsychologen an der Entwicklung der verschiedensten Techniken beteiligt, die Kampfsituationen möglichst lebensecht simulieren sollen. Sie reichen von der Entwicklung möglichst "echter" Schußziele über Flugsimulatoren bis hin zu Experimenten, in denen die Versuchspersonen durch die Versuchsanordnung in den Glauben versetzt werden, sie befänden sich in einer echten Kampf- und Gefahrensituation (letztere haben auch eine große Bedeutung für die Abhärtung von Soldaten gegen den "Kampfstreß"; einige von ihnen sind weiter unten im Abschnitt "Klinische Psychologie" dargestellt).

Im Zusammenhang mit der Verbesserung der Kampfkraft militärischer Einheiten durch Selektion und Training wurden zahlreiche weitere Untersuchungen durchgeführt, so:

- zur Handhabung von Waffen
- zur Verbesserung von Waffen durch ergonomische Methoden
- zum Einfluß von Psychodrogen (z.B. LSD) auf die Zielgenauigkeit der Schützen
- Selektion und Training von Soldaten für *"special skills"*, wie z.B. Entdeckung von Minen und Fallen, Entschärfung von Bomben, Luftaufklärung (Unterscheidung von eigenen und feindlichen Kriegsgeräten), Entdeckung getarnter feindlicher Soldaten und Einheiten, Knacken von Codes

und zahlreiche andere Untersuchungen und Experimente. Der Nutzen für das Militär- die Erhöhung seiner Kampfkraft und die Einsparung von Mitteln durch diese militärpsychologischen Aktivitäten – wird von den Militärpsychologen auf etwa 25% geschätzt. *Watson*, der die wichtigsten Forschungen zu diesem Thema auflistet und beschreibt (Kap. 2-4), hält diese Schätzung für realistisch. Er gibt an, daß die USA, um denselben Effekt allein durch eine Verstärkung des Personals zu erreichen, 200.000 Mann zusätzlich rekrutieren müßten, die Bundeswehr 125.000 (s. *Watson* 1982, S.108).

Sozialpsychologie

Die Veröffentlichung der sozialpsychologischen und soziologischen Forschungsergebnisse aus dem 2. Weltkrieg (*Stouffer* et al. 1949/50) hatte nach dem Krieg großen Einfluß sowohl auf die Sozialpsychologie des Militärs als auch auf die zivile Sozialpsychologie und Soziologie. Im Mittelpunkt des Interesses beim Militär stand die Erforschung der sozialpsychologischen Determinanten für die Kampfmoral (*"morale"*), wobei besonders der Einfluß von Gruppenprozessen ("Gruppendynamik"), und des Verhaltens militärischer Führer ("Führerschaftsforschung") auf diese und auf das "abweichende Verhalten" (schlechte Kampfqualitäten, Befehlsverweigerung, Meuterei, Desertion u.ä.) eingehend untersucht wurden.

Gruppendynamik

Der Koreakrieg bot die Möglichkeit, die Ergebnisse aus dem 2.Weltkrieg in der realen Kampfsituation erneut zu überprüfen und die Forschungen weiter voranzutreiben. Die dabei angewendeten Methoden waren vor allem teilnehmende Beobachtung und Interviews mit Soldaten, die aus Kampfeinsätzen zurückgekehrt waren.

Das Konzept von der "informellen Gruppenstruktur" wurde weiter ausgebaut. Man identifizierte als wichtiges Element des informellen Gruppenzusammenhalts die Zweiergruppe (*"buddy system"*). Nicht die Beziehung des einzelnen Soldaten zur Gruppe insgesamt oder zum Zug sei für den Zusammenhalt und die "Kampfmoral" einer militärischen Einheit entscheidend, sondern die vielseitige Einbindung der verschiedenen, sich spontan bildenden Zweierbeziehungen unter den Soldaten bilde das Gerüst, das eine Einheit zusammenhielte und ihre kämpferische Qualität bestimme (vgl. *Little* 1969, *Tuggener* 1978).

Untersuchungen von *Moskos* (1968) in Vietnam zeigten jedoch, daß das Eigeninteresse des Soldaten stärker in Rechnung gestellt werden muß – dies könnte jedoch auch auf die spezifischen Einsatzbedingungen des Vietnamkrieges zurückgeführt werden: der einzelne Soldat wußte, daß er 12 Monate in Vietnam bleiben mußte, und sein Interesse ging in der Hauptsache dahin, diese Zeit unbeschadet zu überstehen. Die sozialen Bindungen, die er einging, waren hauptsächlich von diesem Interesse bestimmt. Dies zeigte sich u.a. daran, daß die entlassenen Soldaten den Kontakt zu ihren früheren Kameraden nur sehr selten aufrechterhielten und daß auch, was man seit dem 2. Weltkrieg verneint hatte, ideologische Gesichtspunkte (patriotische Appelle, Symbolik u.ä.) eine Rolle für die "Kampfmoral" spielten.

Die Ergebnisse, die die sozialpsychologischen Untersuchungen im Koreakrieg brachten, wurden zur Entwicklung von Methoden verwendet, die dazu dienen sollten, Kampfeinheiten mit optimaler "Kampfmoral" zusammenzustellen. Übereinstimmend mit den Untersuchungsergebnissen wurde dabei auf folgende Punkte Wert gelegt:

- Selektion von Soldaten, die bestimmte Persönlichkeitsmerkmale aufweisen (z.B. "geringe Nervosität", "Soziabilität", "Maskulinität") und Zusammenstellung hinsichtlich dieser Merkmale möglichst homogener Gruppen;
- Erstellung von Soziogrammen, um Männer, die einander möglichst sympathisch sind, in Gruppen zusammenzufassen;
- Berücksichtigung des Verhaltens in der Garnison (Sauberkeit, Pünktlichkeit etc.), das sich als Vorhersagefaktor für hohe Kampfmoral erwiesen hatte (nach *Watson* 1978, S.116 ff.)

Weitere Forschungen wurden durchgeführt über den Einfluß der Gruppengröße auf das Kampfverhalten und die Kampfmotivation (z.B. *Gerard* et al. 1968), über den Einfluß der Verteilung der Munition innerhalb einer Gruppe auf deren Trefferquoten (*George* 1966, nicht veröffentlicht, Beschreibung bei *Watson* 1978, S.120 ff.), über die Bedeutung der Kommunikation der Soldaten auf dem Gefechtsfeld und über Persönlichkeitsmerkmale von Mitgliedern und Kommunikationsstrukturen innerhalb von Spezialeinheiten wie Flugabwehrbatterien, Hubschrauberbesatzungen, Besatzungen von Patrouillenbooten, U-Booten u.ä. (s. dazu *Watson* 1978, S.130 ff.).

Die Frage, wie es militärischen Institutionen gelingt, die zwangsrekrutierten Soldaten, die vom Zivilleben her nur ungenügend auf ihre militärische Rolle vorbereitet sind und den Dienst meist nur unwillig aufnehmen, zur Übernahme dieser Rolle zu veranlassen, fand bei der Militärsoziologie und Militärpsychologie reges Interesse. Zu ihrer Klärung wird meist *Goffmans* Konzept von der *"totalen Institution"* herangezogen.

Als totale Institution bezeichnet *Goffman* (1961) einen

> *"Arbeits- und Wohnbereich, wo viele Individuen unter gleichen Umständen ein formell geregeltes Leben führen und für längere Zeit von der übrigen Gesellschaft abgesondert sind."*

Dieses Konzept, von *Goffman* ursprünglich für medizinische und soziale Institutionen entwickelt, erwies sich auch für die Erklärung der Phänomene im militärischen Bereich als fruchtbar. Die Unterwerfung unter eine einheitliche Autorität, feste Regeln und Sanktionen, scharfe Trennung zwischen Untergebenen und Vorgesetzten und die zumindest zeitweilige Isolierung von der gewohnten Umwelt bewirkt beim Neuankömmling in der betreffenden Institution schon nach kurzer Zeit einen "Mortifikationsprozeß", d.h. das Ablegen der früheren Rolle und die Übernahme der neuen. Äußerliche Symbole für diesen Rollentausch sind beim Militär u.a. das Ersetzen der Zivilkleidung durch eine Uniform und der militärische Haarschnitt. Durch eine Reihe von Sozialtechniken wird die Übernahme der neuen Rolle beschleunigt und stabilisiert:

> "*.. Die Unmöglichkeit einer privaten Lebensweise in einer Gemeinschaftsunterkunft, detaillierte Vorschriften, genaue Kontrollen von Verhaltensweisen, über die normalerweise ein Erwachsener nach Gutdünken entscheiden kann, erniedrigende Behandlung, der Zwang, Dinge zu tun, die man verabscheut, und eine Reihe von Initiationsriten, die dem Neuling den Übergang drastisch vor Augen führen*" (*Ziegler* 1968).

Diese Methode der Autoritätsausübung hat im Militär eine lange Tradition und ist nach den Ergebnissen der sozialwissenschaftlichen Untersuchungen ein recht sicherer Garant dafür, daß sich die überwiegende Mehrzahl der Rekruten mit der neuen Gruppe identifiziert und die neue Rolle übernimmt (s. dazu *Goffman* 1961, *Roghmann* u. *Sodeur* 1968, *Ziegler* 1968).

Eine kritische Untersuchung im Bereich der Bundeswehr unter dem Aspekt "totale Institution" hat *Treiber* (1973) durchgeführt. Ein zentrales Konzept ist in dieser Untersuchung die *"Normenfalle"*: Der Rekrut ist einer Vielzahl von Normen unterworfen. Dadurch steht er unter dem Druck einer ständigen Kritisierbarkeit. Da die Nichteinhaltung der Normen sanktioniert ist (vom "Anschiß" über Strafdienst bis zur Disziplinarstrafe) und er gar nicht alle Normanforderungen erfüllen kann, ist er dauernd verunsichert und versucht, seinen Vorgesetzten möglichst nicht aufzufallen. Er paßt sich an und ist so leicht zu disziplinieren (ausführlich bei *Treiber* 1973, S.43ff.).

Führerschaftsforschung

Die Qualität des militärischen Führers wird neben den gruppendynamischen Prozessen als einer der wichtigsten Faktoren für die kämpferischen Qualitäten einer militärischen Einheit angesehen. Gruppenprozesse und Führungsstil stehen dabei in einem engen Zusammenhang. Führungsprobleme werden vor allem von Soziologen behandelt, wobei hier ein Schwerpunkt der Forschung auf der Unterscheidung zwischen persönlicher Autorität und Amtsautoriät und deren Auswirkungen auf die "Kampfmoral" der Truppe liegt. Die Militärpsychologen befassen sich in der Hauptsache damit, Persönlichkeitsmerkmale, in denen sich "gute" von "schlechten" Führern unterscheiden, zu isolieren.

Eine der ersten, bis heute angewandten Methode zur Identifizierung "guter" Führer wurde von *Bion* entwickelt (vgl. *Bidwell* 1973, S.112 ff.): Einer Gruppe von Führungsanwärtern wird eine schwierige Aufgabe gestellt, z.B. die Überquerung eines Flusses, in dem "Haie" vorhanden sind, mit primitiven Mitteln wie einem Ölfaß, einem Seil und einer Planke. Die Gruppe wird bei ihren Lösungsversuchen beobachtet, wobei es den Psychologen weniger darauf ankommt, *ob* sie das Problem wirklich löst, als vielmehr darauf, *wie* sie es angeht und welche Leute versuchen, durch Ergreifen der Initiative die Anstrengungen der Gruppe zu koordinieren.

In den 60er Jahren wurde bei den US-Streitkräften ein Bewertungstest für Offiziere (*"Differential Officer Battery"*) eingeführt, der "Hintergrundfaktoren" wie Freizeitinteressen, Verhaltensweisen und Kenntnisse abfragt und feststellt, ob der Proband praktische Fähigkeiten besitzt oder eher ein Theoretiker ist, welche wirtschaftlich-soziologischen Kenntnisse er hat und ob er "politische Interessen" oder "Interesse an technischen Details" zeigt (vgl. *Watson* 1982, S.150). Laut *Watson* hat sich die Testbatterie bei der Vorhersage "guter" Leistungen bewährt.

Die zivile (Industrie- oder Wirtschafts-)Soziologie, Sozialpsychologie, die Militärsoziologie und die militärische Sozialpsychologie sind auf den Gebieten "Gruppendynamik" und "Führerschaftsforschung" in den USA und auf NATO-Ebene insgesamt eng verzahnt. Dies zeigt sich besonders deutlich bei NATO-Symposien, an denen zumeist Wissenschaftler aus beiden Bereichen – dem zivilen und dem militärischen – teilnehmen. Als Beispiel kann hier das Symposium *"Leadership and Management Appraisal"* (etwa: "Einschätzung von Führerschaft und Management") 1971 in Brüssel (Bericht bei *Helbich* 1971) dienen. Auf diesem Kongreß wurden vorwiegend Fragen zur sozialen Kontrolle in Wirtschaftsunternehmen behandelt, u.a.:

- Welche Formen der Kontrolle über die Arbeitnehmer sind die effektivsten? Zu diesem Thema hielt *C. Sofer* aus Cambridge einen Vortrag. Er sagte, daß die Kontrolle über die Arbeitnehmer die vordringlichste Aufgabe eines Unternehmens sei, damit es zu seinen *wie auch immer gearteten Zielen* (Hervorhebung durch d. V.) gelange. Als Kontrollmittel zählte er auf: Physische Einwirkung und legaler Zwang, Beaufsichtigung (direkte Beobachtung oder indirekte durch Meldesystem), Autorität, Belohnung und Vorenthaltung, Überzeugung, Manipulation der Umgebung, Verbreitung der Betriebsideologie.
- Wie kann man Konflikte zwischen individuellen Zielen und Zielen der Organisation im Sinne der letzteren lösen?
- Welche Faktoren üben einen Einfluß darauf aus, unternehmerische Ziele akzeptabel zu machen?
- Wie erreicht man Willfährigkeit (*"compliance"*) und Konformität in einer Organisation, und welcher Führungsstil ist dazu notwendig?

Der Schlußsatz des berichterstattenden Bundeswehrpsychologen zeigt, daß die Kongreßteilnehmer keinen Unterschied zwischen militärischen und zivilen Organisationen machten:

> *"Eine Aufteilung nach militärischen und zivilen Problemstellungen wurde im Symposium nicht vorgenommen, da man allgemein der Ansicht war, daß die Thematik sowie die Ergebnisse für beide Bereiche von gleicher Relevanz sind"* (*Helbich* 1971, S.109).

Klinische Psychologie

Klinische Psychologie im militärischen Rahmen befaßt sich wie die Militärpsychiatrie in der Hauptsache mit den Auswirkungen der Belastungen, die der Kampf auf die Psyche der Soldaten hat, nämlich Furcht und Angst und die daraus resultierenden psychischen Phänomene und Verhaltensweisen. In den USA werden die Gefühle, die bei den Soldaten durch die Belastungen und Schrecken des Krieges hervorgerufen werden, unter den Begriff *"stress"* subsumiert. Auch *Watson* (1982, S.44 f.) kritisiert diese Vereinfachung, da der Begriff *"stress"* als psychologischer Fachausdruck wertfrei sei und dadurch zu etwas werde, was klinisch manipuliert werden könne. Dadurch verliere er seine

Bedeutung als legitime menschliche Reaktion auf furchterregende Situationen und werde als rein physiologische Reaktion, die psychologische Wirkungen hervorrufe, betrachtet und entsprechend behandelt. Die Psychologen versuchten nun, die physischen Vorgänge zu manipulieren, um ihre psychischen Auswirkungen zu reduzieren, und verlören so eine zweite Möglichkeit aus den Augen, nämlich die, die furchterregenden Situationen zu vermindern oder zu beseitigen.

Die US-Militärpsychologie und -psychiatrie gehen das Problem *"stress"* in der Hauptsache auf drei Wegen an:

- Durch entsprechende Tests schon bei der Musterung wird versucht, die Leute, die anfällig gegen belastende Situationen sind, zu entdecken und auszumustern oder sie in nicht kämpfenden Einheiten zu verwenden.
- Mit speziellen präventiven und therapeutischen Methoden, durch die verhindert werden soll, daß an der Front psychopathologische Symptome auftreten, oder wenn solche schon aufgetreten sind, sie zu therapieren und die Geheilten wieder in den Kampf zurückzuschicken (diese Methoden fallen in den Bereich der Militärpsychiatrie und sind im Kap. "Militärpsychiatrie der USA" beschrieben).
- Durch "Abhärtung" der Soldaten gegen die Angst vor dem Getötetwerden und Skrupel vor dem Töten (*"battleproofing"*).

Testmethoden

Nach den für das amerikanische Militär negativen Erfahrungen des 2.Weltkrieges (2,5 Mill. Soldaten, die aus psychischen Gründen ausfielen oder nicht zum Einsatz kamen, s. Kap. "Militärpsychiatrie der USA") wurden nach dem Krieg erneut umfangreiche Untersuchungen zur Erforschung der Faktoren, die für psychische Ausfälle an der Front verantwortlich sind, unternommen. Man versuchte, psychologische Tests zu entwickeln, die *"stress-sensitiv"* sind, d.h. mit deren Hilfe man zwischen stressanfälligen und stressresistenten Soldaten unterscheiden könnte. Zu diesem Zweck setzte man Versuchspersonen Situationen aus, die die Belastungen und Gefahren des Kampfeinsatzes möglichst genau simulieren, ließ sie in der Gefahrensituation verschiedene Tests ausführen und verglich die Testergebnisse mit denen von anderen Versuchspersonen, die dieselben Tests in gefahrfreien Situationen bearbeitet hatten.

So ließen *Yagi* et al. (1958; nicht veröffentlicht, Bericht bei *Watson* 1982, S.169 ff.) Soldaten in einem Flugzeug, mit dem ein Absturz so simuliert wurde (das Flugzeug taumelte, verlor an Höhe und ein Motor "fiel aus"), daß die Probanden glauben mußten, es stürze wirklich ab, psychologische Testbögen ausfüllen. Die Testergebnisse wurden mit solchen, die in angstfreien Situationen erzielt wurden, verglichen. Das HumRRO (*Human Resources Research Office*) und andere Forschungsorganisationen führten zahlreiche ähnliche Experimente durch (z.B. *Berkun* et al. 1962). Bei einem davon gerieten Versuchspersonen in akute Lebensgefahr:

Die Soldaten wurden im Rahmen eines großen Manövers auf dem Manöverfeld einzeln postiert. Man hatte vorher in verschiedenen Entfernungen der Positionen versteckte Sprengladungen mit einer Einrichtung zur Zündung per Funk installiert. Die Versuchspersonen wußten davon nichts. Sie waren jeweils mit einem Funkgerät ausgerüstet und hatten den Auftrag erhalten, alle über das Manöverfeld fliegenden Flugzeuge an die Zentrale zu melden. Nachdem sie eine gewisse Zeit in ihrer Stellung verbracht hatten, begann man damit, die versteckten Sprengladungen zu zünden, und zwar so, daß die Detonationen den

Positionen der Versuchspersonen immer näher kamen. Sie mußten annehmen, verirrte Geschosse der Manöverartillerie schlügen in ihrer Nähe ein und träfen möglicherweise auch bald ihre Stellungen. Gleichzeitig sagte man ihnen über Funk, man habe seit einiger Zeit keine Meldung mehr von ihnen empfangen – offensichtlich sei der Sender ihres Funkgerätes defekt – und befahl ihnen, das Gerät zu reparieren, damit man sie orten und bergen könnte. Die "Reparatur" war in Wahrheit der Test, der zeigen sollte, wie stark die "Gefahrensituation" die psychomotorische Leistungsfähigkeit der Probanden beeinträchtigte. Tatsächlich zerstörten einige von ihnen bei ihren überhasteten Versuchen, ihr Gerät zu reparieren, dieses völlig. Acht der vierundzwanzig Versuchspersonen gerieten derart in Panik, daß sie ihre sicheren Stellungen verließen und über das Manöverfeld mit den versteckten Sprengladungen rannten. Dadurch gerieten sie nun tatsächlich in Gefahr, schwere Verletzungen davonzutragen oder gar getötet zu werden.

Bei einem weiteren Experiment derselben Forschergruppe wurden Soldaten in einem angeblich strahlenverseuchten Gebiet ausgesetzt. Nähere Angaben werden bei *Watson* nicht gemacht, aber es hat den Anschein, als sei die Versuchsanordnung nicht geeignet gewesen, die Probanden glauben zu machen, sie befänden sich tatsächlich in einem atomar verseuchten Gelände.

Bourne (1969, 1970) führte als teilnehmender Beobachter in Vietnam intensive psychologische Untersuchungen an Spezialeinheiten (*"Small Independent Action Force* = SIAF) in Vietnam durch, die mitten im feindlichen Gebiet operierten und somit fast ständiger Lebensgefahr ausgesetzt waren. Von allen Mitgliedern der untersuchten SIAF wurden alle 24 Stunden Urinproben genommen und die darin enthaltene Konzentration eines Nebennierenrindenhormons (17-OHCS), das als Maß für die psychische Belastung eines Menschen betrachtet werden kann, gemessen. Die konkreten Ergebnisse sind hier nicht weiter von Bedeutung (sie können bei *Bourne* 1969,1970 nachgelesen werden). In diesem Zusammenhang ist aber die Tatsache wichtig, daß sich durch diese Untersuchungen für die Militärpsychologie neben den oben beschriebenen psychologischen Möglichkeiten, die Angst der Soldaten vor dem Töten und Getötetwerden zu kontrollieren, nun auch physiologische Wege eröffnen könnten.

Insgesamt wird die im Vergleich zum 2.Weltkrieg wesentliche Verringerung psychogener Ausfälle in Korea und zu Beginn des Vietnamkrieges eher auf die Verfeinerung der sozialpsychologisch-soziologischen und psychiatrischen Methoden als auf die Erfolge der klinischen Militärpsychologie und -physiologie zurückgeführt.

Zur Abhärtung gegen Stress sind die im obigen Abschnitt "Klinische Psychologie" beschriebenen Experimente von *Yagi* und *Berkun* zu zählen. Sie dienten neben ihrer dort angeführten Funktion, "stress-sensitive" Untersuchungsmethoden zu finden und zwischen "stressanfälligen" und "emotional stabilen" Soldaten zu unterscheiden, auch dazu, Soldaten auf die belastenden Situationen, die ein Krieg mit sich bringt, vorzubereiten und sie gegen die Einflüsse solcher Situationen auf ihre Psyche abzuhärten.

Sehr intensiv untersucht wurde auch die subjektive Wirkung verschiedener Waffen auf die Psyche der Soldaten. Dabei stellten die Militärpsychologen fest, daß die Wirkung der meisten Waffen von den Soldaten überschätzt wird; der "psychologische" Wirkungsbereich einer Waffe ist etwa 40% größer als der tatsächliche. Dieser Befund bietet einerseits die Möglichkeit, die eigenen Soldaten zu desensibilisieren, d.h. sie so zu trainieren, daß sie sich z.B. unter Artilleriebeschuß weniger häufig in Deckung werfen, und andererseits die Möglichkeit, die psychologische Wirkung der eigenen Waffen beim Gegner besser einzuschätzen (vgl. *Watson* 1982, S.182 ff.).

Neben diesen Untersuchungen und Methoden, die sich mit der Wirkung äußerer Einflüsse auf die psychische Verfassung des Soldaten auseinandersetzen, gibt es einen Forschungszweig, der sich mit der Hemmung des Soldaten zu töten befaßt und mit den Möglichkeiten, sie zu beseitigen, sowie mit der Entwicklung von Methoden, mit denen man Soldaten mit schwacher Tötungshemmung herausfinden kann.

Watson berichtet von zwei (unveröffentlichten) Ansätzen: *Streuffert*, ein Militärpsychologe bei der US-Marine, erstellte ein *"value-of-life-questionnaire"*, mit dem ermittelt werden sollte, wie hoch die befragten Personen den Wert ihres eigenen Lebens und des Lebens anderer Menschen einschätzten. Hier einige der 135 Statements, zu denen die Probanden angeben sollten, in welchem Maße sie sie ablehnten oder ihnen zustimmen:

- Rache ist in der Regel gerechtfertigt: Auge für Auge, Leben für Leben.
- Die meisten unserer sozialen Probleme könnten gelöst werden, wenn wir uns irgendwie die unmoralischen, hinterlistigen und schwachsinnigen Leute vom Halse schaffen könnten.
- Wenn ein Mann mit etwas durch seine Tasche auf dich zeigt, solltest du, angenommen du hättest eine Schußwaffe, schnell schießen und später erst Fragen stellen.
- Es wäre am besten, es gäbe in der Deutschen Regierung ein paar Nazis, die Ordnung hielten und das Chaos verhinderten.
- Keine vernünftige Person könnte je daran denken, einen engen Freund oder Verwandten zu verletzen.
- Eine internationale Polizei sollte die einzige Gruppe sein, die Waffen besitzen darf.

Das Projekt wurde 1971 Gegenstand einer Debatte im Kongreß der Vereinigten Staaten und anschließend eingestellt. So wurde nie ganz klar, welche Absichten es verfolgte. *Watson* vermutet, daß man versuchte herauszufinden, welche Soldaten das Leben anderer Menschen gering bewerteten und so "gute Killer" werden könnten; Soldaten zu selektieren, die ihr eigenes Leben hoch einschätzen und so bei gefahrvollen Missionen vorsichtiger vorgehen als andere und so eher am Leben bleiben; militärischen Führern in besetzten Gebieten die Möglichkeit zu geben, die Einstellung der Bevölkerung zum Wert des menschlichen Lebens zu erfassen, um die Wirkung bestimmter militärischer Maßnahmen (z.B. Hinrichtungen) vorherzusagen (vgl. *Watson* 1978, S.274).

Der zweite Ansatz ist die Entwicklung einer Methode, die geeignet ist, Menschen dazu zu bringen, ohne Skrupel Greueltaten zu begehen. *Watson* hat einen gewissen, nicht näher vorgestellten *Dr. Narut* interviewt, der eine solche Methode entwickelt hat. Sie besteht aus drei Stufen:

- *Selektion:* mit den Persönlichkeitstests MMPI und dem Rorschach-Test wurden Soldaten mit "passiv-aggressiver Persönlichkeitsstruktur" ausgewählt. Aufgrund vorangegangener Studien nimmt *Narut* an, daß Menschen mit dieser Persönlichkeitsstruktur die "besten Killer" werden können.
- *Stressreduktionstraining:* Die ausgewählten Männer wurden im Schießen trainiert und einer Desensibilisierungsprozedur unterzogen, die stark an eine berühmte Szene in *Kubricks* Film "Clockwork Orange" erinnert: Den Soldaten wurden nacheinander Filme gezeigt, in denen zunehmend größere Grausamkeiten drastisch und lebensecht dargestellt wurden. Durch eine spezielle Vorrichtung – eine Art Schraubstock – wurden die Köpfe der Zuschauer so arretiert und ihre Augenlider aufgehalten, daß es ihnen unmöglich war wegzusehen. Durch physiologische Messungen wurde überprüft, wie erregt die Probanden während der Filmvorführung waren, also der Grad der schon erreichten Abhärtung gegen die vorgeführten Greuelszenen gemessen.

- *Entmenschlichung des Feindes:* in dieser letzten Phase wurden den Probanden Filme gezeigt und Lektionen gegeben, in denen man die Bevölkerungen von Ländern, die möglicherweise zu Kriegsgegnern der USA werden könnten, als Ansammlungen minderwertiger Lebewesen darstellte. Man machte sich darin über die "Dummheit" der Gewohnheiten dieser Völker lustig und stellte ihre führenden Persönlichkeiten als dämonische Halbgötter dar.

Nach ein paar Wochen wurden die so trainierten Soldaten wieder zu ihren Einheiten zurückgeschickt.

Gefangenschaft, Verhörmethoden und "Gehirnwäsche"

Die amerikanischen Militärpsychologie hat sich nicht nur mit dem Soldaten im Kampf, sondern auch mit seinem Verhalten in Gefangenschaft befaßt. Besonders die Erfahrungen, die man im Koreakrieg mit dem Verhalten amerikanischer Soldaten in nordkoreanischer und chinesischer Kriegsgefangenschaft gemacht hatte, gaben Anlaß zu intensiven Studien in diesem Themenbereich.

Die Kriegsgefangenen versuchten viel seltener als in früheren Kriegen der USA aus den Lagern zu fliehen; einige zogen es vor, auch als sie im Rahmen des Gefangenenaustausches nach dem Krieg in ihre Heimat hätten zurückkehren können, in Nordkorea zu bleiben. Fast jeder Dritte arbeitete auf irgendeine Weise mit dem Gegner zusammen, die meisten beteiligten sich an Veröffentlichungen und Rundfunksendungen mit antiamerikanischer Propaganda. Viele verhielten sich unsolidarisch oder gar grausam gegenüber ihren Mitgefangenen. Einige töteten sogar Kameraden. Fast 38% – ein vorher nie dagewesener Prozentsatz – starben in Lagern (ausführliche Beschreibung der Geschehnisse bei *Kinkead* 1959, 1963).

Besonders das "Umfallen" der Kriegsgefangenen, d.h. ihre Identifikation mit der Ideologie des Gegners, erregte in den USA die Gemüter. Die Übernahme kommunistischer Ideen durch Bürger von *"God's own country"* konnte in den Augen der amerikanischen Bevölkerung sowie ihrer politischen und wissenschaftlichen Elite nur durch massive Eingriffe in deren psychische Struktur erreicht worden sein. Der Begriff "Gehirnwäsche" (*"brainwashing"*) umschrieb die damals noch mysteriösen Methoden, die das "Umdrehen" der Soldaten erzielt haben mußten.

Die amerikanische Psychologie hat sich daraufhin in den folgenden Jahren bis in die heutige Zeit sehr intensiv mit dem Phänomen Gefangenschaft und dessen Begleitumständen auseinandergesetzt. Die Schwerpunkte der Forschung lagen auf drei Gebieten:

- Erforschung der Wirkung von Gefangenschaft auf die Gefangenen (und deren Bewacher);
- Analyse und Entwicklung erfolgreicher Verhörmethoden; Entwicklung von Trainingsmethoden für Soldaten mit dem Ziel, sie so zu schulen, daß sie Verhöre überstehen könnten, ohne die vom Gegner gewünschten Informationen preiszugeben;
- Erforschung von Methoden der "Gehirnwäsche" und von Möglichkeiten, wie der Gefangene ihr widerstehen könnte.

Gefangenschaft

Zu diesem Thema gibt es Untersuchungen an ehemaligen Insassen deutscher Konzentrationslager (z.B. *Bettelheim* 1943, 1964, *Kral* 1951), zurückgekehrten amerikanischen Kriegsgefangenen nach dem 2.Weltkrieg aus japanischen Lagern (*Wolf* u. *Ripley* 1947) und zurückgekehrten Kriegsgefangenen aus Korea (z.B. *Strassman* et al. 1956, *Bradbury* u. *Biderman* 1962, *Biderman* 1963) und eine zum sogenannten "Pueblo"-Zwischenfall 1968 – das US-Spionageschiff wurde vor der koreanischen Küste gekapert, die Besatzung festgenommen und erst nach 11 Monaten wieder freigelassen (vgl. *Watson* 1982, S.232 ff.). Diese Studien untersuchen u.a. das veränderte Verhalten und die veränderten Gefühle als Reaktion auf die Gefangennahme, die Reaktion der Gefangenen auf besonders harte Bedingungen in den Lagern und ihre Reaktion auf Folterungen.

Von den Untersuchungen des Phänomens Gefangenschaft erregte das Gefängnisexperiment von *Zimbardo* und Mitarbeitern (s. *Haney* et al. 1973), mit dem das Verhalten von Versuchspersonen als "Gefangene" und "Wärter" in einem fingierten Gefängnis und die sich dabei entwickelnden interpersonellen Beziehungen studiert wurden, das größte Aufsehen. Die Versuchspersonen, die sich auf eine Zeitungsanzeige hin gemeldet hatten und die man angewiesen hatte, sich einige Tage zu Hause bereit zu halten, wurden von echten Polizisten mit Haftbefehl unter sehr realistischen Umständen z.T. vor den Augen neugieriger Nachbarn festgenommen und in den zum Gefängnis umfunktionierten Keller des Psychologischen Instituts überführt. Schon vorher hatte man aus der Zahl der Bewerber einige zu "Wärtern" gemacht und entsprechend instruiert. Sie übernahmen die Aufsicht über die "Gefangenen" (detaillierte Angaben über Ausgangsbedingungen, Verlauf und Ergebnisse des Experiments bei *Haney* et al. 1973, *Fromm* 1974, *Watson* 1978). Die Ergebnisse des Experiments waren z.T. erschütternd. "Wärter" und "Gefangene" verhielten sich so, als seien sie in einem echten Gefängnis – die "Wärter" wurden zunehmend aggressiv, die "Gefangenen" zunehmend passiv und zeigten die Symptome extremer psychischer Belastung. Fünf von ihnen mußten deshalb vorzeitig entlassen werden, keiner machte von der Möglichkeit Gebrauch, das Gefängnis einfach zu verlassen, was ja möglich gewesen wäre, da es sich ja nur um ein Experiment handelte.

Das Projekt war von der US-Kriegsmarine finanziert worden. In der "zivilen" Form des Untersuchungsberichtes versuchen die Autoren, den Leser glauben zu machen, es handle sich um eine Untersuchung über zivile Gefängnisse. Es gibt aber zahlreiche Hinweise darauf (Kahlscheren der Köpfe der Gefangenen, Ansprechen der Gefangenen mit Nummern), daß es sich um ein Experiment zum Problem Kriegsgefangenschaft handelte. Sein Hauptzweck war wohl, Methoden zu finden, mit denen man Soldaten auf die Bewältigung einer evtl. Kriegsgefangenschaft vorbereiten und sie resistent gegen Verhörmethoden machen kann.

Verhörmethoden

Bei Verhören werden oft körperliche Foltermethoden sowie psychologische Täuschungsmanöver und Foltermethoden verwendet, um vom Verhörten eine bestimmte Information, die er nicht preisgeben will, zu erlangen. Da psychologische Methoden für den Verhörenden den Vorteil haben, daß sie keine leicht sichtbaren Schädigungen und Narben hinterlassen und z.T. auch erfolgreicher sind als körperliche Torturen, wendet sich ihnen ein starkes Interesse von seiten der Militärs und auch der Geheimdienste zu.

In einer Bibliographie des vom Militär finanzierten *"Center for Research in Social*

Systems" (CRESS) von 1967 werden 122 Titel zum Thema Verhör aufgeführt (s. *Watson* 1982, S.241), eine umfassende Darstellung verschiedener Verhörmethoden findet sich bei *Deeley* 1971.

Körperliche Foltermethoden zur Erpressung von Informationen sind aus der Presse und anderen Publikationen nur allzu bekannt. Sie brauchen hier nicht beschrieben zu werden. Wir wollen uns auf die Darstellung einiger psychologischer Methoden beschränken.

Die koreanischen Ereignisse waren ein Auslöser für eine intensive Beschäftigung der Militärpsychologen mit dem Thema. Das Interesse richtete sich zunächst vor allem auf den Einsatz des Reizentzugs (*"sensorische Deprivation"*). Als erste experimentierten kanadische Psychologen im Armeeauftrag in den frühen 50er Jahren (u.a. *Hebb, Bexton, Heron*) mit verschiedenen Formen und Stufen des Reizentzuges und seinem Einfluß auf die Wahrnehmungs- und Bewußtseinsfunktionen des Menschen. Durch sensorische Deprivation konnten bei vielen der Versuchspersonen Halluzinationen und sehr intensive Angstgefühle ausgelöst werden. Die anfängliche Ansicht, man habe die optimale Methode für Verhör und Gehirnwäsche gefunden, bestätigte sich jedoch bei weiteren Versuchen in den USA nicht im angenommenen Maß (s. dazu *Watson* 1982, S.243 ff.) Allerdings kann sie in Kombination mit anderen Foltermethoden viel erfolgreicher – im Sinne der Verhörenden – sein, wie die sogenannte Ulster-Variante zeigt, die die britischen Streitkräfte an Internierten in Nordirland anwandten. Sie wirkt schneller als die Reizentzugsmethode allein und *"beschleunigt den Informationsfluß"* (*Watson* 1982, S.250):

Die Verhörten mußten zwischen den Verhören bis zu sechzehn Stunden mit erhobenen Händen an der Wand stehen, während ein sehr lautes Dauergeräusch (85-87 Dezibel) auf sie einwirkte. Der Raum war stark überheizt, sie trugen isolierende Overalls und Kapuzen über dem Kopf, die kein Licht durchließen. Wenn sie sich bewegten, wurden sie geschlagen. Nahrung erhielten sie nur unregelmäßig und unzureichend und auch nur ganz wenig Schlaf, den ersten nach zwei bis drei Tagen. Während der Schlafzeit wurden die Raumtemperaturen soweit herabgesetzt, daß sie frieren mußten. Die Prozedur dauerte sechs Tage und bewirkte schwerste psychopathologische Symptome (Wahnvorstellungen, Angst, Depressionen, Schlaflosigkeit u.ä.), die bei einigen der Opfer auch noch fünf Jahre nach den Folterungen vorhanden waren (vgl. Watson 1982, S.44).

Auch in anderen Ländern werden Techniken der sensorischen Deprivation in den verschiedenen Kombinationen mit anderen Methoden, z.T. sogar im zivilen Bereich angewandt. *Watson* (1982, S.252) nennt die Sowjetunion, Südafrika und die Bundesrepublik Deutschland. Bei der letzeren zählt er die Dauereinzelhaft für Mitglieder der Baader-Meinhof-Gruppe im sogenannten toten Trakt – völlige Abschottung von der Außenwelt, Milchglasfenster, ganz in Weiß gehaltene Räume und Einrichtungsgegenstände, künstliches Licht bei Tag und Nacht – zu diesen Methoden und führt den tödlichen Hungerstreik von Holger Meins und den Selbstmord von Ulrike Meinhof auf die Reizentzugsbedingungen zurück.

In den Verhören kommen auch Drogen zur Anwendung, um den Gefangenen in einen psychischen Zustand zu versetzen, der seine Breitschaft zur Information fördert. Eingesetzt werden u.a. Drogen, die schläfrig machen und so die Widerstandskräfte schwächen (z.B. Scopolamin, Barbiturate, Meprobamat) und Drogen, die starke körperliche Qualen und Ängste hervorrufen, z.B. Succinylcholin, das Muskelkrämpfe, starke Schmerzen und Erstickungsanfälle, die fast zum Tod durch Sauerstoffmangel führen, auslöst, jedoch eine "wohltuende Ohnmacht" verhindert (s. dazu *Watson* 1982; S.253).

Die Veröffentlichung der CIA-Dokumente durch *Marchetti* und *Marks* (1974) machte einer breiten Offentlichkeit deutlich, daß die Forschungen der Militärpsychologen zu den Themen Gefangenschaft, Verhörmethoden und Gehirnwäsche keineswegs allein die relativ nachvollziehbaren Ziele hat, in Kriegssituationen militärische Informationen von Kriegsgegnern zu erhalten und eigene Soldaten für den Fall ihrer Gefangennahme darauf zu trainieren, Verhörmethoden zu widerstehen. Die CIA betrieb zwischen 1953 und 1963 allein 149 Projekte zur "Gedankenkontrolle". Sie reichten von Experimenten mit bewußtseinsverändernden Drogen (z.B. LSD), künstlicher Erzeugung von Gedächtnisstörungen, Veränderungen geschlechtsspezifischer Verhaltensweisen, um mißliebige Personen lächerlich zu machen, bis hin zu Methoden, mit denen Menschen willenlos und abhängig gemacht werden sollen (z.B. Hypnose). *Watson* meint zwar, daß diese Bemühungen wegen mangelnder wissenschaftlicher Fundierung wenig erfolgreich waren und ihnen deshalb wenig Beachtung geschenkt werden solle, übersieht aber dabei, daß gerade nach dem Fiasko, das die Veröffentlichung der CIA-Dokumente für den Geheimdienst bedeutete, dieser wahrscheinlich seitdem nicht nur vorsichtiger, was die Geheimhaltung anbetrifft, vorgeht, sondern auch wissenschaftlich sorgfältiger und damit effektiver arbeitet. Anscheinend wird dabei keine einzige anwendbare Methode, um Gedankenkontrolle durchzuführen, ausgelassen.

Neben diesen Aktivitäten der CIA arbeiteten die amerikanischen Militärpsychologen weiter an der Entwicklung von rein psychologischen Verhörmethoden, die am Verhörten keine sichtbaren oder leicht erkennbaren Spuren hinterlassen.

Biderman (1960) untersuchte aus Korea heimgekehrte Kriegsgefangene und analysierte ihr Verhalten bei den Verhören in Korea (s. auch *Cunningham* 1970). Drei Methoden, die sich dabei und bei anderen Untersuchungen herausgeschält haben, schildert *Watson* (1982, S.258 f.). Wir wollen sie kurz darstellen.

- *"Schuß auf die innere Einstellung" ("ideational bullet"):* Der Verhörende läßt während der Vernehmung durchblicken, daß er auf der Seite des Gefangenen steht und beide im Grunde gegen den gleichen Gegner kämpfen; Verhörender und Verhörter werden dadurch zu einer Art Komplizen, und der Verhörte neigt dazu, mehr Informationen preiszugeben, als er ursprünglich wollte.
- *"Konditionierung":* Über einen längeren Zeitraum belohnt oder bestraft der Verhörende das Verhalten des Gefangenen, und zwar so, daß dieser es nicht merkt: z.B. erhält er mehr oder bessere Verpflegung, wenn er über ein bestimmtes Gebiet, das den Verhörenden interessiert, spricht, so daß er es als angenehm empfindet, darüber zu sprechen. Dadurch wird nach und nach die Bandbreite der Themen, vom Verhörten unbemerkt, eingeengt und auf die Themen konzentriert, die den Verhörenden interessieren.
- *"Lockvogel":* Eine Vertrauensperson, z.B. ein Mitgefangener des Verhörten, wird in die Vernehmung mit einbezogen; dieser ist "umgedreht". Irgendwann wird sich der Verhörte dieser ihm sympathischen Person anvertrauen und so dem Gegner die gewünschte Information preisgeben.

Gehirnwäsche

Beim *"Brainwashing"* werden z.T. ähnliche Methoden wie beim Verhör angewandt. Seine Ziele gehen jedoch über die von Verhörtechniken hinaus: man will nicht nur Informationen von seinem Opfer erhalten, sondern auch seine Einstellungen verändern oder es sogar dazu bringen, die Propaganda gegen sein eigenes Land zu unterstützen, z.B. – wie in Korea geschehen – Rundfunkreden gegen das eigene Land zu halten.

Die in Nordkorea und China gegen amerikanische Kriegsgefangene eingesetzten Methoden wurden von den Psychologen sehr eingehend untersucht. Zusammenfassende Darstellungen finden sich bei *Hunter* 1956, *Biderman* und *Zimmer* 1961, *Biderman* 1963, *Lifton* 1963. Die Untersuchungen zeigten, daß hier eine sehr breite Methodenpalette – also keineswegs allein Deprivationstechniken – angewandt worden waren: u.a. Drohungen, Nahrungsentzug, Zerstörung sozialer Verbindungen zu Mitgefangenen, Behandlung der Gefangenen wie Tiere (Verhinderung angemessener hygienischer Bedingungen, entwürdigende Strafen, Wegfall jeglicher privater Sphäre u.ä.), Kontrolle der Wahrnehmungen und ähnliches (s. dazu *Watson* 1978, S.292 f.).

Schein et al. (1957) versuchten, bei den zurückgekehrten Gefangenen Persönlichkeitsunterschiede zwischen denen, die die Gefangenschaft überstanden hatten, ohne mit ihren Bewachern zusammenzuarbeiten, und "Kollaborateuren" zu finden, in der Absicht, "widerstandsfähige" Soldaten für Missionen, in denen sie leicht in Gefangenschaft geraten könnten, zu selektieren. *West* (1958) entwickelte Trainingsmethoden, um Soldaten gegen Verhör- und Brainwashingsmethoden widerstandsfähiger zu machen.

b) Psychologische Kriegsführung

Psychologische Kriegsführung wurde von den USA in größerem Ausmaß erstmals im 2.Weltkrieg betrieben. Sie bestand hauptsächlich in propagandistischen Bemühungen, die Kampfkraft der gegnerischen Länder zu schwächen (s. *Marchetti* u. *Marks* 1974, S.208).

Im Zeitalter der nuklearen, biologischen und chemischen Massenvernichtungsmittel, in dem die Möglichkeit besteht, daß nicht nur der Angegriffene, sondern auch der Angreifer selbst und möglicherweise die gesamte Bevölkerung der Erde vernichet wird, wendet sich die Aufmerksamkeit der Regierungen und Militärs in stärkerem Maße als bisher auf psychologische Methoden zur Schwächung des Gegners.

Zu einem besonders wichtigen Gebiet der psychologischen Kriegsführung mußte für die USA die Verhinderung bzw. Kontrolle von Aufständen und Revolutionen in Ländern ihres Einflußbereiches werden. 1956 wurde an der American University das *"Special Operations Research Office"* (SORO) unter anderem aus der Erkenntnis heraus gegründet, daß allein durch eine Vergrößerung und Perfektionierung der Waffenarsenale die weltpolitische Machtposition der USA nicht zu verteidigen sei. Dann waren es vor allem das Desaster in Kuba und das immer stärker werdende Engagement in Vietnam Anfang der 60er Jahre, das die Aufmerksamkeit auf die Frage lenkte, wie man Aufstände und Revolutionen in Ländern des eigenen Interessenbereichs durch andere Methoden als massive militärische Interventionen verhindern oder, wenn sie schon ausgebrochen waren, eindämmen bzw. mit möglichst geringem Aufwand niederschlagen könnte:

> *"Zum ersten Mal waren die militärischen Organisationen in der modernen Kriegsführung nicht in einer Lage, wo sie die ihnen zur Verfügung stehenden immensen Arsenale benutzen konnten – sie waren stattdessen durch eine geopolitische Zwangslage dazu gezwungen, sich zunehmend an primitiven Formen des bewaffneten Konflikts zu beteiligen. Die momentanen Fragen für die Armee waren: Warum kann die hardware nicht benutzt werden? Und welche Alternativen kann die software Sozialwissenschaft bieten?" (Horowitz 1966, S.446).*

Ein Artikel von *Windle* und *Vallance* (1964) zeigt diese neue Richtung der Sozialwissenschaften beim Militär auf. Die Autoren wechselten, während sie diese Artikel verfaßten, vom HumRRO zum SORO; vgl. daz. S.119). *Windle* und *Vallance* versuchen, eine Vorschau auf die weitere politische und militärische Entwicklung in der Welt und damit auch auf die Entwicklung der Sozialwissenschaften im Dienste der Politik und des Militärs zu geben, und kommen zu dem Schluß, daß sich die Form von Konflikten und Kriegen und somit auch die Arbeit der Wissenschaftler im Dienste von Militär und Politik verändern werden.

Wenn auch die Arbeit auf dem Gebiet der *human resources* weitergeführt werden müsse, um die Schlagkraft der Armee aufrechtzuerhalten und weiter zu verbessern, so kämen doch neue Aufgaben hinzu, die die Autoren mit der Beteiligung der Militärsozialwissenschaftler an der Forschung über Auswertung von Methoden der *"counterinsurgency"* (Vermeidung und Bekämpfung von Aufständen und Revolutionen) umschreiben. *"counter-insurgency"* habe drei Funktionen:

a) counterguerilla warfare (Kriegsführung gegen Guerillas)
b) psychological operations (psychologische Operationen)
c) civic action (Aktionen im zivilen Bereich).

Die Sozialwissenschaften hätten innerhalb dieser Funktionen verschiedene Aufgaben:

zu a):
Eine hauptsächliche Charakteristik der Kriegsführung gegen Guerillas ist die "Anwendung oder Drohung der Anwendung von Gewalt gegen die Regierung oder die Besatzungsmacht. Jedoch die notwendigerweise schwer zu erfassende oder irreguläre Natur von Bedrohung unter diesen Bedingungen und die entscheidende Rolle der Masse der Bevölkerung bei der Unterstützung der Guerillas erfordert spezielle Taktiken und die Erwägung der psychologischen Wirkungen dieser Maßnahmen auf die Bevölkerung".

zu b)
"Psychologische Operationen beziehen ... den relativ traditionellen Gebrauch der Massenmedien mit ein. Im Kalten Krieg sind diese Operationen ebenso gegen freundlich gesinnte wie gegen neutrale und feindliche Länder gerichtet. Zusätzlich wird der Möglichkeit und Wünschbarkeit des Gebrauchs anderer Mittel wie militärischer Bewegungen, politischer Statements, wirtschaftlicher Transaktionen und Entwicklungshilfe mit psychologischer Wirkung zunehmend Aufmerksamkeit geschenkt".

zu c)
"Zivile Aktionen bestehen aus Programmen des Militärs, gewöhnlich durchgeführt von einheimischen Streitkräften und oft unterstützt mit Material und technischem Wissen durch die Vereinigten Staaten, um die ökonomische und soziale Entwicklung und den guten Willen der Bevölkerung zu fördern und so politische Stabilität oder ein besseres Klima für die Streitkräfte zu schaffen (...) Diese Aktionen des Kalten Krieges erfordern die Unterstützung der Sozialwissenschaften ..." (Zitate aus *Windle* u. *Vallance* 1964, S.121).

Das erste große Projekt der sozialwissenschaftlichen counter-insurgency-Forschung war das *"Project Camelot"* unter der Leitung von *Vallancė*. Es war eine groß angelegte Untersuchung in anderen Ländern – in Lateinamerika, im Nahen und Fernen Osten, in Afrika und in Europa (Frankreich) – an der Soziologen, Psychologen, Anthropologen und Wissenschaftler anderer Disziplinen beteiligt waren.

"Grundsätzlich war es ein Projekt zur Messung und Vorhersage der Ursachen von Revolutionen und Aufständen in unterentwickelten Gebieten der Welt. Zusätzlich hatte es das Ziel, Wege zu finden, wie man diese Ursachen beseitigen oder mit Revolutionen und Aufständen fertig werden kann" (Horowitz 1966; S.335).

Die Sozialwissenschaftler sollten der US-Armee (das Projekt wurde vom Verteidigungsministerium finanziert) helfen, ohne massiven militärischen Einsatz Einfluß auf die politische Entwicklung in diesen Ländern zu nehmen. Offizielle Stellen in den betreffenden Ländern wußten offensichtlich nichts von diesem Projekt. Als der norwegische Friedensforscher *Galtung* eine der betroffenen Regierungen (die chilenische) darüber informierte, brachte ein Protest dieser Regierung das Projekt an die Weltöffentlichkeit, und es wurde daraufhin vom Präsidenten der USA hastig gestoppt. Durch die Veröffentlichung wurde eine umfangreiche Diskussion u.a. auch über ethische Implikationen solcher Untersuchungen ausgelöst (s. dazu *Vallance* 1966, *Walsh* 1966, *Horowitz* 1966, 1967, *Sjoberg* 1967, *Horlemann* 1968).

Die Einstellung des *"Project Camelot"* bedeutete jedoch keineswegs die Aufgabe der psychologischen Kriegsführung und der Counter-insurgency-Forschung. In Vietnam führten die USA einen sehr intensiven psychologischen Krieg (s. dazu *Sheehan* 1971, *Watson* 1978, 1982).

Molnar et al. analysierten 24 Aufstände, die zwischen 1946 und 1966 in verschiedenen Ländern stattgefunden hatten (nicht veröffentlicht: Bericht bei *Watson* 1978, S.337 ff.). Die Studie befaßte sich mit Fragen wie: aus welchen Gesellschaftsschichten kommen die Leute, die sich einem Aufstand anschließen? Welche Phasen durchläuft die Entwicklung einer Untergrundbewegung? Wie werben diese Gruppen neue Mitglieder? Wie sind die Gruppen strukturiert? Welche Motive haben die Mitglieder von Untergrundbewegungen?

Aus dieser und zahlreichen anderen Untersuchungen (s. dazu *Watson* 1978, Kap. 17) versuchen die Sozialwissenschaftler Handlungsweisen für Politiker und Militärs abzuleiten, die dazu dienen sollen, Aufstände zu verhindern oder niederzuschlagen und eigene Spezialtruppen für psychologische Kriegsführung auszubilden.

Militärpsychologen und -soziologen der USA erstellen in gewissen Abständen Analysen über psychologische Stärken, Schwächen und Verwundbarkeiten verschiedener Länder. Sie untersuchen führende Persönlichkeiten, deren Einstellungen und ihren Rückhalt innerhalb der Bevölkerung, lokale Gewohnheiten u.ä. (*Watson* 1978, Kap.21).

Auch versucht man Aberglauben und kultische Gewohnheiten für die psychologische Kriegsführung auszunutzen. So wurden, da es für die Vietnamesen sehr wichtig ist, im eigenen Haus zu sterben, während des Vietnamkrieges Flugblätter abgeworfen, in denen die Familien der nordvietnamesischen Soldaten daran erinnert wurden, daß ihre Ehemänner, Söhne und Väter weit weg von ihrer Heimat starben. Ebenso nutzte man die vietnamesische Gewohnheit, Todestage ihrer Angehörigen in bestimmen Abständen (nach 49, und 100 Tagen sowie an den Jahrestagen) feierlich zu begehen, indem man 49, 100 und 365 Tage nach Schlachten mit vielen Todesopfern Flugblätter verbreitete, die Schmerz und Trauer der Angehörigen verstärken sollten (vgl. *Watson 1978, S.405).*

Aufgrund seiner Untersuchungen ist das Pentagon im Besitz von Listen von "günstigen" und "ungünstigen" Daten aus Ländern in aller Welt, so daß das amerikanische Militär z.B. in der Lage ist, Angriffe auf solche Tage zu legen und so negative "Vorhersagen" lokaler "Götter" eintreffen zu lassen. Es wurden sogar "Stimmen" von "Göttern" von Naturvölkern auf Tonband aufgenommen, durch die ein Stamm gegebenenfalls erschreckt, verjagt oder in seinem Dorf gehalten werden soll. Auch hat man spezielle Filmprojektoren entwickelt, mit denen es möglich ist, Bilder und Filme an tiefhängende Wolken zu projizieren (vgl. *Watson* 1978, S.25 f.).

Neben der Absicht, über gegnerische Völker durch solche Methoden Kontrolle auszuüben und sie zu schwächen, können die Analysen der Verhaltensweisen und Gewohnheiten anderer Völker auch dazu dienen, sie in den Augen der eigenen Soldaten zu dehumanisieren, d.h. diesen das Gefühl zu geben, die feindlichen Soldaten und Zivilisten seien keine Menschen. Dadurch können bestehende Tötungshemmungen abgebaut werden. Beispielsweise nannten die US-Soldaten im Vietnamkrieg ihre Gegner *"gooks"* (gook = Schmutz, Dreck).

Zusammenfassung

Die Militärpsychologie in den USA begann wie in Deutschland und anderen Ländern mit dem 1.Weltkrieg. Sie nahm jedoch aufgrund anderer militärischer Voraussetzungen eine etwas andere Entwicklung: das Testen großer Anzahlen von Rekruten mit Fähigkeitstests stand im Vordergrund der militärpsychologischen Aktivitäten.

Nach einer Pause zwischen den beiden Weltkriegen wurden diese Aktivitäten erneut und diesmal in einem weit größeren Umfang wieder aufgenommen. Die Fähigkeitstests nahmen auch hier wieder einen breiten Raum ein, aber ein großer Teil der Aufmerksamkeit der Militärpsychologie richtete sich auf die Messung von Einstellungen. *Stouffer* (1949/50) bezeichnete diese Veränderung etwas vereinfachend (vgl. *Roghman* u. *Ziegler* 1977) als eine Wende innerhalb der Militärpsychologie – im 1.Weltkrieg *"aptitude"*-(= Fähigkeits-Messungen, im 2. Weltkrieg *"attitude"*-(= Einstellungs-)Messungen. Die *"attitude"*-Messungen werden bis auf den heutigen Tag erweitert und verfeinert. Auch zahlreiche andere Gebiete der Psychologie fanden während des 2.Weltkriegs Eingang in die Militärpsychologie der USA. Nach dem Krieg wurden dann, anders als nach 1918, die militärpsychologischen Institutionen größtenteils beibehalten und viele neu geschaffen.

Beim Versuch, sich einen Überblick über die Militärpsychologie der USA zu verschaffen, gewinnt man den Eindruck, daß hier nichts unversucht gelassen wird, jede Möglichkeit, welche die Psychologie bietet, auch für das Militär irgendwie nutzbar zu machen. Zivile Psychologie und Militärpsychologie sind insgesamt nur sehr schwer auseinanderzuhalten. Die amerikanische Wissenschaft beruht zum großen Teil auf einem "Sponsorensystem", d.h. ein Wissenschaftler, der eine Untersuchung durchführen will, muß sich Personen, Stiftungen oder Behörden suchen, die irgendein Interesse an dem Projekt haben oder aus anderen Gründen bereit sind, finanzielle Mittel dafür zur Verfügung zu stellen. Einer der großen unter diesen Sponsoren ist das Verteidigungsministerium. Da die Versuchsergebnisse häufig in einer leicht zugänglichen "zivilen" Fassung – zumeist in den psychologischen Fachzeitschriften – und in einer geheimen Fassung für das Militär festgehalten werden, ist es oft schwierig, den militärischen Hintergrund eines Untersuchungsprojekts zu erkennen. Die Forschungsergebnisse der militärpsychologischen "Denkfabriken" ("thinktanks" wie die hier häufig erwähnten HumRRO und SORO) werden fast generell geheimgehalten.

"Erziehung zu Haß und Siegesgewißheit" – Militärische Psychotechniken im Warschauer Pakt

Die im Westen zugänglichen Informationen über die Militärpsychiatrie und Militärpsychologie in Osteuropa sind außerordentlich spärlich. *Watson* (1982) bezieht sich bei seiner Auswertung der Literatur lediglich auf neun Veröffentlichungen. Im (in der DDR ins

Deutsche übersetzten) Original lagen uns nur zwei Quellen aus der Sowjetunion vor: *Korobejnikow* 1972 und *Scheljag* et al. 1975. Trotz der Kargheit des Materials glauben wir, einige Angaben machen zu können, da die Unterlagen als repräsentativ angesehen werden können.

Die Wichtigkeit des Sanitätswesens für die Kampfkraft der Soldaten wird – ebenso wie in westlichen Veröffentlichungen – immer wieder betont (die lediglich mit Seitenangaben versehenen Zitate stammen aus *Korobejnikow* 1972):

"Die psychische Verfassung des Soldaten wird auch durch die erfolgreiche Tätigkeit des medizinischen Dienstes beeinflußt. Die Soldaten fühlen sich sicherer, wenn sie wissen, daß unbedingt Hilfe erwiesen wird. Für die psychologische Vorbereitung ist es deshalb ungeheuer wichtig, daß die Soldaten z.B. bei Übungen die Tätigkeit des medizinischen Dienstes miterleben und dessen Mittel sehen." (S.222)

"Die psychische Widerstandsfähigkeit des Soldaten nimmt zu, wenn er an die Möglichkeiten des Schutzes vor Massenvernichtungsmitteln glaubt. Er muß davon überzeugt werden, daß die persönliche Schutzausrüstung die Atmungsorgane, die Augen, die Haut und das Gesicht vor chemischen Kampfstoffen, vor der Kernstrahlung und bakteriologischen Kampfmitteln des Gegners in hohem Maße schützt, wenn er sich in befallenem Gelände befindet..."

Die Angst vor dem atomaren Inferno soll reduziert werden:

"Es ist unzweckmäßig, in der Ausbildung die Aufmerksamkeit der Soldaten hauptsächlich auf die Vernichtungsfaktoren der Kernwaffen zu konzentrieren. So ist es vorgekommen, daß bei der Darstellung der Vernichtungsfaktoren dermaßen übertrieben wurde, daß junge Soldaten den Eindruck gewannen, die Kernwaffen des Gegners seien allmächtig. Die Möglichkeiten des Schutzes und deren Zuverlässigkeit wurden dabei nur am Rande erwähnt. Aus dieser Art der Ausbildung resultiert die Überzeugung, daß es unmöglich sei, sich vor den Raketenkernwaffen zu schützen..." (S.227).

Was im Bereich der anglo-amerikanischen Militärpsychiatrie als *"battle-proofing"* betrieben wird, hat sein Gegenstück im sowjetischen System, wo u.a. versucht wird, die Soldaten bei Manövern an den Anblick von Schwerverletzten und Toten zu gewöhnen.

Bei Gefechtsübungen werden z.B. Manöverpuppen verwendet, die als Schwerverletzte oder Tote gelten sollen; auch werden realistisch nachgebildete Körperteile über das Gefechtsfeld verstreut, um die Soldaten für den Ernstfall gegenüber dem Schrecken, den der Anblick toter, verwundeter und verstümmelter Menschen verursacht, zu immunisieren (vgl. Watson 1982, S.418 f.).

Diese "Wege der Erziehung zur Furchtlosigkeit" (S.217) sind eingebettet in ein umfassendes Konzept der "psychologischen Aufrüstung":

"Den sowjetischen Soldaten auf einen modernen Krieg moralisch-politisch und psychologisch vorzubereiten bedeutet, die für das Gefecht notwendigen Eigenschaften auszubilden, vor allem im Geiste des sowjetischen Patriotismus, des Hasses auf den Feind, zu erziehen und vom Sieg des Sozialismus zu überzeugen. Gerade diese Eigenschaften machen den sowjetischen Soldaten bereit, erhöhte kämpferische Aktivität zu entwickeln..." (S.105)

"... der Erfolg der moralisch-politischen und psychologischen Vorbereitung wird gewährleistet durch die gemeinsame, abgestimmte Arbeit der Kommandeure, der

Politorgane und der Partei- und Komsomolorganisationen, durch die Verstärkung der führenden Rolle der Partei und ihres Einflusses auf die Armeeangehörigen, durch die Verwirklichung der Einheit von ideologischer und organisatorischer Arbeit sowie durch die wissenschaftliche Leitung der politischen und Gefechtsausbildung." (S.43)

Gefordert wird also die "ideologische Stählung" (S.22), welche die Voraussetzung für den immer wieder geforderten Haß auf den Feind darstellt:

"Die Erfahrungen der Kriege zur Verteidigung des sozialistischen Vaterlandes zeigen, daß man den Feind nicht besiegen kann, wenn man nicht gelernt hat, ihn aus ganzer Seele zu hassen ... der Charakter des modernen Krieges erfordert, die Erziehung zum Haß auf den Feind erheblich zu steigern ... Schon in Friedenszeiten muß dieses Gefühl ausgeprägt sein, damit der sowjetische Soldat zu jeder Zeit sofort mutig und ohne ideologisch zu schwanken in den Kampf geht und gegen den Aggressor alle den sowjetischen Streitkräften zur Verfügung stehenden Mittel anwendet. Das Gefühl des Hasses auf den Feind fördert die erfolgreiche militärische Arbeit der sowjetischen Soldaten ... (S. 116) Die Kommandeure und Politarbeiter sollten ständig beachten, daß die Erziehung zum Haß auf den Klassenfeind ein untrennbarer Bestandteil der moralisch-politischen und psychologischen Vorbereitung der Soldaten auf einen Krieg ist, der auch alle anderen Bestandteile dieser Vorbereitung beeinflußt." (S.121)

Dies ist nicht nur eine abstrakte Forderung, sondern soll sich auch im Ausbildungsalltag konkretisieren:

"Die Praxis der Gefechtsausbildung unterstreicht die überaus wichtige Erkenntnis der Psychologie, daß die Herausbildung solcher emotionaler Zustände bei den Soldaten nicht kämpferischer Elan oder Haß auf den Gegner in Zeiten, da die unmittelbare Konfrontation mit einem realen Gegner fehlt, entscheidend von ihrer physischen Tätigkeit und ihrem Streben abhängt, sich diesen lebendig vorzustellen. So wurde bei der Ausbildung der Soldaten für den Nahkampf von je her gefordert, daß der Soldat den Bajonettstich im Zorn und einen Schrei ausstoßend auszuführen hat. Das sollte dazu beitragen, die Vorstellung zu erzeugen, nicht eine Puppe sondern einen realen Gegner vor sich zu haben ... Das wichtigste Kennzeichen für die Reife eines Soldaten war schon immer seine innere Bereitschaft, dem Feind Auge in Auge gegenüberzutreten ... Indem der Soldat mit dem Bajonett zusticht oder mit dem Kolben zuschlägt und dabei einen Kampfschrei ausstößt, versetzt er sich in einen solchen psychischen Spannungszustand, der in bestimmter Weise dem im realen Gefecht entspricht..." (S.165 f.).

Als eine weitere wichtige Komponente der "Aufrüstung der Seelen" wird die Erziehung der Soldaten zur Siegesgewißheit betrachtet:

"Die moralisch-politische und psychologische Vorbereitung löst das wichtige Problem der Erziehung der Soldaten, Matrosen, Unteroffiziere und Offiziere zur Siegesgewißheit. Im Ergebnis erfolgreicher Arbeit mit den Soldaten kommen ihnen keine Zweifel über den für uns siegreichen Ausgang eines künftigen Weltkrieges, falls ihn die Imperialisten, die Feinde des Friedens, entfesseln sollten." (S.25)

Reichen die erwähnten politisch-psychologischen Maßnahmen nicht aus, wird eine schärfere Gangart vorgeschlagen, wobei – u.a. auch mangels Hilfe durch religiöse Aufrüstungsmethoden – andere staatliche Institutionen bemüht werden sollen.

> *"Ein gut vorbereiteter und überzeugend durchgeführter öffentlicher Gerichtsprozeß, ein gerechtes Urteil des Militärgerichts hinterlassen im Bewußtsein der Armeeangehörigen einen starken Eindruck; solche Prozesse und Urteile dienen vor allem der Herausbildung kommunistischer Überzeugungen, hoher moralisch-politischer und psychischer Eigenschaften, der Beflügelung der Aktivität im Kampf gegen Rechtsverletzungen." (S.132)*

Insgesamt erscheinen diese Ausführungen weniger im strengen Sinne fachpsychologisch orientiert; es handelt sich vielmehr um Vorschläge allgemeinerer Art, die aus der politischen und militärischen Geschichte sowie der kommunistischen Weltanschauung abgeleitet sind. Daraus allein ist jedoch noch nicht der Schluß zu ziehen, daß die sowjetische Militärpsychologie weniger elaboriert sei als die westliche. Da im Westen fast keinerlei Untersuchungen und Untersuchungsergebnisse zugänglich sind, können wir nicht wissen, ob auf diesem Gebiet nicht doch vielleicht große Anstrengungen unternommen werden und inwieweit z.B. Psycho-Techniken des Westens wie die Verhaltenstherapie, Gruppendynamik und Sozialpsychologie Eingang in die Militärpsychologie des Ostens gefunden haben. Jedenfalls spricht vieles dafür, daß in der Sowjetunion (zumindest im Jahre 1971, dem Zeitpunkt des Erscheinen des Werkes "Soldat und Krieg") bezüglich der Beteiligung der Psychologie an der Lösung militärischer Fragen noch ein Nachholbedarf bestand; so sind die folgenden dort zitierten Forderungen zu erklären:

> *"– in das Programm der Gefechtsausbildung der Soldaten und Matrosen einen Elementarkurs "Militärpsychologie" aufzunehmen;*
> *– in der Taktikausbildung bei Gruppenübungen usw. nicht nur von militärisch-technischen, sondern auch von psychologischen Aspekten der Handlungen unter den Bedingungen des Einsatzes moderner Waffen auszugehen;*
> *– psychologische Charakteristika der militärischen Spezialrichtungen zu fixieren, um dadurch eine wissenschaftlich begründete Auswahl nach psychologischen Gesichtspunkten für diese Richtungen zu gewährleisten;*
> *– einen Übungskomplex auszuarbeiten, der auf effektive Weise die Herausbildung derjenigen allgemeinen und speziellen psychischen Eigenschaften gewährleistet, die im modernen Gefecht gebraucht werden." (S.169)*

Aus den bei *Watson* (1982) angeführten Werken neueren Datums geht – wenn auch keine konkreten Ergebnisse veröffentlicht werden – hervor, daß zumindest auf den entsprechenden Gebieten geforscht wird: So werden z.B. analog zur physiologischen Streßforschung in der amerikanischen Militärpsychologie bei russischen Soldaten während Manövern physiologische Messungen (Blut- und Urinuntersuchungen, Messungen der Atemfrequenz, des Ausmaßes des Handzitterns etc.) vorgenommen, und es wird versucht, durch möglichst realistische Manövergestaltung die Soldaten gegen Angst und frühzeitige Erschöpfung psychologisch zu konditionieren sowie durch psychologisch orientierte Beobachtungen diejenigen Soldaten auszusondern, die sich nicht für den direkten Kampf auf dem Schlachtfeld eignen (vgl. *Watson* 1982, S.419).

Auch werden die emotionalen Spannungen, die durch das militärische Gemeinschaftsleben hervorgerufen werden, erforscht und auch gruppendynamische Untersuchungen durchgeführt. Die Soldaten werden auf der Basis der im Westen entwickelten *Raven*-Matritzen und des *Hamburg-Wechsler*-Inventars Intelligenztests unterzogen; neben diesem "Konventionellen IQ" wird auch ein "Politischer IQ" ermittelt, der den Kenntnisstand des

Getesteten auf dem Gebiet der marxistisch-leninistischen Philosophie und Staatslehre quantifizieren soll (dazu *Watson* 1982, S.420 ff.).

Bei aller angebrachten Behutsamkeit in der Beurteilung der bisherigen Entwicklung der sowjetischen Militärpsychiatrie und Militärpsychologie besteht angesichts der zugänglichen Quellen trotzdem der Eindruck, daß die beiden Disziplinen im Ostblock bisher nicht den Grad an Elaboriertheit erreicht haben, den z.B. die Militärpsychologie der USA vorweisen kann.

Bei einem noch zu leistenden umfassenden Vergleich der beiden Militärpsychologien, der aufgrund des Mangels an Material bisher nicht möglich ist, wären u.a. auch die sehr verschiedenen gesellschaftspolitischen Ausgangspositionen der einzelnen Disziplinen in Ost und West zu berücksichtigen. Einige gravierende Unterschiede sind jedoch schon ohne tiefere Einblicke festzustellen. Sie liegen hauptsächlich im Versuch der östlichen Militärpsychologie, den Soldaten weit stärker und formalisierter "ideologisch" zu beeinflussen, ihn explizit zum "Haß auf den konkreten Feind" zu erziehen und seine "Siegesgewißheit" systematisch zu stärken. Dieser Versuch wird im Westen (von Ausnahmen abgesehen) nicht so explizit gefordert und durchgeführt. Im Westen wird eher der Versuch unternommen, das Kriegshandwerk technokratisch zu "entpersönlichen", sodaß dann der konkrete "Haß" nicht mehr erforderlich ist. Eine mögliche Empathie Soldaten mit dem potentiellen Gegner wird jedoch auch im Westen systematisch zu verhindern versucht.

Obwohl die mehrfach ausgesprochene Forderung nach "Erziehung zum Haß" und nach möglichst kriegsähnlicher Ausbildung (Schreien beim Bajonettangriff etc.) besonders uns zivile Leser erschrecken mögen, erscheint in diesen Methoden zumindest auch eine gewisse Möglichkeit zur "seelischen Abrüstung" zu bestehen. Denn der Haß ist ein elementares menschliches Gefühl und könnte durch ein verändertes politisches Klima und die Möglichkeit z.B. persönlicher menschlicher Begegnungen wegschmelzen, ja vielleicht in Sympathie verwandelt werden. Wenn jedoch – wie es die Tendenz im Westen ist – im Ausbildungsalltag gar kein mit Haß aufgeladenes menschliches "Feindbild" mehr gefordert wird, und das Töten also immer mehr zu einem technischen, ent-sinnlichten, ent-emotionalisierten "Sachvorgang" werden soll, wird dieses System auch wesentlich resistenter gegenüber dem elementaren, gefühlsmäßigen Widerwillen des Soldaten und der Gesamtbevölkerung, sich in einen gigantischen Vernichtungsapparat einspannen zu lassen. Eine Erziehung zum Haß, so verwerflich diese auch ist, scheint uns auf paradoxe Weise eher noch die Möglichkeit zu bieten, ihr bewußt zu widerstehen, als die – zumeist vom Individuum unbemerkten – subtilen Versuche, es in ein feinmaschiges psychotechnologisches Netzwerk einzubinden.

Exkurs: Simulation als "Drückebergerei" vor dem Heldentod

Die einfühlende Beschreibung der Todesangst von Soldaten war nie ein Thema für Militärpsychiater und Militärpsychologen. Der Soldat hatte schon immer eine gefühllose Größe auf dem Schachbrett der Logistik zu sein; seine Angst war Sand im Getriebe, sie wurde offiziell verdrängt, verleugnet, durch eine Heldenideologie und das Versprechen von

Unsterblichkeit – irdisch durch das Heldengedenken, im Jenseits durch das ewige Leben – sowie durch brutale "Therapie-" und Strafmaßnahmen zum Verstummen gebracht. Doch die Todesängste brechen durch, je näher der Krieg und die Front rücken, je mehr Verletzung, Verstümmelung und Tod sinnlich wahrnehmbar werden.

Kein Wunder, daß Soldaten schon immer versucht haben, dem Heldentod in der Hölle der Front durch Simulation und Aggravation von körperlichen und seelischen Krankheiten sowie durch Selbstverstümmelung, etwa den sich selbst beigebrachten rettenden Heimatschuß, zu entgehen.

So veröffentlichte ein Autor namens *Schmetzer* 1829 in Tübingen ein Buch mit dem Titel "Über die wegen Befreiung vom Militärdienst vorgeschützten Krankheiten und deren Entdeckungsmittel". Eine Fülle von entsprechenden Veröffentlichungen erschien besonders in der zweiten Hälfte des 1. Weltkriegs. Die Ursachen dafür nannte der zeitgenössische Psychiater *Mönkemöller* ganz deutlich:

> *"Die Begeisterung der ersten Tage, die die niedrigen Instinkte zu Boden gehalten hatte, verrauchte. Hatten solche psychisch geschädigte Personen mit der Erinnerung an schwerste Kriegserlebnisse zu kämpfen, dann suchten sie eher weiterer Schädigung durch Mittel aus dem Wege zu gehen, denen sie sonst abhold gewesen wären ... Was so viele Kriegsneurotiker, die von einem Lazarett zum anderen wandeln, an geistiger Elastizität einbüßten und was sie dabei an neurologischen Kenntnissen eintauschten, das wurde geradezu ein Krebsschaden ..."*

Er betont

> *"...daß ... das feste Gefüge der Armee auf der unbedingten Sicherheit der Durchführung der allgemeinen Wehrpflicht beruht. Die Simulation rüttelt an diesem Gefüge. Bliebe sie straflos, so würde sie sicher bei der ansteckenden Verbreitungsweise solcher Versuche im weitgehendsten Maße die Bestrebungen fördern, die der Erfüllung der Dienstpflicht entgegenarbeitet. Die hohen Strafen, die darauf stehen, sollen abschreckend wirken ..." (Mönkemöller 1919, S.606 f.)*

Mönkemöller kritisiert, daß Soldaten im Lazarett zu lasch behandelt worden waren:

> *"So hatte er sich um so mehr zum Vertreter der typischen Lazarettgeneration ausgebildet, der ganz dem entnervenden Einflusse einer zu lange und zu liebevoll ausgeübten Behandlung zum Opfer gefallen war."*

Der Autor berichtet von der Anwendung der Kaufmann-Kur bei Verdacht auf Simulation und fährt fort:

> *"Damit knüpft die Behandlung derartiger Simulanten an die Mittel an, deren sich die Psychiatrie und nicht in letzter Linie die Militärpschiatrie in derartigen Fällen früher mit besonderer Vorliebe zu bedienen pflegte. Es war die Zeit, in der man vor allem die Anwendung der kalten Dusche und längerer Nahrungsentziehung, Wickelkuren, Brechmittel, Douchen, Einsperren zu ekelhaften, tobenden oder gefährlichen Kranken, lebensgefährliche Angriffe, Feuerrufe im Hause, Chloroformierung nicht zurückscheute, wenn es galt, den Trotz eines vermeintlichen oder wirklichen Simulanten zu brechen."*

Diese Prozeduren sollten nach *Mönkemöller* auch eine abschreckende Wirkung auf Simulanten haben:

"Sie selber verlieren dann die Lust, später in ähnlichen Fällen ihre Lage in ungebührlicher Weise verbessern zu wollen. Auch bei ihren Kameraden, die von ähnlichen Gelüsten geplagt werden, wird die Neigung ausgerottet, die Nachsicht des Psychiaters in ähnlicher Weise auf die Probe zu stellen" (alle Zitate Mönkemöller 1919).

Und *Raecke*, der sich sehr eingehend mit Simulanten und Aggravation psychischer Störungen beim Militär befaßt hat, meint, man werde Simulanten dann am leichtesten entlarven,

"wenn es (...) gelingt, ein ausgedehntes Netz unauffälliger Beobachtungen um den Simulationsverdächtigen zu legen" (Raecke 1919, S.590)

Die Folter, der die Simulanten unterworfen wurden, war genau geregelt und ihre Grade waren folgende:

1. Absolute Diät, früh und abends drei Tage lang je eine Tasse Tee, wobei allen, ohne Rücksicht drauf, worüber sie klagten, Aspirin zum Schwitzen verabreicht wird.
2. Um jedem den Gedanken auszutreiben, daß der Krieg ein Honiglecken sei, wird in reichlichen Portionen Chinin in Pulverform oder sogenanntes Chinin zum Lecken verabreicht.
3. Zweimal täglich Magenausspülungen mit einem Liter warmen Wassers.
4. Ein Klistier, unter Benutzung von Seifenwasser und Glycerin
5. Eine Packung in ein in kaltes Wasser getunktes Leintuch. Es gab tapfere Menschen, die alle fünf Grade der Tortur überstanden und sich in einem einfachen Sarg auf den Soldatenfriedhof schaffen ließen. Aber es gab auch kleinmütige Menschen, die, wenn sie beim Klistier angelangt waren, erklärten, daß ihnen bereits gut sei und daß sie nichts anderes wünschten, als mit dem nächsten Marschbataillon an die Front abzugehen.

"Mit Rheumatismus komm nicht erst unter uns", sagte ein feister Mann eindringlich zu Schwejk, "Rheumatismus is' hier soviel wert wie ein Hühneraug', ich bin blutarm, hab den halben Magen und fünf Rippen weg, und niemand glaubt's mir!" (...)

"Glaubt nicht, daß ihr einen Ochsen vor euch habt, der sich alles an die Nase binden läßt. Mich bringt euer Benehmen durchaus nicht aus dem Gleichgewicht. Ich weiß, daß ihr alle Simulanten seid, daß ihr vom Militär desertieren wollt. Und demgemäß behandele ich euch. Ich habe Hunderte und Hunderte solcher Soldaten überlebt, wie ihr es seid. In diesen Betten sind ganze Scharen von Menschen gelegen, denen nichts anderes gefehlt hat als kriegerischer Geist. Während ihre Kameraden im Felde kämpfen, haben sie geglaubt, daß sie sich in den Betten wälzen, Krankenkost bekommen und warten können, bis der Krieg vorbei ist. Da haben sie sich aber sakramentisch getäuscht, und ihr alle werdet euch sakramentisch täuschen. Noch nach zwanzig Jahren werdet ihr aus dem Schlaf schreien, wenn ihr davon träumen werdet, daß ihr bei mir simuliert habt." (der Arzt Dr. Grünstein)

Aus: Jaroslav Hasek: Die Abenteuer des braven Soldaten Schwejk, Kap.8: Schwejk als Simulant

Es ist bedrückend, daß in der gesamten Literatur des 1. Weltkrieges – und später, so viel sei vorweggenommen, wird das nicht anders sein – die mit den militärischen Zielen voll sich identifizierenden Psychiater und Psychologen als Ursache für Simulation, Aggravation und Selbstverstümmelung lediglich psychopathische Erbanlagen, moralische Minderwertigkeit und körperliche Faktoren annehmen. Keiner von ihnen gelangte durch empathische Einfühlung in die Soldaten zu klaren Formulierungen, wie sie *Freud* (1920, s.S. 23 f.) vorgetragen hatte.

Einen Gipfel psychiatrischer Empathie- und Introspektionsverweigerung stellen die Formulierungen in einer Arbeit des Pathologen *Neste* dar. Hier eine Fallgeschichte aus dieser Arbeit, in der der Suizid eines Soldaten auf rein körperliche Ursachen zurückgeführt wird:

> *"Paul Sch., Kanonier, 19 Jahre.*
> *Sektionsdiagnose: Selbstmord durch Erhängen.*
> *Schwerer Status Thymicus.*
> *(...) Als Bursche war er sehr fleißig und sparsam. Als er zum Militär eingezogen wurde, zeigte er gedrückte Stimmung, äußerte mehrmals, er könne das Soldatenleben nicht ertragen. Auf mehrfache Fragen seiner Schwester, was ihm eigentlich fehle, sagte er, er wisse nicht was ihm fehle, er habe eine solche Angst, die er nicht wieder loswerden könne. Erregt war er sehr leicht.*
>
> *2.5.1916 Selbstmord durch Erhängen (...) die anamnestischen Aussagen der Schwester schildern den Soldaten als einen in letzter Zeit sehr nervösen Menschen, auf den das Soldatenleben eine sehr starke depressive Wirkung ausübt, die sicherlich in der durch den Status Thymicus bedingten Alternation seiner Psyche ihre Begründung findet" (Neste 1919, S.56).*

Im 2. Weltkrieg gab es wieder eine große Zahl von Simulanten und Selbstverstümmlern. Bekannt gewordene Fälle wurden brutal geahndet. *Seidler* nennt etwa 10 000 Gerichtsverhandlungen, von denen mehr als 6000 mit dem Todesurteil endeten (S.235). Es ist jedoch sicher eine große Dunkelziffer anzunehmen. Obwohl ein großer Aufwand in der Erforschung von Methoden zur Entdeckung von Selbstverstümmelung (z.B. Schießversuche an Leichen zur Unterscheidung von "Heimatschüssen" und Schußverletzungen durch gegnerische Einwirkung und Sektion der Leichen von durch Erschießen Hingerichteten zu demselben Zweck) getrieben wurde, konnten viele Ärzte mangels Ausbildung Selbstverstümmelung nicht von Feindeinwirkung oder echter Krankheit unterscheiden. Auch versuchten Arzte, wenn ihnen klar wurde, daß sie einen Selbstverstümmler vor sich hatten, dies vor den militärischen Behörden zu verheimlichen, obwohl darauf schwerste Strafen bis hin zur Todesstrafe standen.

> *"Die Verwundeten unserer eigenen Division waren völlig deprimiert. Die Stimmung der Truppe war auf den Nullpunkt gesunken. Wir bekamen hintereinander mehrere Handdurchschüsse, die die Soldaten sich selbst beigebracht hatten ... Der erste dieser Patienten war ein junger Bauernbursche, der nach wenigen Wochen Ausbildung vor drei Tagen im Flugzeug aus Deutschland gekommen und in eine Kampflage hineingeraten war, der kaum die alten erfahrenen Infanteristen gewachsen waren. Ich sah mir die Wunde an. Die Wundränder waren zerfetzt und geschwärzt. Ich wischte mit einem Tupfer darüber. Es war kein Schmutz. Dann sah ich mir den Patienten an. Er war achtzehn Jahre alt. Er hatte noch nicht einmal einen richtigen Bart. Es war offenbar, daß er in seiner Verzeiflung über die Hölle, in die er hineingeraten war, einen seelischen Kurzschluß bekommen hatte. Noch klarer war seine Ahnungs-*

losigkeit, daß der Handdurchschuß das von ihm selbst herbeigeführte Ende seines jungen Lebens bedeuten konnte. Einen Augenblick überlegte ich ... Wenn eine psychologische Epidemie in Selbstverstümmelungen ausbrach – was bei der Kampflage möglich war –, waren auch wir geliefert ... Der Operationsgehilfe und der Narkotiseur tauschten einen Blick. Dann sagte der Korporal Fuchs, während er sich mit der Narkosemaske seine große Nase rieb: "Das kann nur der Aristoteles in Ordnung bringen!" Er begann einfach seine Narkose. Gehrmann reichte mir das Messer. Ich entfernte alle gerichtsmedizinischen Beweismittel auf die einzig zuverlässige Art, nämlich operativ. Es wurde eine große Wunde ...".
Aus: Peter Bamm, Die unsichtbare Flagge

In den letzten Kriegsjahren versuchten die Alliierten, die deutschen Frontlinien dadurch zu schwächen, daß sie Broschüren verbreiteten, auf denen detaillierte Anleitungen zur Simulation einer Krankheit und zur Selbstverstümmelung angeboten wurden. Die Broschüren, die meist viele Seiten umfaßten, waren mit Titeln wie z.B. "Feldgesangbuch", "Sportvorschrift für die Marine", "Truppenhygiene im Winter" und Romantiteln getarnt. Sie sind bei *Seidler* 1977 ausführlich dokumentiert. Hier ein Beispiel:

Die "Sportvorschrift für die Marine" empfahl den Simulanten folgende Grundregeln:

Du mußt einen sympathischen Eindruck machen.
Doktoren sind auch nur Menschen und glauben einem Kerl, den sie leiden mögen, lieber als einem, der ihnen unsympathisch ist.

Truppenärzte sind am leichtesten zu beeindrucken. Alles, was man braucht, ist "militärische Haltung".

Du darfst dem Arzt nicht zu viel erzählen.
Vor allem darfst du ihm nie den Namen der Krankheit nennen, an der du angeblich leidest. Gebrauche grundsätzlich niemals medizinische Fachausdrücke, ob richtig oder falsch. Der Arzt freut sich, wenn er seine Kenntnisse anbringen und dir sagen kann, was dir fehlt. Er hat ein begründetes Vorurteil gegen Laien, die alles "ebenso wissen wie ein Doktor". Ein Simulant fällt niemals herein, weil er zu wenig sagt, aber evtl., weil er zuviel sagt. Deshalb findest du in den meisten Fällen in diesem Heft keine Namen für die Krankheiten, die darin beschrieben sind. Es ist sicherer, wenn du sie selber erst gar nicht weißt. Wenn der Arzt will, wird er dir schon sagen, wie deine Krankheit heißt. In den Fällen, in denen hier ausnahmsweise ein Name für die betreffende Krankheit angegeben ist, mußt du genau darauf achten, was darüber gesagt ist, wann und wie du den Namen gebrauchen darfst.

Es muß deutlich sein, daß du nicht krank sein willst.
Ein normaler Kranker will seine Krankheit loswerden und freut sich, wenn ihm der Arzt sagen kann, daß seine Krankheit nicht gefährlich ist. Wenn der Arzt also sagt, daß du Dienst machen kannst, widersprich nicht, sondern geh und mache einen Versuch, und laß die anderen merken, daß es leider nicht geht. Am besten ist, wenn du sagen kannst, daß eine dritte Person, z.B. deine Frau, dir das Versprechen abgerungen hat, dich krank zu melden, "trotzdem du selbst glaubst, daß es doch nicht so schlimm sein kann".

Ärzte, besonders Militärärzte, haben eine Neigung, dem Patienten zu demonstrieren, was du aushalten kannst. Sollte der Arzt dich "beruhigen", indem er sagt, daß du "recht hast" und die Beschwerden nicht von einer ernsthaften Krankheit hervorgerufen sind, danke ihm dafür, daß er dir die "Sorge abgenommen hat" – und dann zeige, daß "unglücklicherweise" deine Krankheit eben doch schlimmer ist, wie der Arzt gedacht hat. ("Zeige – nicht sage!") Alle diese Regeln haben den einen Zweck:

Du mußt es dem Arzt leicht machen, an deine Krankheit zu glauben.

Der erste Eindruck ist der wichtigste. Wenn du zum Arzt kommst, um dich krank zu melden, bist du "ein Soldat" für den Arzt, d.h. ein Mann, der eigentlich im Dienst sein sollte, und der stattdessen die Zeit und die Arbeit des Arztes in Anspruch nimmt. Militärärzte haben es gar nicht gern, wenn sie viele Kranke in der Einheit haben. Erstens macht ihnen das mehr Arbeit und bringt ihnen nicht mehr ein. Zweitens sind sie, wie jeder andere Soldat, gleichzeitig Vorgesetzte und Untergebene und kriegen "von oben" einen Anpfiff verpaßt, wenn zu viele Leute in ihrer Einheit beim Dienst ausfallen. Diesen ersten, selbstverständlichen Widerstand des Doktors gegen den Mann, der sich krankmeldet, mußt du überwinden. Wenn der Arzt erst einmal glaubt, daß irgend etwas wirklich nicht in Ordnung ist mit dir, dann wirst du aus einem "Soldaten" zu einem "Patienten" – und du kannst kaum überschätzen, was das für einen Unterschied macht.

Wenn ein "Soldat" schlecht geschlafen hat, – dann ist das eben sein Pech. Wenn ein "Patient" schlecht geschlafen hat – dann ist das ein Symptom, und es muß etwas dagegen getan werden. Also noch einmal: Der erste Eindruck ist der wichtigste, von ihm hängt die Verwandlung des "Soldaten" in einen "Patienten" ab.

Auswahl der Krankheit

Die Auswahl einer glaubhaften Krankheit hängt von allen möglichen Umständen ab, ob z.B. ähnliche Fälle gerade öfter vorgekommen sind, ob der Dienst gerade diese oder jene Beschwerde besonders wahrscheinlich macht usw., aber die Hauptsache ist: Entschließe dich zu einer Krankheit und bleibe dabei.

Viele, verschiedene Beschwerden machen den Doktor mißtrauisch, und er mag solche Fälle nicht leiden, selbst wenn sie echt sind. Eine bestimmte Gruppe von Symptomen nennt der Arzt ein "Krankheitsbild". Nach diesem Bild erkennt er, was dem Patienten fehlt. Wenn er ein Krankheitsbild vorgeführt bekommt, das ihm bekannt und geläufig ist, wird er sich nicht lange aufhalten, und die betreffende Krankheit bei seinem Patienten feststellen. Kommen aber plötzlich noch andere Symptome dazu, die nicht in das geläufige Krankheitsbild passen, dann wird der Arzt stutzig und ist gezwungen, sich den Fall näher anzusehen. Und das ist genau das, was wir vermeiden wollen ...

Achtung! Wenn der Arzt dich nach einem Symptom fragt, das nicht auf deiner Liste steht, laß dich nicht irreführen, sondern sage: "Das ist mir nie aufgefallen". Wenn der Doktor die Frage ehrlich gemeint hat, dann schadet es nichts, wenn du dieses besondere Symptom nicht hast, das kann eben einmal vorkommen. Es kann aber sein, daß der Doktor dich hereinlegen will, weil er mißtrauisch ist und weiß, daß Simulanten oft den Fehler machen, mehr Symptome anzugeben, als sie wirklich haben, und oft begeistert darauf hereinfallen, wenn ihnen ein weiteres Symptom "vorgeschlagen" wird. Mache aber nur die Angaben, die du in diesem Heft findet, versuche nicht, weitere Einzelheiten dazuzuerfinden, und laß dir nichts vom Arzt einreden. In allen anderen Fällen antworte auf die Fragen des Arztes die reine Wahrheit. Die im Folgenden angeführten Krankheitssymptome sind wissenschaftlich einwandfrei und erprobt. Sie müssen jeden Arzt überzeugen ... (aus *Seidler* 1977, S.238 f.)

In den Broschüren werden auch genaue Anweisungen gegeben, wie sich der Soldat Chemikalien, mit denen Krankheiten "hervorgerufen" werden, beschaffen kann, wie diese anzuwenden sind und wie man Rezepte und Krankschreibungen fälscht. (s.dazu *Seidler* 1977, S.240 ff.).

Die "Kriegsstrafrechtsverordnung" §5 (1938) sah drastische Strafen für Simulation und Selbstverstümmelung vor:

> *"1. Wegen Zersetzung der Wehrkraft wird mit dem Tode bestraft:*
>
> *(...)*
>
> *c) wer es unternimmt, sich oder einen anderen durch Selbstverstümmelung, durch ein auf Täuschung berechnetes Mittel oder auf andere Weise der Erfüllung des Wehrdienstes ganz, teilweise oder zeitweise zu entziehen.*
>
> *2. In minder schweren Fällen kann auf Zuchthaus oder Gefängnis erkannt werden (...)" (zit. n. Seidler 1977, S.233).*

Zur Erkennung von Selbstverstümmelungen gab das Oberkommando der Wehrmacht einen Erlaß (20.9.1944) und die Heeressanitätsinspektion ein Merkblatt (6.11.1942) heraus, in denen Möglichkeiten der Selbstverstümmelung und deren Aufdeckung detailliert beschrieben sind (s. Anhang, S.139).

Die Verfeinerung der diagnostischen Möglichkeiten der somatischen Medizin sowie der Psychologie haben die Chancen, durch Simulation dem Fronteinsatz zu entgehen, deutlich reduziert. Die Maschen des militärmedizinischen und militärpsychologischen Netzes, die in früheren Jahrzehnten noch relativ grob waren, sind inzwischen dicht geknüpft. Noch besteht ein logistischer Rest-Unsicherheitsfaktor dann, wenn Soldaten durch Zivilärzte oder der militärischen Führung gegenüber nicht loyale Militärärzte untersucht und behandelt werden. Dies ist einer der Hauptgründe dafür, daß auch die Bundeswehr ihre Soldaten nur in Notfällen und dann kurzfristig dem zivilen medizinischen Versorgungssystem überläßt. Es besteht die Vorschrift, daß jeder Soldat, wenn es sich nicht um einen akuten Notfall handelt, einen Militärarzt aufsucht, auch wenn längere Transportwege in Kauf genommen werden müssen. Damit soll einer möglichen Entwicklung vorgebeugt werden, daß im Spannungs- oder Kriegsfall eine nicht vorauszuberechnende Zahl von Soldaten von ihren Hausärzten oder anderen Zivilärzten Krankschreibungen erhalten und eine mögliche Simulation, Aggravation und/oder Selbstverstümmelung nicht entdeckt und nicht den forensischen Pathologen und der Militärgerichtsbarkeit zugeführt werden. Nur der in die Militärhierarchie weitgehend integrierte Sanitätsoffizier bietet die Garantie dafür zu verhindern, daß der sich in Todesangst befindliche Soldat in den Schutz der Krankenrolle flüchtet.

Engelhard verteidigt Wehrstrafgerichte

Bonn (dpa). Bundesjustizminister Engelhard (FDP) ist der anhaltenden Kritik entgegengetreten, wonach sich Richter und Beamte ohne gesetzliche Grundlage auf mögliche Verhandlungen von Wehrstrafgerichten vorbereiten. Er erklärte am Freitag, das Grundgesetz sehe ausdrücklich vor, daß der Bund für den Verteidigungsfall durch Gesetz eine Wehrstrafgerichtsbarkeit einführen könne. Solche besonderen Gerichte sollen etwa als Standgericht die Aufgabe haben, Fälle von Fahnenflucht abzuurteilen. Seit 1962 seien sich alle Parteien des Bundestages darin einig, daß die Vorarbeiten für eine mögliche Errichtung von Wehrstrafgerichten schon vor einer entsprechenden und noch ausstehenden gesetzlichen Regelung in Angriff genommen werden müßten. Dies habe der Bundestag auch ausdrücklich beschlossen. Von seinen SPD-Vorgängern sei das Problem "seit Jahren verschleppt worden". Zur Zeit laufe im Justizministerium eine Überprüfung für die Konzeption der Wehrstrafgerichtsbarkeit. Die Kritik auch aus den Reihen der SPD am jetzigen Zustand erfülle ihn "mit Erstaunen", meinte Engelhard.

aus: Badische Zeitung, 18.8.1984

Aufrüstung der Seelen: Von der Kaufmann-Kur zum militärisch-psychologischen Komplex

Die vorliegende Untersuchung ging aus von der Fragestellung, in welche Interessenkonflikte Psychiater und Psychologen geraten können, wenn sie ihre Dienste militärischen Apparaten zur Verfügung stellen oder sich gar in diese integrieren lassen, und wie Ärzte und Psychologen vom 1. Weltkrieg bis zur Gegenwart diese Konflikte wahrgenommen, sich mit ihnen auseinandergesetzt und eventuell aus diesen Auseinandersetzungen Konsequenzen für ihr Verhalten gezogen haben.

Die Bilanz dieser Quellensammlung, die wir, obwohl sie innerhalb des vorgegebenen Rahmens nur selektiv sein konnte, als repräsentativ betrachten müssen, ist in kühler Wissenschaftssprache gesprochen als *eindeutig*, in der Sprache der standesethischen Diskussion als *beschämend*, in der Sprache der spontanen Gefühle als *erschütternd* zu bezeichnen:

> Im Konflikt zwischen den elementaren Lebensinteressen des Individuums Soldat als leidendem, von Todesangst ergriffenen Subjekt auf der einen Seite und den Zielen der politisch-militärischen Führungen auf der anderen Seite standen und stehen Militärpsychiater und Militärpsychologen letztlich immer auf der Seite der Letzteren: Sie erfüll(t)en die ihnen von diesen gestellten Aufgaben durch "optimale" Selektion und Plazierung der Soldaten sowie durch Erarbeitung effektiver Ausbildungsmethoden im Sinne der Gewährleistung einer maximalen Tötungseffizienz und verhinder(te)n, daß sich der Soldat seiner Rolle als Figur auf dem Schachbrett der jeweiligen militärischen Logistik durch Simulation und Aggravation psychischer und körperlicher Störungen, durch bewußt herbeigeführte Selbstverstümmelung oder unbewußt ablaufende Entwicklung von "Kriegsneurosen" entzog und entzieht. Die Gesundheit des Individuums Soldat war und ist nur insoweit und so lange ihr Ziel, wie diese die Einsatzfähigkeit des Soldaten garantiert. Unter diesem Gesichtspunkt verweisen die Ergebnisse, die hier im Bereich der Militärpsychiatrie gewonnen wurden, auch auf die Funktion des gesamten Sanitätswesens, ebenso wie Ergebnisse aus dem Bereich der Militärpsychologie die Funktion der gesamten, im militärischen Bereich angewendeten Sozialwissenschaften weitgehend repräsentieren dürften.

Es waren und sind nicht eine Handvoll wildgewordener Militaristen, die nebenbei und zufällig ihr Wissen in den Dienst militärischer Ziele gestellt haben, sondern es haben sich – ohne nennenswerte fachinterne oder öffentliche Diskussion, geschweige denn öffentlichen Widerspruch – eine große Zahl der führenden und bekanntesten Fachvertreter der Psychiatrie und der Psychologie *freiwillig* – oft sogar unter begeisterter Befürwortung der ihnen gestellten Aufgaben – in die jeweiligen Militärapparate integrieren lassen. Doch damit nicht genug: Teilweise gingen sie sogar noch über die Zielvorgaben der militärischen Führung hinaus. Das auf Seite 13 angeführte Zitat von *Kehrer* belegt dies. Darin kritisiert er den Erlaß des in bezug auf den Umgang mit einfachen Soldaten gewiß nicht zimperlichen Kriegsministeriums, das verlangt hatte, daß die Einwilligung der psychisch kranken Soldaten zur "Therapie" einzuholen sei, und weist diesen Erlaß als unsinnig zurück.

Die Ärzte unter diesen "Therapeuten" behaupteten unter Berufung auf Hippokrates, *Helfer der Soldaten* zu sein. Aufgrund der erdrückenden Beweislast der hier vorgelegten Dokumente müssen diese Aussagen als vernebelnde Sanitätsideologie bezeichnet werden; sie und auch die Psychologen waren und sind in erster Linie *Helfershelfer der jeweiligen militärischen Führung*. Trotz dieser eindeutigen Schlußfolgerungen soll im folgenden vor dem Hintergrund dieser Dokumente der historische Rahmen, in dem sich die Vorgänge abspielen und die ethische Dimension der Haltung und des Verhaltens der Militärpsychiater und Militärpsychologen skizziert werden. Zum Schluß sollen einige Wege zur "Abrüstung der Seelen" aus der Sicht der Autoren aufgezeigt werden.

1. Die historisch-gesellschaftliche Dimension

Der preußisch-militaristische Obrigkeitsstaat des deutschen Kaiserreiches erlaubte es den Militärärzten, die in ihrer überwiegenden Mehrzahl die Partei der politisch und militärisch herrschenden Schichten gegen ihre Soldaten-Patienten ergriffen hatten, Maßnahmen von fast unglaublicher Brutalität durchzuführen. Das gesellschaftliche Gesamtklima, das am Anfang des Krieges herrschte, verstärkte diesen fatalen nationalistischen Impetus der Militärärzte und der Psychologen. Beispielhaft dafür ist der 1914 erschienene, in seiner militärischen und chauvinistischen Tendenz erschreckende "Aufruf an die Kulturwelt", der von 93 z.T. führenden Köpfen der damaligen deutschsprachigen Kunst und Wissenschaft unterzeichnet worden war. Hier einige der auch heute noch bekannten und berühmten Namen (vgl. *Nicolai*, S.6):

– *Bildende Künstler*	u.a. Max Liebermann, Hans Thoma
– *Naturwissenschaftler*	u.a. Fritz Haber (1918 Nobelpreis für Chemie, Ernst Haeckel (Zoologe), Max Planck (1918 Nobelpreis für Physik), Wilhelm Roentgen (1901 Nobelpreis für Physik)
– *Dichter:*	u.a. Richard Dehmel, Gerhart Hauptmann
– *Mediziner:*	u.a. Emil v. Behring (1901 Nobelpreis), Paul Ehrlich (1908 Nobelpreis), Wilhelm Waldeyer, August v. Wassermann
– *Theologen:*	u.a. Adolf v. Harnack
– *Philosophen:*	u.a. Rudolf Eucken, Wilhelm Windelband, Wilhelm Wundt (Begründer der experimentellen Psychologie)
– *Musiker:*	u.a. Engelbert Humperdinck, Siegfried Wagner
– *Politiker:*	u.a. Friedrich Naumann
– *Theatermann:*	Max Reinhardt

Als einziger aus den Reihen der prominenten deutschen Ärzte wendete sich der Physiologe Georg Friedrich *Nicolai*, der als einer der ersten die Bedeutung des Elektrokardiogramms als diagnostisches Werkzeug erkannt hatte, gegen Militarismus und Krieg. Er verfaßte 1914 den "Aufruf an die Europäer", das Gegenmanifest gegen den Aufruf der dreiundneunzig, und las ein kriegsgegnerisches Kolleg an der Berliner Universität. Er wurde daraufhin als Militärarzt eingezogen, verweigerte jedoch den Fahneneid und wurde zum Militärkrankenwärter degradiert. 1915 schrieb er das 1917 in der Schweiz erschienene Werk "Biologie des Krieges", das auch heute noch, u.a. wegen seiner anti-sozialdarwinistischen Haltung, sehr lesenswert ist. Man machte ihm den Prozeß wegen Vergehens gegen das Pressegesetz und versetzte ihn zu den Musketieren. Er verweigerte die Ausbildung mit der Waffe, verfaßte die Flugschrift "Sechs Tatsachen als Grundlage der heutigen Machtpolitik" (1918) und floh schließlich nach Dänemark. Nach dem Krieg kehrte er nach Deutschland zurück und wollte seine medizinischen Vorlesungen in Berlin wieder aufnehmen. Diese wurden jedoch von nationalistischen Studenten gewaltsam gestört, worauf Senat und Rektor ihn vom Dienst suspendierten und ihm widersinnigerweise die "venia legendi" aberkannten. Er klagte gegen diese Entscheidung, verlor aber den Prozeß, wanderte nach Argentinien aus und starb 1964 (s. dazu *Nicolai* 1917, 1918, Tagebuch Nr.1816 der Friedrich-Wilhelms-Universität Berlin 1920, *Zuelzer* 1981).

Dieses als eines der seltenen, für die Ärzteschaft rühmliches Beispiel zeigt, daß, wer sich gegen den preußisch-militaristischen Staat wendete, im Krieg mit großen Schwierigkeiten zu rechnen hatte und auch später am Anfang der Weimarer Republik ohne Schutz war. Das Gros der Ärzte und Psychologen hat jedoch während des Krieges keinen Versuch gemacht, den Militarismus zu kritisieren und für den Frieden und das gequälte Individuum einzutreten. Im Gegenteil, diese Humanwissenschaftler unterstützten die Führung in der Verfolgung ihrer kriegerischen Ziele und halfen mit, die Menschen für den Krieg zuzurichten. Vereinzelte Prozesse ehemaliger Opfer gegen ihre ärztlichen Peiniger im 1. Weltkrieg bedeuteten nur einen kurzen Bruch in dieser Entwicklung, Die nationalsozialistische Diktatur, in welcher der Militarismus dann eine weitere Steigerung bis hin zur Erfassung fast aller gesellschaftlichen Bereiche erfuhr, bewirkte dann eine weitere Brutalisierung der deutschen Medizin, die sich als eine "Medizin ohne Menschlichkeit" (*Mitscherlich* u. *Mielke* 1960) im militärischen ebenso wie im zivilen Bereich auswirkte. Kleine menschliche Akte des Kriegsalltags (z.B. *Bamm*) waren, so wie das Verstecken verfolgter Juden, letztlich couragierte menschliche Einzelakte, die auch gegen die Tradition des Sanitätswesens gerichtet waren, so daß sie in der offiziellen Sanitätsgeschichtsschreibung bis zur Gegenwart folgerichtig nie erwähnt wurden, weil dies die längst fällige ethische Diskussion in Gang gebracht hätte. Hingegen wurde alles daran gesetzt, eine solche Selbstverständnisdiskussion über die Rolle deutscher Ärzte bei der Realisierung dieser "Medizin ohne Menschlichkeit" aktiv zu verhindern. *Mitscherlich* beklagt dies in seinem Vorwort zur ersten *öffentlichen* Ausgabe seiner Chronik mit diesem Titel (die erste Auflage war 1948 im Auftrag des Deutschen Ärztetages unter dem Titel "Wissenschaft ohne Menschlichkeit" erstellt und nur den Westdeutschen Ärztekammern zur Verfügung gestellt worden):

> *"Nahezu nirgends wurde das Buch (die eben erwähnte erste Ausgabe; d.A.) bekannt, keine Rezensionen, keine Zuschriften aus dem Leserkreis, unter den Menschen, mit denen wir in den nächsten Jahren zusammentrafen, keiner, der das Buch kannte. Es war und bleibt ein Rätsel – als ob das Buch nie erschienen wäre" (Mitscherlich 1960, S.15).*

Ein ähnlicher Prozeß des Verschweigens war auch in der deutschen Psychologie der 50er Jahre zu beobchten (s. *Geuter* 1980, S.5 ff). Es ist verwunderlich, daß nach dem 2.Weltkrieg kein einziges Opfer der deutschen Militärpsychiatrie (z.B. von *Panse*, *Brockhausen* und *Schott*) sich öffentlich zu Wort meldete. Die Gründe dafür dürften vielfältig sein; einer davon könnte mit der Angst vor erneuter psychiatrischer Etikettierung in einer gesellschaftlichen Situation zusammenhängen, in der zudem die einstigen militärpsychiatrischen Täter zum Teil anerkannte gesellschaftliche und wissenschaftliche Positionen innehatten (z.T. zu Lehrstuhlinhabern und Klinikdirektoren geworden waren). Es wäre wünschenswert, wenn auch methodisch schwierig, daß wenigstens von den überlebenden Opfern eine "Literatur der Opfer" als Gegenstück zur "Literatur der Täter" zusammengestellt würde. Um an diese Gruppe heranzukommen, wäre die Mithilfe von interessierten Journalisten aus dem Bereich der Massenmedien unerläßlich.

Ebenso wie die humanitären Akte Einzelner noch Schlimmeres verhütet haben, ist sicher, daß sehr viele Militärärzte nicht unter einem akuten Befehlsnotstand handelten und "Simulanten" und "Selbstverstümmler" aktiv den Standgerichten zuführten. Die Geschichte des Widerstandes von Ärzten und anderen Mitgliedern des Gesundheitswesens, die im 1.Weltkrieg mit dem Namen *Nicolai* verknüpft ist, müßte auch für weitere Länder und Epochen noch geschrieben werden, u.a. um der "Internationalen Ärztebewegung gegen den Atomkrieg" (IPPNW) die erforderliche historische Tradition aufzuschließen.

Die Psychologie, die in ihren Interventionsmethoden noch nicht so weit war und die im

Vergleich zur Psychiatrie auch weniger direkten Einfluß auf den Soldaten nehmen konnte, stand in Deutschland bis 1945 eher im Hintergrund, weil u.a. angesichts der historischen und gesellschaftlichen Situation die harten Methoden der Militärpsychiatrie eher die Methoden der Wahl waren.

Die Entwicklung in den USA verlief in vielen Bereichen anders. Die öffentliche Meinung hätte die Massenanwendung der brutalen Methoden der europäischen Militärpsychiatrie (eine umfassende Beschreibung dieser Methoden bei *Juillet* u. *Moutin* 1969, S.25 ff) sicher nicht zugelassen. Es gab nur eine relativ kurze Episode in der Geschichte der amerikanischen Militärpsychiatrie, nämlich am Ende des 2.Weltkrieges, als die psychologischen Methoden, im Sinne des Militärs, versagt hatten, sowie am Anfang des Koreakrieges, als man, eine ähnliche Entwicklung wie am Ende des 2.Weltkrieges befürchtend, auf europäische Methoden zurückgriff. In solchen "nationalen Notfällen" ist man anscheinend auch in den USA bereit, solche Methoden zu propagieren und zu dulden. Insgesamt aber setzten sich in den Vereinigten Staaten und nach 1945 auch in den westeuropäischen Ländern der NATO die feineren, manipulativen Methoden des Behaviorismus (Verhaltenssteuerung), der Industriesoziologie, der Sozialpsychologie und der Psychoanalyse durch.

Auch in der Bundesrepublik, in der bis weit in die 50er Jahre hinein – nicht zuletzt durch die personelle Kontinuität der Militärpsychiatrie und Militärpsychologie – noch die alten Methoden propagiert wurden, gewinnen psychologische Methoden gegenüber den groben psychiatrischen Vorgehensweisen immer mehr an Boden.

2. Die ethische Dimension

Nicht erst seit dem Abwurf der ersten Atombombe über Hiroshima bestehen ethische Probleme in der Zusammenarbeit zwischen Wissenschaften und Militär, aber spätestens vom Zeitpunkt jenes Ereignisses an sind ethische Fragen über die Verbindungen zwischen Militär und Wissenschaft zu einem weltweit diskutierten Problem geworden. Die Zahl der Wissenschaftler, die in irgendeiner Weise für das Militär arbeiten, hat heute riesige Ausmaße angenommen: Etwa 400.000 Forscher und Ingenieure sind insgesamt in der Welt in der militärischen Forschung und Entwicklung tätig. Das sind etwa 40% aller verfügbaren Kräfte. Für ihre Arbeit werden jährlich etwa 25 Milliarden Dollar aufgewendet (Zahlen nach "Frankfurter Rundschau" v. 24.Juni 1982).

Militärpsychiatrie und Militärpsychologie stehen keineswegs außerhalb dieser Entwicklung. Seit dem Ende des 2.Weltkrieges wird weltweit jeden Tag durchschnittlich eine militärpsychologische Untersuchung fertiggestellt (vgl. *Watson* 1978, S.26).

Das Fach Wissenschaftsethik, obwohl erst am Anfang der Entwicklung zu einer eigenständigen wissenschaftlichen Disziplin stehend, hat in den letzten Jahren in der wissenschaftsinternen und der öffentlichen Diskussion, angesichts der rasanten Entwicklung einzelner Zweige und der daraus folgenden positiven wie negativen Anwendungsmöglichkeiten, zunehmend an Bedeutung gewonnen. *Kanz* nimmt eine Zweiteilung vor:

> *"1. Wissenschaftsethik als binnenwissenschaftliches Normenmodell für das Zusammenspiel wissenschaftlicher Handlungen;*
> *2. Wissenschaftsethik als Reflexion auf die gesellschaftlichen und individuellen Konsequenzen wissenschaftlicher Erkenntnisse und Unternehmungen".*
> *(Kanz 1974, S.173)*

Die erste Kategorie beinhaltet Normen, nach denen der Wissenschaftler sich richten muß, wenn er die Bezeichnung Wissenschaftler für sich in Anspruch nehmen will, wie z.B. Objektivität, Offenlegung der Quellen, sorgfältiges Zitieren, Veröffentlichung aller gewonnenen Daten, auch derjenigen, die seinen Hypothesen widersprechen, Bescheidenheit die eigene Person betreffend u.ä. Hinsichtlich dieser Kategorie ist für Wissenschaftler, die für militärische Institutionen arbeiten, besonders die militärische Geheimhaltung problematisch. Sie verhindert die öffentliche Diskussion von Hypothesen und Ergebnissen und widerspricht so den Regeln der wissenschaftlichen Erkenntnisgewinnung (s.u.).

Bei der zweiten Kategorie geht es – bezogen auf die Verbindung Wissenschaft-Militär – einerseits darum, daß sich die militärische Seite Ergebnisse zunutzemacht, die z.B. aus der Grundlagenforschung stammen, wobei deren Urheber bei deren Erarbeitung ihre militärische Verwendbarkeit möglicherweise gar nicht in Betracht gezogen haben. Andererseits kann sich ein Wissenschaftler bewußt und direkt in den Dienst militärischer Institutionen stellen, sei es als Militärangestellter oder -beamter oder gar, wie im Falle des Sanitätswesens, als Soldat oder sei es als Mitglied einer universitären oder sonstigen Forschungsgruppe (z.B. in der Rüstungsindustrie), um entweder als Forscher oder im Bereich der Anwendung für sie zu arbeiten.

Im ersten Fall, wenn nicht speziell für das Militär erarbeitete Forschungsergebnisse von diesem ausgenutzt werden, ist die Kontrolle über deren Verwendung für den Forscher sehr schwierig:

So mußte sich z.B. Ende der 60er Jahre ein deutscher Psychologe auf einem Kongreß mit dem Vorwurf auseinandersetzen, ein Mörder zu sein. Seine Befunde aus dem Bereich der Geruchsforschung waren, ohne sein Zutun, zusammen mit anderen Befunden in den USA dazu ausgenutzt worden, Detektoren zu konstruieren, die geeignet sind, anhand menschlicher Ausdünstungen zwischen Amerikanern und Vietnamesen zu unterscheiden. Dadurch wurden wahrscheinlich mehr Vietnamesen getötet, als es ohne diese Detektoren geschehen wäre (s. dazu *Graumann* 1981, S.132 f).

Die *"Ethical Standards of Psychologists"*" (APA 1977) fordern, daß Psychologen den Mißbrauch ihrer Kenntnisse durch andere wissentlich nicht zulassen sollen (vgl. Preamble, APA 1977). Die Einflußmöglichkeiten auf einen ethisch akzeptablen Gebrauch oder die Verhinderung eines Mißbrauchs seiner Arbeit sind für den Forscher jedoch gering. Auch die von den "Berufsethischen Verpflichtungen" verlangte "Klarheit und Eindeutigkeit" der Darstellung von Ergebnissen (BDP 1967, IV i) ist hier wenig hilfreich, da gerade eine klare, unmißverständliche Darstellung auch für den, der diese Erkenntnisse für ethisch fragwürdige Zwecke einsetzen will, von besonderem Nutzen ist (vgl. *Graumann* 1981, S.134). Der Forscher kann lediglich versuchen, Einfluß auf die Verwendung seiner Daten zu nehmen, indem er bei deren Veröffentlichung auf ihre von ihm vorhersehbaren Nutzungsmöglichkeiten hinweist, in der vagen Hoffnung, ihren Gebrauch auf diese Weise positiv zu beeinflussen, oder daß er – wie dies vor einigen Jahren Biologen aus dem Fachbereich Genetik getan haben – eine Beteiligung an Forschungen, deren Ergebnisse zu mißbräuchlichen Anwendungen führen könnte, ablehnt (vgl. *Reynolds* 1979, S.406 f.). Es ist jedoch, wie das genannte Beispiel des Geruchsforschers zeigt, der bei seiner Arbeit sicher nicht ahnte, daß sie kriegerischen Zwecken dienen würde, wohl unmöglich, alle Anwendungsmöglichkeiten vorherzusehen.

Wenn ein Wissenschaftler direkt im Dienst einer Organisation steht, in die er entweder integriert ist (Sanitätsoffizier, Militärpsychologe) oder aber die seine Forschungsarbeit (mit-) finanziert, ist er zwar möglicherweise in der Lage, z.B. wenn er seine Forschungsergebnisse innerhalb der Organisation selbst anwendet, einen gewissen Einfluß auf ihre akzeptable Anwendung zu nehmen. Wie wir gesehen haben, ist dies im Falle der Militärpsychiatrie und Militärpsychologie praktisch nicht geschehen.

Der Wissenschaftler sieht sich jedoch innerhalb einer Organisation einer Reihe anderer ethischer Probleme gegenüber:

- er gibt zumindest einen Teil seiner Forschungsfreiheit auf, z.B. die freie Wahl des Forschungsgegenstandes;
- er kann, da in Organisationen fast zwangsläufig Interessengegensätze bestehen (vgl. *Rosenstiel* 1980, S.28) – und nirgendwo dürften sie größer sein als beim Militär, wo es im Ernstfall um Leben oder Tod geht – in Interessenkonflikte zwischen verschiedenen Gruppen der Organisation geraten.

Ein deutscher Psychologe hat letzteres im Rahmen der Nachkriegsdebatte über die Rolle der Wehrmachtspsychologie so ausgedrückt:

> *"(...) der Psychologe wird immer in einem Zwiespalt mit den sittlichen Anforderungen seines Berufes geraten, wenn er sich auf eine Organisation, gleich welcher Art, verpflichtet und von dieser abhängig wird". (Dirks 1951, S.60)*

Für die Militärmedizin hat *Freud* (1920) das Problem noch deutlicher formuliert.

> *"Der Arzt soll in erster Linie Anwalt des Kranken sein, nicht der eines anderen. Wie der Arzt in den Dienst eines anderen tritt, ist seine Funktion gestört (...). Zwischen der Unterordnung unter die Humanität und der allgemeinen Wehrpflicht läßt sich ein Kompromiß nicht herstellen". (s.S.24)*

Sowohl die Forscher selbst als auch die Art der Anwendung innerhalb von Organisationen dienen häufig der Parteinahme für *eine* Interessengruppe dieser Organisation. Die Fragestellungen, durch die wissenschaftliche Untersuchungen angeregt werden, stammen in den meisten Fällen von der Führung der Organisation, die Forschungen werden von dieser finanziert, die Ergebnisse sollen der Verwirklichung von deren Zielen dienen und sind auch meist in einer Sprache formuliert, die dort am ehesten verstanden wird (vgl. *Rosenstiel* 1980, S.28 f.).

Hier liegt das zentrale ethische Problem der "sozialen Interventionen" (nichts anderes stellt die Hauptarbeit der Militärpsychiatrie, -psychologie und -soziologie dar). Es ist das Problem des *"Intervenors"* (des forschenden oder anwendenden Wissenschaftlers) als eines *Agenten der Macht* (vgl. *Bermant u. Warwick* 1978). Der Intervenor bezieht seine Macht aus:

- seinem speziellen Wissen
- seiner privilegierten Position
- seiner Verbindung mit dem meist mächtigen "Klienten"; mit Klient ist hier der *Auftraggeber* des Wissenschaftlers als Gegenpol zur *Zielgruppe ("target")* gemeint, auf deren Veränderung sich die Bemühungen des Klienten richten und zu deren Bewerkstelligung er die Hilfe des Wissenschaftlers in Anspruch nimmt. Klient und Zielgruppe sind nur dann identisch, wenn ein Individuum oder eine Gruppe einen Wissenschaftler damit beauftragen, Veränderungen an ihnen selbst vorzunehmen, wobei sie deren Ziele mitbestimmen, z.B. wenn sich ein Mensch oder eine Gruppe *freiwillig* einer Therapie unterziehen, deren Ziele sie mitbestimmen können.

In hierarchisch aufgebauten Organisationen, die sich der Hilfe von Wissenschaftlern bedienen, produziert die Kombination der Macht des auftraggebenden Teils der Organisation mit den Kenntnissen der Wissenschaftler in der Regel ein noch höheres Machtgefälle zuungunsten der Zielgruppe, als es vorher bestanden hat. (vgl. *Bermant u. Warwick* 1978, S.378 ff.)

Beim Militär ist dieses Gefälle durch die Wehrpflicht, die starke Hierarchie, Befehl und Gehorsam und den Einbau der Militärärzte und teilweise auch der Militärpsychologen in diesem System noch viel stärker spürbar als in den meisten anderen Organisationen. Zusätzliche ethische Probleme ergaben sich auch noch aus den besonderen Zielsetzungen der Organisation Militär:

> *"Das Spezifikum des Militärs, die Androhung und der organisierte Einsatz von Gewalt zur Erreichung politischer Ziele, unterscheidet es von jeder anderen Organisation". (Ziegler 1968, S.14)*

Aus dieser spezifischen Rolle des Militärs, das seine Organisationsmitglieder in Techniken der Gewaltanwendung und des Tötens ausbildet und von ihnen im Kriegsfall die Anwendung der Techniken ebenso verlangt wie auch den Einsatz ihrer eigenen Gesundheit und ihres Lebens, ergibt sich für den Arzt und den Psychologen in den Diensten des Militärs das zusätzliche ethische Dilemma, daß seine Arbeit, wenn sie effektiv ist, dazu beiträgt, das Tötungspotential seiner Auftraggeberorganisation zu erhöhen.

Der bekannte Sozialwissenschaftler *R. König* hat dieses Dilemma für sein Fachgebiet unmißverständlich definiert:

> *"Man gerät nämlich ständig in die Gefahr, die Anwendung von Mitteln der Sozialforschung im Rahmen der direkten oder indirekten Verfolgung militärischer Zielsetzungen mit der Anwendung von Mitteln der Sozialforschung auf die Struktur, die Organisationsformen und die Verhaltensweisen der Armee und des militärischen Establishments insgesamt (...) zu verwechseln. (...) Der gleiche Mißbrauch, der dort (in der angewandten Betriebssoziologie, d.A.) mit der Forschung getrieben wurde, insbesondere in der Human-Relations-Schule, indem man sie etwa einsetzte, um die sozialen Voraussetzungen für eine höhere Produktivität der Arbeiter herauszufinden (wie z.B. in der oben erwähnten "Hawthorne-Studie": d.A.), tritt auch in unserem Falle ein. Im Grunde ist bei der Militärsoziologie diese Fragwürdigkeit noch größer, wenn man die Zielsetzungen der militärischen Organisationen bedenkt (...). Da uns diese Schwierigkeit unauflösbar erscheint, lehnen wir, für uns jedenfalls, die Beteiligung an dieser Art von Forschung grundsätzlich ab". (König 1968, S.9).*

Wenn sich der Arzt oder der Psychologe mit seinem Fachwissen direkt in den Dienst des Militärs stellt, Uniform trägt und als Offizier militärische Befehlsgewalt ausübt (wie es im ärztlichen Bereich in fast allen, im psychologischen Bereich in vielen Ländern der Fall ist), besitzen sie eine "doppelte Identität": Sie sind einerseits Wissenschaftler und auf Grund ihrer Zugehörigkeit zu humanwissenschaftlichen Disziplinen zusätzlich "besonderen Restriktionen bezüglich Manipulationen und Veränderungen ihres Gegenstandes (*Schuler* 1981, S.15) unterworfen und andererseits Beamte bzw. Soldaten, die in die militärische Hierarchie mit allen daraus folgenden Konsequenzen eingebunden sind.

Die sich daraus ergebenden ethischen Probleme werden von Militärärzten und Militärpsychologen nur selten gesehen und diskutiert und wenn, dann auch nur kurz und oberflächlich abgehandelt. Bei der Durchsicht der offiziellen Organe der Bundeswehrpsychologie finden sich z.B. nur wenige Hinweise auf derartige ethische Probleme. Die "berufsethischen Verpflichtungen" des Bundes deutscher Psychologen (BdP) von 1967 sind in den "Wehrpsychologischen Mitteilungen" von 1974 – also 7 Jahren nach ihrem

Erscheinen – abgedruckt; außer einer kurzen "Vorbemerkung" nichtssagenden Inhalts findet sich kein Hinweis auf eine Diskussion.

In Berichten der militärpsychologischen Organe der Bundeswehr über Kongresse, auf denen ethische Fragen angesprochen werden, finden sich selten – meist sehr kurze – Hinweise auf diese Diskussionen, z.B.:

> *"Wenn man sich auch darüber im klaren war, daß ein Psychologe in Uniform möglicherweise gezwungen sein könnte, das Vertrauen zu brechen, so war doch keinem der Teilnehmer ein solcher Fall bekannt geworden". (Olbrich 1971, S.102).*

Der Hinweis, daß die Kongreßteilnehmer angaben, von keinem Vertrauensbruch zwischen Psychologe und Klient beim Militär zu wissen, genügt diesem Autor – einem Bundeswehrpsychologen – offensichtlich, das schwierige und kontrovers diskuierbare Thema "Vertrauen und Verschwiegenheit in der Beziehung Psychologe/Klient" ohne weiteren Kommentar abzuhaken. Im selben Bericht weiter unten heißt es dann:

> *"Die doppelte Identität des Militärpsychologen als Berufsangehöriger einer wissenschaftlichen Disziplin und Mitglied eines militärischen Systems wurde als* kleines ethisches Dilemma *(im Original nicht hervorgehoben, d.A.) betrachtet. Der Stil von Berichten, die unter Wissenschaftlern akzeptiert werden, ist oft für den militärischen Bereich nicht angemessen. Auch kann es in militärischen Systemen geschehen, daß einem Psychologen ein Auftrag erteilt wird, ohne ihm genügend Zeit zu geben, diesen hinreichend sorgfältig bearbeiten zu können. Man kam überein, eine ethische Verpflichtung darin zu sehen, Daten und Empfehlungen an den militärischen Auftraggeber so weiterzugeben, daß eine optimale Kommunikation gewährleistet ist". (Olbrich 1971, S.102)*

Das komplizierte ethische Problem der "doppelten Identität", das, wie hier nachgewiesen, meist im Sinne des militärischen Auftraggebers und nur selten im Sinne des Individuums Soldat "gelöst" wurde und wird, reduziert sich also auf ein Kommunikationsproblem ("ein kleines ethisches Dilemma"): Die Militärpsychologen scheinen dabei die alleinige Sorge zu haben, ihre oft komplizierte fachliche Ausdrucksweise könnte von den Militärs nicht verstanden werden und diese könnten aufgrund mangelnder Information nicht ermessen, wieviel Zeit ein Psychologe für die Durchführung eines Auftrages braucht.

Diejenigen Probleme der "doppelten Identität", die wohl entscheidend schwerer wiegen als die hier angeführten, werden erst gar nicht erwähnt. Ein wichtiges Problem z.B. entsteht durch den Zwang zur Geheimhaltung in militärischen Institutionen. Wie bei der Darstellung der Geschichte der amerikanischen Militärpsychologie deutlich wurde, wird ein Großteil der militärpsychologischen und -psychiatrischen Untersuchungen geheimgehalten oder gelangt nur in zensierter Form an die Öffentlichkeit. Dies widerspricht in eklatanter Weise der Öffentlichkeitspflicht aller wissenschaftlichen Forschung. Durch Geheimhaltung werden Untersuchungsmethoden und -ergebnisse der wissenschaftlichen und ethischen Diskussion entzogen. Eine der Folgen ist die Produktion von relativ irrelevanten und unzuverlässigen Daten. (vgl. *Lowry* 1972, S.473)

Darüber könnte man sich als Kritiker der Militärwissenschaften beim ersten Hinsehen eigentlich freuen, wenn man die einfache Gleichung aufstellt: hohe Qualität der militärwissenschaftlichen Forschung = hohes Tötungspotential des Militärs und umgekehrt. Daß die Dinge aber bedeutend komplizierter sein können, soll hier an einem Beispiel verdeutlicht werden:

Die Rand-Corporation, ein militärwissenschaftliches Institut der US-Air-Force, erstellte zwischen 1964 und 1969 eine Studie über die "Kampfmoral" und Motivation des Vietkong. Sie kam aufgrund ihrer schlechten Methodik und der mangelnden interdisziplinären Überprüfung zu dem Schluß, daß der Vietkong kurz vor dem militärischen Zusammenbruch stehe. Ein schweres Bombardement Nordvietnams würde den endgültigen Zusammenbruch in kurzer Zeit herbeiführen.

Diese Studie war einer der hauptsächlichen Beweggründe für die Strategie des damaligen Präsidenten Johnson, Vietnam mit wiederholten schweren Bombenangriffen zu überziehen. (vgl. *Watson* 1978, S.28)

Eine weitere Folge der Geheimhaltung ist die, daß ethisch fragwürdige Untersuchungen und Experimente unter ihrem Deckmantel durchgeführt werden können. Beispiele sind die Experimente von *Yagi* et al. (s.S.95), Berkun et al. (s.S.95 f.) und *Narut* (s.S.97 f.). Ein Beispiel dafür, daß ein den ethischen Grundregeln widersprechendes Projekt dadurch, daß es an die Öffentlichkeit gebracht wurde und heftige Diskussionen über seine ethischen Implikationen auslöste, aufgegeben werden mußte, ist die Geschichte des *"Project Camelot"* (s.S.103 f.).

Die psychologische, psychiatrische und sozialwissenschaftliche Forschung beim Militär scheint demnach das Licht der Öffentlichkeit nicht nur deswegen zu scheuen, weil der vermeintliche Gegner nichts von ihrem Wissensstand erfahren soll, da sonst ein militärischer Vorsprung verlorengehen könnte, sondern wohl auch, weil sie sich dessen bewußt ist, daß ihre Methoden und Praktiken häufig den einfachsten Grundregeln der Wissenschaftsethik widersprechen.

Neben dem Schutz, der die militärische Geheimhaltung unethischen Forschungspraktiken von Wissenschaftlern bietet, eignet sich das Militär in seiner Eigenschaft als "totale Institution" auch gut für Experimente und Maßnahmen, bei denen störende Einflüsse kontrolliert werden sollen, die im zivilen Kontext nicht kontrollierbar sind. So sind z.B. Verhaltensmodifikationstechniken dann am erfolgreichsten, wenn der Modifikationsagent die vollständige Kontrolle über das Leben des zu verändernden Individuums hat. (vgl. *Reynolds* 1979, S.367).

Des weiteren kann Soldaten die Teilnahme an einem Experiment einfach befohlen werden (z.B. bei den Atombombenversuchen der USA und Großbritanniens in den 50er und frühen 60er Jahren, wo mehrfach Soldaten ganz in der Nähe des Detonationsortes postiert wurden; die verheerenden Folgen dieser Versuche für die Gesundheit und das genetische Potential dieser Männer wurden in den letzten Jahren immer mehr offenbar). In vielen Fällen bedeutet die Teilnahme an Experimenten für die Soldaten eine Abwechslung in ihrer meist langweiligen Tagesroutine, so daß sie sich oft freiwillig dazu melden.

Ein weiteres Problem der "doppelten Identität" der Wissenschaftler beim Militär liegt darin, daß dieses nach dem Motto *"homo homini lupus"* ein tendenziell sozialdarwinistisches Menschenbild sein eigen nennt. Dies ist in bezug auf den jeweiligen Gegner grundsätzlich notwendig für die traditionelle Existenz des Militärs. Aber auch die eigenen Soldaten sieht der Militärapparat in vielen Fällen als Gegner, nämlich sofern sie keinen Sinn im Militärdienst sehen und versuchen, sich ihm durch "Drückebergerei", Simulation, Selbstverstümmelung, Krankheit und Fahnenflucht zu entziehen. Das Militär wendet vorwiegend *Zwangsmaßnahmen* an, um diese Phänomene zu unterdrücken und seine Schlagkraft zu erhalten und zu verstärken.

Die Humanwissenschaften, die in den Diensten des Militärs standen und stehen, haben dieses negative Menschenbild fast immer vollständig übernommen und internalisiert. Die Dokumente, die in diesem Buch angeführt sind, sprechen in dieser Hinsicht eine beredte Sprache. Von den diffamierenden Etikettierungen der "Kriegsneurotiker" im 1.Weltkrieg über die Klinifizierung der politischen Opposition in der Weimarer Republik und die absolute Menschenverachtung der Ärzte und Psychologen im Dritten Reich bis hin zur Einordnung von Kriegsdienstverweigerern unter die Kategorie "Abweichendes Verhalten" durch Bundeswehrpsychologen (z.B. *Fritscher* 1975) und der Bezeichnung von jungen Leuten, die sich der Armee nicht anpassen wollen oder können, als "entwicklungsgehemmte Persönlichkeiten", "Neurotiker", "Psychopathen", "Querulanten" u.ä. (z.B. *Klüver* 1971, *Ziese* 1972, *Brickenstein* 1980, *Kutter* 1982) zieht sich diese Diskriminierung wie ein roter Faden durch die Geschichte der Militärmedizin und Militärpsychologie. Dies wird auch von den Soldaten durchaus wahrgenommen. *Simmel,* der "Kriegsneurotiker" aus dem 1.Weltkrieg einer "analytisch-kathartischen Hypnose" unterzog, berichtet:

> *"(...) Es ist fast immer wieder die Wut auf Vorgesetzte, die dann weitere Krampfanfälle veranlaßt. In der Hypnose, die den Vorhang von dieser im Anfall halluzinierten Traumhandlung hebt, sehen wir immer wieder den Kranken im Kampf mit seinen höchsten Vorgesetzten. Er schlägt, beißt, sticht und erschießt sie, tritt sie mit Füßen unter schrecklichen Flüchen. Die wildesten Instinkte entlädt er hier gegen Personen, die sein bewußtes Ich einzwängen" (Simmel* 1919, zit. n. *Reichmayr* 1983, S.10).

Ein Beispiel aus der jüngeren Zeit für die völlige Identifikation eines Psychiaters, der sich mit dem Militär befaßt, mit dieser Denkweise ist das Nachschlagewerk "Wehrpsychiatrie A-Z" (1972) von *Ziese*. Er schreibt unter dem Stichwort "Wehrdienstverweigerung" u.a.: *"(...) Neurotiker mit den Symptomen der (...) Angst vor der Waffe (Hoplophobie)"* (S.98).

Die Angst vor der Waffe – was könnte normaler und verständlicher sein als die Tatsache, daß Menschen Angst vor einer Waffe, sei es vor ihrer Wirkung oder vor ihrer Bedienung, haben – ordnet dieser Autor in die Kategorie "Neurose" ein und hat auch gleich einen gelehrten medizinischen Fachausdruck ("Hoplophobie") für diese "Krankheit" parat. Dies ist ein weiteres Beispiel für den Umgang dieser Wissenschaft mit dem Phänomen Angst.

Sie versuchen nicht die Angst der Soldaten, die ja nur allzu reale Gründe hat, einfühlend zu verstehen, sondern etikettieren sie mit einem kalten, unpersönlichen Fachausdruck. Dieses Verfahren stigmatisiert den Betroffenen und sondert ihn von den "Normalen" ab, ein weit verbreitetes Verfahren in Psychiatrie, Psychologie und in der Gesellschaft überhaupt. Hierzu gehört das Konzept des *"labeling*-(Etikettierungs-)Ansatzes" (z.B. *Schur* 1971, *Szasz* 1972, *Scheff* 1973, *Goffmann* 1977, *Keupp* 1977), nur hat diese Behandlung im militärischen Kontext oft noch fatalere Folgen für die Betroffenen, wenn etwa "Abwehrneurosen" im 1.Weltkrieg ins Trommelfeuer geschickt wurden (vgl. *Nonne* 1922, s.S.18). Die Etikettierung erspart dem Diagnostiker und Therapeuten die einfühlende Identifizierung mit seinem Patienten und hat zusätzlich eine gesellschaftliche Machtfunktion. Das dergestalt etikettierte Individuum ist also *krank* und fällt nicht mehr unter eine politische sondern unter eine psychiatrische Kategorie. Auf die Idee, die wirklichen Ursachen dieser "Krankheit", nämlich Militärdienst und Krieg zu beseitigen, kommt dann niemand mehr, fatalerweise nicht einmal mehr das psychiatrisierte Individuum selbst, was einen weiteren Grund für das Fehlen von Erlebnisberichten von Soldaten, die im 1. und 2.Weltkrieg psychiatrisch gequält wurden, darstellen dürfte.

Eine weitere subtile Manipulation der Soldaten und der Gesellschaft besteht in der Schaffung einer Neusprache etwa im Sinne von *Orwells* "1984". Hier einige Beispiele:

- Totale Manipulation wird "Therapie" genannt;
- Optimale Tötungsbereitschaft wird zur "Moral der Trupppe";
- Natürliche Angst und Tötungshemmung werden zur "Feigheit" degradiert;

- Das Ergebnis der Erziehung zu Haß und Verleugnung sowie die Verdrängung der eigenen Angst werden als "Heldenmut" bezeichnet;
- Die "Tätigkeit der Maschinengewehre hinter der Front" wird hochstilisiert zur "Sorge um die Gesundheit des anvertrauten Soldaten", zum "wahren Arzttum".

Im "Hippokratischen Eid" besitzt die Medizin den ältesten ethischen Normenkatalog aller Wissenschaften. Dessen zentraler Gedanke ist, daß für die Beziehung Arzt-Patient, über die selbstverständlichen Regeln menschlichen Zusammenlebens hinaus, aufgrund der besonderen Möglichkeiten der Einflußnahme des Arztes auf den Patienten (z.B. "legale Körperverletzung"), besonders strenge Regeln gelten müssen: *"Salus aegroti suprema lex"* (das Wohl des Kranken ist das oberste Gebot).

> *"Führt man den hippokratischen Gesichtspunkt konsequent durch (und nimmt die Ärztefunktionäre beim Wort), so müßte nämlich zuerst einmal alle Wehrmedizin und Militärmedizin abgeschafft werden! Kein Arzt dürfte im Dienste der kämpfenden Truppe Soldaten gegen deren Willen als 'tauglich' beurteilen und wieder in den Schützengraben schicken. Allgemeiner gesagt: kein Arzt dürfte jemals gegen den Willen des Kranken und gegen seine Interessen mit außermedizinischen Strebungen paktieren; im Gegenteil müßte er, mit solchen Situationen konfrontiert, sofort aus Gewissensgründen und unter Protest sein ärztliches Tun beenden, da es ärztlicher Ethik zuwiderläuft". (Bastian 1983, S.83)*

Daß dies nicht die historisch völlig neuen Forderungen eines Arztes aus der Friedensbewegung im letzten Drittel des Zwanzigsten Jahrhunderts sind, zeigt die 100 Jahre alte Schrift eines unbekannten Verfassers, der auf geistvoll-ironische Weise die absolute ethische Unvereinbarkeit von Medizin und Militär darstellt. Diese Schrift dürfte zumindest einigen der Militärärzte des 1.Weltkrieges bekannt gewesen sein. Hier einige Beispiele:

> *"Militärarzt, also Militär-Arzt, das heißt: Arzt des Militärs! Hierauf ist Seleniakos (ein Mann vom Mond, der die Erde zu Studierzwecken besucht; d.A.) nicht im Stande, einen Vers sich zu machen; denn der Begriff Militär und der Begriff Arzt scheinen ihm aus ganz verschiedenen Welten zu entstammen ... Ein Militär-Arzt in soldatischer Uniform und dem Soldaten-Stande incorporiert ist demnach ein Widerspruch in sich selbst ... Der militärische Geist befindet sich bei den Jüngern Aeskulaps nicht an dem richtigen Orte; denn der Arzt soll erhalten und heilen, während dem Soldaten es obliegt, zu zerstören. In dem Worte Militär-Arzt schon liegt ein grenzenloser Widerspruch, und von ärztlichen Berufs-Offizieren, von Einhauchung des wahren militärischen Geistes in den Arzt zu sprechen, ist nicht nur Unsinn, sondern Gedankenlosigkeit und Knechtssinn ... Denken wir daran, daß dem Betriebe der Wissenschaft nichts so schädlich ist, als die ewige Mahnung an einen fremden, staatswirtschaftlichen oder militärischen Zweck, so begreifen wir augenblicklich, daß Kriegsakademie und Studium der Heilkunde gerade so passen, wie eine Faust auf das Auge." (Der Militärarzt mit dem, was darum und daran ist, mikroskopisch und makroskopisch betrachtet. Von einem unbekannten Autor, 1883, s. S.4 ff.)*

Die Geschichte des Sanitätswesens insgesamt hat vor dem Hintergrund der vorgelegten Materialien einen Januskopf: Das eine Gesicht ist das des Retters und Helfers, welches nach außen hin bei der Propagierung der Sanitätsideologie betont wird, das andere Gesicht ist voll von militärischer Gefühlskälte und Brutalität, es ist als das Gesicht des Helfershelfers, des "Söldners im weißen Kittel" zu sehen.

Zum ersten "Gesicht" gehört die große Zahl von Ärzten, Schwestern, Krankenpflegern etc., die in den bisherigen Kriegen oft zwangsweise rekrutiert, widerwillig den jeweiligen (z.B. Angriffs-)Krieg mitgemacht haben und in den Lazaretten oder Zivilkrankenhäusern ungezählten Soldaten das Leben retten konnten. Der subjektive, oft ungeheure Einsatz solcher Ärzte, Schwestern und Pfleger soll anerkannt und in keiner Weise bestritten werden. Sie glaubten, subjektiv die Retter und Heiler zu sein, waren sich aber häufig ihrer objektiven Rolle nicht bewußt. Denn – und das ist die Tragik dieses Einsatzes – sie waren gleichzeitig objektiv für die Kriegsstrategie verplant. Das Dilemma z.B. des Chirurgen bestand dann darin, daß der Soldat, dem er durch eine Notfallintervention nicht nur das Leben, sondern auch die volle Funktionsfähigkeit des Körpers wiederherstellte, damit gleichzeitig wieder frontverwendungsfähig wurde, so daß der "Heimatschuß", den der Arzt zunächst optimal therapiert hatte, den Soldaten eben nicht in die Heimat, sondern wieder an die Front und damit vielleicht zu seinem endgültigen "Heldentod" brachte. Zu dieser objektiven Verplanung noch einmal das deutliche Wort von Hindenburg:

> *"Würde unser Sanitätsdienst nicht auf der Höhe gestanden haben, auf der er sich tatsächlich befand, so hätten wir schon aus diesem Grunde den Krieg nicht so lange durchhalten können."*

Hier zeigt sich also die doppelte ethische Buchführung der Sanitätsoffiziere. Daß statt dessen jedoch immer wieder betont wird, daß der Auftrag des Sanitätsoffiziers sich vom Auftrag des Hippokrates ableite, ist reine "Sanitätsideologie", die allerdings nicht blauäugig-naiv eingesetzt wird, sondern ganz gezielt als Propaganda- und Werbeinstrument. Dieses Instrument wird angereichert durch eine oft heroisch-sentimental verfaßte Sanitätsgeschichtsschreibung. Bezeichnende Beispiele sind u.a. in den Glückwunschadressen und Nachrufen für Militärärzte in der "Wehrmedizinischen Monatsschrift" der Bundeswehr zu finden, wobei Verstrickungen in die nationalsozialistischen Machenschaften und allzu schlimme Taten im Dienste des Vaterlandes selbstverständlich schweigend übergangen werden.

So sagte z.B. *Goerke* aus Anlaß des 180.Jahrestages der Gründung der *Pepinière*, einer Ausbildungsanstalt für Militärärzte, deren Nachfolgerinnen die Kaiser-Wilhelm-Akademie und später von 1934-1945 die Militärärztliche Akademie der Nazizeit waren:

> *"Wir alle sind in Kenntnis dieser geschichtlichen Tatbestände dazu aufgerufen, alles zu tun, was in unseren Kräften steht, um eine gerechte Bewertung der Rolle des deutschen Militärsanitätswesens bei unseren Zeitgenossen zu sichern und den zukünftigen Generationen von Militärärzten die Bindung an die Tradition zu erleichtern. Die in den Militärärztlichen Bildungsanstalten gelehrten Grundsätze des Handelns waren zu jeder Zeit diejenigen eines wahren Arzttums. Möge sich dieses Arzttum auch in Zukunft bewähren." (Goerke* 1976, S.124)

Und nicht nur die deutschen Militärpsychiater des 1. und 2.Weltkrieges sowie der Bundeswehr machten es immer wieder deutlich, worum es hinter dem Weihrauchvorhang der Beschwörungen des hippokratischen Eides wirklich geht, sondern ihre Mitarbeiter und teilweise Nachfolger, die Militärpsychologen, stehen ihnen darin nicht nach:

> *"Kriterium für den Einsatz sozialwissenschaftlicher Forschung im Bereich der Bundeswehr sollte immer eine positive Beantwortung der Frage nach der damit bewirkten Effektivität der Streitkräfte sein"* (*Puzicha* 1973, S.13).

Militärpsychiatrie und Militärpsychologie haben von jeher ihre "Patienten" auf mehreren

Ebenen verraten: Das Innenleben des Subjekts Soldat mit all seinen vielfältigen Ängsten durfte nicht zur "Sprache" kommen, sondern wurde mit den verschiedensten Manipulationsmethoden hinweg"therapiert". Die sublimste und geradezu diabolische Art, mit Soldaten umzugehen, ist die Methode, welche die amerikanischen Militärpsychiater *Hausman* und *Rioch* (1971) vorgeschlagen haben, daß nämlich in Frontnähe behandelt und dabei möglichst lange Uniform getragen werden solle und Zeichen der Sympathie oder Identifikation von seiten des Sanitätspersonals zu unterdrücken seien: Hier ist das, was bereits im 1. Weltkrieg sichtbar war, deutlich ausgesprochen und sogar zur "wissenschaftlich" ausformulierten Methode geworden, einer Methode, die in fundamentalem Gegensatz zu allem ethischen Anspruch erhebenden ärztlichen und psychologischen Handeln steht: Das Subjekt Arzt oder Krankenschwester darf dem Subjekt Soldat nicht mehr auf der Basis gegenseitiger menschlicher Empathie und Introspektionsbereitschaft entgegentreten, eine solidarisch-therapeutische Begegnung darf nicht nur nicht erfolgen, sondern soll bewußt verhindert werden. Nur dann – und dies haben die Militärpsychiater und Militärpsychologen deutlich erkannt – ist die Reduktion von Arzt und Schwester auf ihre bloße Rolle im militärischen Räderwerk möglich, und nur dann kann das Objekt Soldat als gefühl-lose *black box* betrachtet werden, ebenfalls reduziert auf seine Funktion und sein Verhalten als Kämpfer. Wer als Soldat nicht kämpfen kann oder will, hat entweder einen moralischen Defekt oder eine Verhaltensstörung und bedarf der "Therapie".

Der Umgang der Militärpsychiater mit den Kriegsneurotikern im 1. Weltkrieg läßt sich nur so erklären, daß durch die militaristische Verblendung der Ärzte, die verbunden war mit ihrer gegenüber den einfachen Soldaten privilegierten gesellschaftlichen Position, die doch sonst naheliegende Empathie gegenüber der Todesangst von jungen Soldaten blockiert war. Mit-Gefühl von Mensch (Arzt) zu Mensch (Soldat) fehlte. Daß aber nun die systematische Verhinderung von Mitgefühl durch die Psychotechnologien der amerikanischen Militärpsychiatrie gefordert wird, daß also die Ausschaltung des Subjekts zugunsten der eiskalten Rollenübernahme zum methodischen Rüstzeug einer verwissenschaftlichten militärpsychologischen Strategie gehört, bedeutet eine diabolische Wende in der Arzt-Patient-Beziehung, die in dieser Form noch nie explizit formuliert worden war. Sie ist unter ethischen Gesichtspunkten als verwerflich zu bezeichnen und stellt einen schlimmen, aber letztlich konsequenten Ausdruck des "Militarismus im weißen Kittel" dar.

3. Die Dimension Hoffnung oder Auswege zur Abrüstung der Seelen

Die Militärherrschaft über den Körper und die Psyche des Soldaten will total sein und ist in ihrem Wesen totalitär. Totalitär in dem Sinne, daß die Binnenlogik des militärischen Apparates auf verhängnisvolle Weise so expandiert ist, daß sie, wie ein riesiger Magnet, das Denken, Fühlen und Handeln der Ärzteschaft und der übrigen Bevölkerung auf ihre eigene Logik umpolen will und jeden individuellen Freiraum, der logistisch nicht berechenbar oder verplanbar ist, zu beseitigen sucht. Auf der Systemebene kann dies, in Analogie zum Begriff "militärisch-industrieller Komplex" als "militärisch-psychologischer Komplex" bezeichnet werden.

Diese Militärlogik fängt im Bereich des Gesundheitswesens damit an, daß sie eigene Ärzte, sogenannte Arztsoldaten einsetzt, die als Sanitätsoffiziere nach dem Prinzip von Befehl und Gehorsam in die Armee eingeordnet sind. Das eindeutige Primat des Militärischen wird u.a. auch dadurch deutlich, daß eine Krankschreibung nur den Charakter einer Empfehlung hat. Über die Freistellung des Soldaten vom Dienst entscheidet letztlich der militärische Vorgesetzte.

Dazu noch ein Zitat aus dem "Handbuch der dringlichen Kriegschirurgie", welches von Militärärzten Ende der 50er Jahre erarbeitet und z.B. für die Bundeswehr als Zentrale Dienstvorschrift 49/50 Gültigkeit erlangt hat:

> *"Die Kriegschirurgie ist ein Zweig der chirurgischen Kunst und Wissenschaft. Ihre Besonderheit liegt darin, daß sich im Gegensatz zur üblichen ärztlichen Handlungsweise die Sorge für den Einzelnen zwangsläufig den militärischen Erfordernissen unterordnen muß, wenn dies die taktische Lage verlangt" (S.13).*

Diese militärische Logik tritt dem Zivilarzt, der außerhalb der militärischen Hierarchie steht, grundsätzlich mit Mißtrauen gegenüber. Soldaten, die z.B. im Urlaub in ihrem Heimatort erkrankt sind, müssen, außer bei akuten Notfällen, entweder einen der Vertrauensärzte der Bundeswehr in der Nähe des Heimatortes aufsuchen oder aber – gegebenenfalls auch über weite Strecken – zurück in ihre Kaserne, um dort von Militärärzten untersucht und behandelt zu werden. Die Militärs befürchten, daß bei Aufrechterhaltung des Prinzips der freien Arztwahl der zivile Hausarzt am Heimatort, der seinen Patienten und dessen Familie möglicherweise seit Jahrzehnten kennt, sich durch diese menschliche Nähe dem ärztlichen Gewissen mehr als den Selektions- und Effizienzkriterien des Militärs verpflichtet fühlt. Auch die Erfahrung aus dem 2.Weltkrieg, als Zivilärzte und nicht ausreichend mit der militärischen "Moral" identifizierte Ärzte auf Simulanten und Selbstverstümmler häufig hereingefallen sind – oder aber absichtlich beide Augen zugedrückt haben –, sind für die Militärs ein warnendes Beispiel.

Der beschriebene riesige militärärztliche und militärpsychologische Selektions- und Manipulationsapparat ist jedoch – und daher besteht kein Grund zum Defätismus – von der angestrebten totalen Effizienz noch weit entfernt.
Zum einen lieferten die positivistisch ausgerichteten Computer-Psychologen beim Militär häufig praktisch nicht verwertbare Daten-Friedhöfe (vgl. *Watson* 1978, 1982) ab, zum anderen ist es auch für die Psycho-Technokraten des militärisch-psychologischen Komplexes schwieriger als erwartet, die Psyche der Soldaten und der Gesamtbevölkerung gewissermaßen wie Eisenfeilspäne auf die Magnetpole der militärischen Logik auszurichten: Zu groß ist die Angst der Bevölkerung – zu groß die Todesangst der Soldaten, als daß sie wie eine Spinnenphobie wegkonditioniert oder durch militaristische Ideologien religiöser, faschistischer, imperialistischer oder vulgär-marxistischer Art wegmanipuliert werden könnten. Auf paradoxe Art und Weise bestätigen Militärpsychiatrie und Militärpsychologie, daß es nicht so sehr die "aggressive Natur" des Menschen ist, die nach Art eines Dampfkessels immer wieder einen Überdruck des Aggressionspotentials erzeugt und so zwangsläufig zu Kriegen führen muß, sondern daß diese angeblich aggressive, die Kriege verursachende Natur der Menschen Angst bei sich selbst und Mitgefühl mit der Angst des anderen zu empfinden vermag und daß dadurch die Angst, getötet zu werden, und die Hemmung, andere zu töten, ein solches Ausmaß erreicht, daß die "militärische Effizienz" zusammenbricht.

> *"Es ist eine Tatsache: Kein Mensch brauchte sich zu ändern oder brauchte noch weiterhin umzulernen. Wenn nur alle Menschen nichts weiter täten als ihrer gegenwärtigen innersten Überzeugung zu folgen und ihr heimliches Wollen laut auszusprechen – kein Staat der Welt wäre imstande, auch nur eine Stunde länger Krieg zu führen". (Nicolai 1918, S.29)*

Folgerichtig hatten und haben Militärpsychiatrie und Militärpsychologie in den einzelnen Armeen die Aufgabe, zusammen mit anderen Hilfswissenschaften (z.B. Soziologie) und zusammen mit Hilfsideologien (Segnen von Waffen, religiöse Erbauung, vulgärer Antikommunismus und vulgärer Antikapitalismus), diese Ängste und Hemmungen wegzumanipulieren, falls erforderlich unterstützt durch die disziplinarischen Druckmittel des militärischen Apparates bis hin zur Militärgerichtsbarkeit.

Als Resultat soll der Held keine Angst mehr spüren, der als konkrete Person völlig unbekannte "Gegner" ist schlechthin böse, zur Belohnung für den Heldentod winken Himmel bzw. Paradies oder ein Platz in einem irdischen Heldentempel.

Das Ziel aller dieser teils sublimen, teils offen brutalen Zurichtungsmethoden ist die *totale Konformität* der Soldaten im Bereich des Denkens, Fühlens und Handelns. Damit ist aber auch gleichzeitig ein entscheidender Punkt sichtbar, an dem der Hebel für eine "Abrüstung der Seelen" ansetzen kann: Gerade weil die militärische Führung und ihre Psychotechnologen die Einfühlung des Soldaten in die eigene Gefühls- und Gedankenwelt und die der Angehörigen der eigenen und der potentiell gegnerischen Armee systematisch zu verhindern sucht, ist es Aufgabe und Chance einer nicht-militaristisch ausgerichteten Psychologie und Psychotherapie, diese Bereiche durch Selbstreflexion und Empathie fühlbar, aussprechbar und damit für politisches Handeln wirksam zu machen (vgl. dazu *Richter* 1982).

Durch diese Wiedereinführung des (mit-)fühlenden Subjekts ließe sich die durch den militärisch-psychologischen Komplex angestrebte maximale Konformität in Armeen und Bevölkerung aufbrechen und Impulse und Formen für eine weltweite Sicherheitspartnerschaft und Abrüstung entwickeln. Dies wäre nicht nur angesichts der bedrohlichen militärischen Lage überlebenswichtig, sondern ergäbe auch für die Fortentwicklung der beruflichen Identität und Tätigkeit der in den nicht-militärischen Bereichen der Psychologie, Medizin und der anderen Humanwissenschaften arbeitenden Wissenschaftler und Praktiker entscheidend neue Impulse.

Persönliches Nachwort der Autoren

Die Zusammenstellung und Ausarbeitung des vorliegenden Buches war für die beiden Autoren nicht nur ein intellektueller, sondern ein gefühlsmäßig häufig sehr belastender Vorgang. Als wir vor Jahren mit der zunächst unsystematischen Lektüre von Aufsätzen und Büchern begannen, waren wir auf die Fülle und die Eindeutigkeit des Materials nicht vorbereitet. Immer wieder von neuem waren wir überrascht, empört, aber auch geängstigt durch die eiskalte Rationalität des Vorgehens von Psychiatern und Psychologen im Dienst militärischer Ziele, denen das Individuum "Soldat" geopfert wurde. Wir mußten uns immer wieder bremsen, damit wir nicht unsere Empörung in die Kommentare und Interpretationen des Buches hineinschrieben, um den Leser selbst die emotionale Reaktion auswählen und dosieren zu lassen. Wenn wir gelegentliche Pausen von Tagen oder Wochen machten und dann die Arbeit des Sammelns und Auswählens fortsetzten, bemerkten wir, daß wir selbst in dieser Zeit die Schrecklichkeit dieser "Medizin und Psychologie ohne Menschlichkeit" wieder verdrängt hatten, ja es im Grunde auch gar nicht glauben wollten, wenn wir nicht durch die jahrelange direkte Konfrontation mit den in erstaunlicher Offenheit geschriebenen Originalquellen dazu gezwungen worden wären.

Wir haben uns über Jahre hinweg schwergetan, uns in diese militärische Logik hineinzudenken und einzufühlen, die, wenn man erst einmal alle Prämissen akzeptiert hat, eine erschreckende Plausibilität bezüglich der Notwendigkeit der Entwicklung immer raffinierterer Methoden zur möglichst vollständigen und letztlich globalen Kontrolle und Vernichtung von Menschen entwickelt. Eine Rüstungsspirale gibt es insofern nicht nur im Bereich der naturwissenschaftlich hergestellten Massenvernichtungsmittel, sondern auch im Bereich der Manipulationsmittel zur "Aufrüstung der Seelen".

Der Prozeß des Produzierens hat auch uns verändert: Wir sind ideologiekritischer, in vielem pessimistischer, in manchem optimistischer geworden. Zu diesem Optimismus gehört die Hoffnung, daß durch dieses Buch ein kleines Stück "Aufklärung" etwa im Sinne von *Kant* geschaffen werden könnte, der diese bekanntlich als *"Ausgang des Menschen aus seiner selbstverschuldeten Unmündigkeit"* definiert hat. Ein Teil der gegenwärtigen lebensbedrohlichen Unmündigkeit ist die Manipulierbarkeit der Soldaten und der Bevölkerung durch den militärisch-psychologischen Komplex in den verschiedenen Ländern und politischen Systemen. Zur Aufklärung in diesem Bereich gehört als wichtiger Baustein die Kritik an der herrschenden Sanitätsideologie.

Anhang

Hilfe von der Telefonseelsorge?

5400 Koblenz 1, 20.November 1975
Julius-Wegeler-Str. 10-12
Telefon 10021 App 620

III. Korps
Der Kommandierende General

Betr.: Suicide und Suicidversuche von Soldaten
hier: Telefonseelsorge
Vorg: III. Korps – Der Kommandierende General – vom 18.07.1975

In meinem Schreiben vom 18.07.1975 (Vorgang) habe ich meiner Sorge über die ansteigende Zahl der Suicide und Suicidversuche Ausdruck gegeben. Inzwischen wurden in Gesprächs- und Arbeitskreisen beim Korpskommando die Möglichkeiten der Hilfeleistungen für den Bereich der Truppe eingehend erörtert.

Als Ergebnis steht fest, daß sich die Telefonseelsorge beider Konfessionen in der Bundesrepublik als eine langjährig bewährte Einrichtung auch für unsere Belange besonders anbietet. Die Telefonseelsorgestellen haben einen hohen Bekanntheitsgrad erreicht und besitzen offenkundig allgemein großes Vertrauen.

Die Telefonseelsorge vermittelt bei Tag und Nacht mühelos einen befähigten und verschwiegenen Partner, der die Anonymität des Anrufers achtet, auf ihn eingeht und ihm beisteht. Jeder Ratsuchende wird vorbehaltlos angenommen.

Für unbedingt notwendige Unterstützung ist eine umfassende und kompetente Fachberatung gewährleistet. Dafür sind in einer besonderen Kartei Psychologen, Mediziner, Theologen, Sozialarbeiter, Behörden und Beratungsstellen erfaßt, die freiwillig mitarbeiten.

In diesen Kreis müssen nun auch kompetente Personen aus dem Bereich der Bundeswehr einbezogen werden. Hierzu haben sich Herren meines Stabes sowie Sozialarbeiter der Standortverwaltung Koblenz in die Kartei der Telefonseelsorge Koblenz eintragen lassen. Sie werden ebenso wie die genannten Stellen beratend mitarbeiten, um zunächst die notwendigen Erfahrungen für die beabsichtigte Ausdehnung des Vorhabens auf das III. Korps insgesamt sammeln zu können.

In Zusammenarbeit mit dem Standortältesten Koblenz wird in der nächsten Zeit die erwünschte Mitwirkung der Telefonseelsorge Koblenz für den Standortbereich Koblenz erprobt.

Durch Standortbefehl erfolgt in Kürze die Unterrichtung aller Truppenteile im Standort Koblenz über die Möglichkeit, bundeswehreigene und öffentliche Telefonapparate für das Gespräch mit der Telefonseelsorge zu nutzen. Dazu werden in allen Kasernen des Standortes Koblenz an besonders ausgewählten Orten Plakate der Telefonseelsorge ausgehängt.

Auch die Herren Militärgeistlichen sprechen künftig über die Aufgabe, die Möglichkeiten und Grenzen der Telefonseelsorge in den Einheiten im Rahmen des lebenskundlichen Unterrichts (Offz- und Uffz-Arbeitsgemeinschaften).

Ich erwarte, daß alle Vorgesetzten dieses Bemühen um Hilfe für Soldaten, die in tiefe seelische Not geraten sind, in der gebotenen Form mittragen und die ihnen anvertrauten Soldaten wiederholt über die Telefonseelsorge aufklären.

Im Entwurf gez.:

Pöschl
Generalleutnant

Beglaubigt:

Verteiler:
A 6

(Knolle)
Oberstleutnant

Öffentliche Ausschreibung

Beschaffungsstelle
des Bundesministers des Innern
Postfach 14 02 90
5300 Bonn 1
Öffentliche Ausschreibung
Für die
Sanitätsmaterialbevorratung für den Zivilschutz werden

342 000 Diazepam 10 mg, Ampullen zu 2 ml
68 000 Droperidol 2,5 mg/ml, Ampullen zu 10 ml
103 000 Haloperidol 5 mg, Ampullen zu 1 ml
2 010 000 Diazepam 2 mg, Tabletten
50 340 Elektrolyt-Mannit-Lösung, Inf.-Flasche zu 500 ml
56 000 Elektrolyt-Lävulose-Lösung, Inf.-Flasche zu 500 ml
30 000 Hydroxyäthylstärke 6%, in 0,9%iger NaCl-Lösung, Inf.-Flasche zu 500 ml

öffentlich ausgeschrieben.
Die **Ausschreibungsunterlagen** können bei der Beschaffungsstelle des Bundesministers des Innern, Postfach 14 02 90, 5300 Bonn 1, **bis zum 15. Oktober 1982** angefordert werden.
Der Versand der Angebotsunterlagen erfolgt **bis zum 1. November 1982.**
Einreichungstermin für die Angebote: 23. November 1982.
Der Zuschlag wird erteilt bis 10. Dezember 1982.
Bis zu diesem Zeitpunkt ist der Bewerber an sein Angebot gebunden.
Die Lieferung soll bis 1. August 1983 erfolgen.

Panikprophylaxe? (aus: Deutsche Apothekerzeitung 122, 1982)

Ein Gesetz gegen die Todesangst

Die Zunahme der Simulation und Selbstverstümmelung führte u.a. zu einem warnenden Erlaß des Oberkommandos der Wehrmacht vom 20.9.1944 über die Mittel und Verfahren, die zur Hervorrufung von Selbstbeschädigungen in Frage kommen (zit. bei *Seidler* S.302 ff.); dabei wurden auch die Mittel zur Entdeckung angegeben:

Erlaß des Oberkommandos der Wehrmacht vom 20.9.1944 über die Mittel und Verfahren, die zur Hervorrufung von Selbstbeschädigungen in Frage kommen

(Bundesarchiv R 22/5007 Fol.1)

A.
Verfahren, die Fremdkörper an oder in den Körper bringen, um Krankheiten hervorzurufen bzw. vorzutäuschen.

I. Lungenkrankheiten.

1. Chronische Brochitiden werden durch Einnehmen von 5% Jodkalilösung oder Einatmen von Ammoniakdämpfen erzeugt bzw. aufrechterhalten. Auch das Rauchen einer Mischung von Machorka-Tabak und Russla-Puder ist dazu geeignet.

2. Lungentuberkulose bzw. das Aktivsein obsoleter Lungenherde wird durch mitgebrachtes oder von anderen Kranken beschafftes Sputum vorgetäuscht. Gewichtsabnahme und Müdigkeit kann durch Einnehmen von Dinitrophenol oder Schilddrüsenextrakt (Thyroid) hervorgerufen worden sein.
Nachweis von Dinitrophenol durch Methämoglobinbestimmung.
Methämoglobinbestimmung.
Tuberkelbazillen im Auswurf werden durch Beimischung von Smegma vorgetäuscht. Die im Vorhautsekret vorhandenen Smegmabakterien (Pseudotuberkelbazillen) sind hinsichtlich ihrer Form, Größe und ihrem färberischen Verhalten von echten Tuberkelbazillen kaum zu unterscheiden. Die Täuschung gelingt am vollendetsten, wenn mehrfach täglich im Mund kleine Smegmateilchen und Blut dem Speichel und damit dem Auswurf beigemischt werden.
Nachweis: Prüfung der verdächtigen Tuberkelbazillen durch Kultur- und Tierversuch.
Das Blut im Auswurf wird aus dem Zahnfleisch gesogen oder aus künstlich beigebrachten Schnittwunden dem Mundspeichel bzw. Auswurf beigemengt.

3. Zur Vortäuschung einer (tuberkulösen) Verschattung im Röntgenbild kann die Brust- oder Rückenhaut einseitig über einem Lungenoberlappen unregelmäßig dick mit Schwermetalle enthaltender Salbe eingerieben werden (z.B. farblose Quecksilbersalbe).

II.
Herz- und Kreislauferkrankungen.

1. Pulsbeschleunigung, Irregularität und Veränderungen im EKG werden nach starkem Rauchen von Zigaretten oder Zigarren, nach Essen von einer Zigarette, von Kautabak-

stückchen, nach Einnahme von Koffein (mit oder ohne Salizyl-Beimengung) beobachtet. 1,5g Aspirin auf nüchternen Magen genommen, verursacht Pulsbeschleunigung und Kollaps.
Nachweis: Nikotin im Harn, Salizylsäure (Aspirin) im Stuhl.

2. Pulsbeschleunigung wird auch durch laufendes Einnehmen kleinster Mengen atropinhaltiger Stoffe oder Thyreodin hervorgerufen.
Nachweis: Untersuchung des Herzens nach 8tägiger strenger Quarantäne.

3. Ausgesprochenes und häufiges Onanieren sowie Geschlechtsverkehr können ebenfalls zur Pulsbeschleunigung und manchmal auch zu Kollapserscheinungen führen.

4. Ödeme an den unteren Gliedmaßen können durch wiederholtes Abschnüren mit einem breiten Band, das keine auffällige Schnürfurche hinterläßt, hervorgerufen und aufrechterhalten worden sein. Die Ödeme können durch wiederholtes Klopfen der Unterschenkel mit der Hand oder mit einem weichen Gegenstand verstärkt werden.
Nachweis: Entweder besteht kein Temperaturunterschied oder die geschwollene Gliedmaße ist kühler als die andere. Die geschwollene Gliedmaße ist blau, die Haut trocken, glänzend, etwas abschilfernd. Die Veränderung nimmt gegen die Stelle der Abschnürung zu allmählich ab. Außer einer Schnürfurche können dem abschnürenden Instrument entsprechende Abschürfungen und gegebenenfalls Blutaustritte zu sehen sein. Auch treten mitunter Geschwüre an der Stelle der Abschnürung auf.

III.
Magen- und Darmkrankheiten.

Magen-Darmerkrankungen (Übersäuerung, Schleimhautveränderungen, Spasmen, Durchfall, Verstopfung etc.) werden hervorgerufen durch:

1. Trinken eines Tabakaufgusses. Tabak von 2-5 Zigaretten wird einige Stunden lang in Wasser aufgeweicht, durch ein Taschentuch geseiht und die Flüssigkeit etwa 15 Minuten vor dem Aushebern oder Röntgen getrunken.

2. Schnelles und starkes Zigarettenrauchen, Rauchverschlucken oder bei nicht Gewöhnten auch Kauen von Kautabakstückchen.
Nachweis: Nikotin im Urin.

3. Einnehmen von 2-3 Eßlöffeln Wehrmachtsfarbe, die zum Tarnanstrich von Geschützen, Panzern usw. verwandt wird (akute Blei- und Magenvergiftung).
Nachweis: Pb, Ba und Mn im Stuhl, Urin und Blut. Blutbild. Ist die Farbe organischer Herkunft (z.B. Anilinfarben u.dgl.) so entsteht keine Schwermetallvergiftung, auch gelingt dann natürlich kein Nachweis von Schwermetallen.

3. Verschlucken von Stanniolpapier, Schuhzwecken, Reißnägeln, Stahlfedern, Schrauben, Büroklammern, Knöpfen, Nägeln, Steinen, Flakgeschoß-Splittern, Stopfnadeln, Nähnadeln usw. ("Fremdkörperschlucker").
Nachweis: Durch Röntgenaufnahme.

4. Tägliche orale Aufnahme von kleinen Mengen bleihaltiger Trockenfarbe (neuritische Erscheinungen und langanhaltende Anaemie).
Nachweis: Blutbild. Bleisaum, Verstopfung, Blei im Urin und Stuhl, besser im Blut (Einsendung von 20 ccm).

5. Einnahme von Thalliumpräparaten (roter Weizen, Zeliopaste etc.). Anfangs unklare Magen-Darmbeschwerden, später polyneuritische Erscheinungen mit Haarausfall. Bei Zivilisten gewöhnlich einmaliges Essen einer großen Menge, bei Soldaten schubweise Aufnahme je nach Abklingen der Erscheinungen.
Nachweis: Thallium in Harn oder Kot. Nachweis unerläßlich, da ähnliche Krankheitserscheinungen ohne Thalliumvergiftungen beobachtet werden.

6. Einnehmen großer Mengen von Kalium-hypermanganicum-Kristallen, die in Brotkugeln eingehüllt sind, dadurch Bildung von Magengeschwüren.
Nachweis: In Kot und Urin fraglich.

7. Wiederholtes Verschlucken von Gewehrpulver aus Platzpatronen usw. (Nitrozellulose-Gewehr-Blättchenpulver) ruft ebenfalls Magengeschwüre hervor, bestehende werden erhalten bzw. verschlimmert.
Nachweis: Pulvernachweis im Kot.

8. Einnehmen von Trockenblut oder Blutwurst, dadurch Vortäuschung eines blutenden Magen-Darmgeschwürs. Saugen von Blut aus Zahnfleisch und defekten Zähnen.
Nachweis: Blutreaktion im Stuhl bei fleischfreier Kost, Röntgenuntersuchung.

9. Sekundäre Blutarmut wird durch wiederholtes Einnehmen von kleinen Mengen Trockenblut in Gelatinekapseln nach einmaligen oder mehrfach wiederholten, von Helfershelfern durchgeführten Aderlässen (aus Unterschenkel- oder Armvenen) vorgetäuscht.
Nachweis: Blutbild, genaue Körperbesichtigung (Ellen- und Kniebeugen).

10. Essen von Seifenstückchen, die Durchfälle hervorrufen oder sie unterhalten. Die Erscheinungen einer Ruhr treten ferner nach Einnahme von einer Mischung Kaffee und gemahlenem Kornrade-Samen auf; der Samen kann auch Mehl, das zum Kochen oder Braten verwendet wird, zugegeben werden.
Das Essen von gelben oder roten Farben, die Kaliumchromat oder Kaliumbichromat enthalten, bewirkt ebenfalls blutige Durchfälle.
Nachweis: Bei Verdacht Untersuchung des Mageninhaltes.

11. Verschlucken von Haaren kann Verstopfung hervorrufen.

12. Essen bzw. Trinken von Exkrementen Typhus-, Paratyphus- oder Ruhrkranker kann eine ansteckende Darmerkrankung erzeugen.

13. Künstliche Mastdarmvorfälle werden durch Einführen eines Schwammes in den Mastdarm sowie durch schwergewichtige Körper hervorgerufen. Auch gewaltsame Dehnung des Schließmuskels mit einem Zeigefinger führt zum Erfolg. Umständlicher ist die Einführung eines kleinen, mit trockenen Erbsen gefüllten Säckchens in den Mastdarm, an dessen Ende eine Schnur befestigt ist. Durch das Aufquellen der Erbsen wird der Sack erheblich größer und führt bei dem Zug nach außen schließlich zu einer gewaltsamen Zerreißung des Schließmuskels.

14. Künstliche Mastdarmfisteln können durch Selbstverletzung mittels Troikarts und Liegenlassen desselben sowie durch Durchbohrung der Mastdarmwand entstanden sein.
Vorsicht bei Bewertung vorgelegter zivilärztlicher Röntgenbefunde! Achten auf Personen- und Bildgleichheit.

15 Nach Injektion eines fiebererregenden Mittels wird über Schmerzen in der rechten Unterbauchgegend zur Vortäuschung einer Blinddarmentzündung geklagt mit dem Ziele, operiert zu werden.

IV.
Gelbsucht.

Sie wird hervorgerufen durch:

1. Einnehmen kleiner Mengen Prikrinsäure (als freies Pulver oder in Oblatenkapseln) mit oder ohne Digitalis. Nach Aufnahme von 5-7 g tritt Ikterus auf.

2. Einnehmen von Viktoriagelb.
Dinitro-Kresol kommt wegen seiner starken Giftigkeit seltener in Frage.

3. Einnahme von Atebrin.

4. Einnahme von Gummi gutti.

5. Rauchen von Zigarettentabak, dem Safran beigemengt ist.

6. Einnehmen von 0,3-0,5g Lactophebin.
Die Präparate werden auch von Patienten eingenommen, die eine Hepatitis epidemica überstanden haben, um den Lazarettaufenthalt zu verlängern.

Nachweis: Bei der durch die oben angeführten Mittel hervorgerufenen Gelbsucht fehlt die Gallenfarbstoffprobe im Harn, mit Ausnahme von Lactophenin. Nachweis von Pikrinsäure im Harn und Lactophenin; Atebrin in Harn und Blut, bei Dinitrokresol Methämoglobinbildung.

7. Durch Einreiben von Safran kann die Haut gelb gefärbt werden.
Nachweis: Gründliches Waschen. Augenweiß nicht gelb gefärbt.

V.
Erkrankungen der Nieren und Harnwege.

1. Nierenentzündungen entstehen durch Einnahme von chromsaurem Kali, Urotropin oder anderen chemischen Stoffen.
Nachweis: Im Erbrochenen, Mageninhalt und Harn. Urotropin durch Formaldehydnachweis im Harn.

2. Eiweiß im Urin wird durch Eintropfen eiweißhaltiger Flüssigkeit (Blutserum, Ei-Eiweiß etc.) in den entleerten Harn vorgetäuscht.
Nachweis: Negativer mikroskopischer Befund im Urinsediment spricht meist gegen entzündliche Nierenkrankheiten.

3. Blut im Urin wird durch Eintropfen von Blut aus einer frischen Nadelstichwunde am Finger hervorgerufen. Hämaturie kann auch durch Verletzungen der Harnröhre mit Drahtstücken, Stopfnadeln oder dergleichen verursacht werden. Manchmal wird blutige Flüssigkeit in die Blase eingespritzt.
Nachweis: Verletzungen und Fremdkörper.

4. Eiter im Urin (zur Simulation einer chron. Cystopyelitis) tritt auf, wenn durch Betupfen des inneren Blattes der Vorhaut mit einer ätzenden Flüssigkeit, Salbe oder Einlegen von feingeschnittenen Blättern des Wegerichs eine Balanitis erzeugt wurde und der Harnstrahl den Vorhautraum durchspült.
Nachweis: Entleerung des Urins in Gegenwart des Arztes bei zurückgezogener Vorhaut ergibt völlig normalen Urin.

5. Chronische Cystopyelitiden werden durch Einführung von Seifenstückchen in die Harnröhre und Zurückmassieren, bis sie aufgelöst sind, vorgetäuscht.
Nachweis: Im Sediment wenig Eiterkörperchen.

Trübung des Urins tritt auf nach Einstreuen von Stärke und Kalkstückchen in den Urin sowie durch Hühnerei-Eiweißbeimengung.

7. Nierensteine werden während der Röntgenuntersuchung durch überraschend geschicktes, vorher langdauernd geübtes Befestigen eines Konkrements durch zwei Heftpflaster auf die Haut der Nierengegend vorgetäuscht. Zu gleicher Zeit oder vorher wird "Hämaturie" durch Verletzungen der Harnröhre mit einem Drahtstück hervorgerufen.
Nachweis: Aufnahme bei entblößtem Rücken.

8. Bei Durchführung der Nierenfunktionsprüfungen werden am Wassertag schlechte Ausscheidungen und Wasserrentention durch Danebenurinieren auf dem Abort oder durch künstliches Zurückhalten des Urins in der Harnblase vorgetäuscht.
Nachweis: Perkutieren und Palpieren, evtl. überraschendes Katheterisieren. Häufig wird schlechtes Konzentrationsvermögen durch Trinken von Wasser vorgetäuscht.
Nachweis: Körpergewichtsbestimmung vor dem Trinken nach Blasenentleerung und evtl. auch 24 Stunden nach dem Trinken.

VI.
Zuckerkrankheit.

1. Vortäuschung durch Zusatz von Traubenzucker zum Urin oder durch Urinieren über dünn mit Honig bestrichenen Finger.

2. Einspritzen von zuckerhaltiger Flüssigkeit in die Blase.
Aggravation eines vorhandenen Diabetes mellitus durch absichtliche Diätfehler. Erhebliche

Aufnahme von Kohlehydraten durch Trinken oder Essen. Einnahme von Wurzelrinde von Äpfel- bzw. Kirschbäumen (enthalten Phloridzin).
Nachweis von Phloroglucin im Harn.

VII.
Mandel- und Halsentzündungen.

Anginen und Stomatiden können verursacht oder aufrechterhalten werden:

1. Durch Betupfen der Gaumenmandeln und Mundschleimhaut mit einem Höllensteinstift,

2. durch Gurgeln mit einer Lösung von gelbem Senf oder Ingwer in Wasser.
Nach Anwendung von 1. und 2. Schlucken einer Messerspitze voll Gewehrpulver aus Infanteriepatronen (Nitrozellulose-Gewehr-Blättchenpulver).

VIII.
Scharlach.

Durch Schlagen des Körpers mit Tannenzweigen, Einreiben der in den Tannennadeln enthaltenen ätherischen Öle in die Haut, Beklopfen der Haut mit einer Bürste, Gurgeln mit Kresolseifenlösung; auch durch Einnehmen von Tonseifenstückchen oder 10-prozentiger Jodlösung kann ein scharlachartiger Hautausschlag hervorgerufen werden.
Nachweis: Versuch des Nachweises von Jod in Körperausscheidungen, im Blut usw. bei Verdacht auf Einnahme von Jodkalilösung.

IX.
Diphterie.

Der Rachen- oder Nasenabstrich eines Diphteriekranken wird kräftig auf der eigenen Nasen- oder Rachenschleimhaut verrieben, dadurch kann echte Diphterie hervorgerufen werden.

X.
Malaria.

1. Vortäuschen einer Malariaerkrankung:

a) durch regelmäßige Simulation eines jeden oder jeden 3. Tag auftretenden Fieberanfalls. Meist wird der Anfall nachts vorgetäuscht, wenn unerfahrene Nachtschwestern Dienst tun. Das Thermometer wird durch umgekehrtes Schleudern (Quecksilberende in Hohlhand), durch Reiben in der Hand, am Heizkissen oder an der Wärmeflasche erhitzt usw.

b) durch regelmäßige tägliche oder jeden dritten Tag vorgenommene subcutane Injektionen eines fiebererzeugenden Mittels, z.B. Pyrifer.

XI.
Augenbindehautentzündung.

1. Durch die Einführung kleiner Teile von Rizinussamen in den Bindehautsack wird in kurzer Zeit eine Entzündung der Lid- und Augäpfelbindehäute (Conjunctivitis) erreicht. Die Wirkung ist auf das im Rizinussamen enthaltene Rizin zurückzuführen. Beweiskräftig für seine Wirkung ist der Tierversuch (Kaninchenauge).
Ein französisches Abführmittel (Grain de Vals) wird zerrieben und von dem Pulver eine kleine Fingerspitze voll in den Augenwinkel gebracht, am nächsten Tag tritt eine Bindehautentzündung auf.
Die künstlichen Bindehautentzündungen können durch die mikroskopische Feststellung der im Bindehautsack zurückgebliebenen Bestandteile des Fremdkörpers nachgewiesen werden. Ferner ist die Beschränkung der Entzündung auf die unteren Abschnitte oder dessen vorwiegendes Befallensein verdächtig. Auch die lokale Eosinophilie, auf die im frischen Stadium der Erkrankung geachtet werden muß, spricht für eine künstlich erzeugte Bindehautentzündung. Im Spätstadium ist die Ursache schwer festzustellen.

2. Unter das Unterlied des Auges wird frisch ausgepreßter Saft einer der Pflanzen gegeben, die im Abschnitt XVII. angegeben sind, ferner können Kornradeteilchen, Rizinusbohnen, Garantol, Karbid, Krotonöl oder andere Fremdkörper (Kalkstückchen, Maueranwurf, Gewehrpulver etc.) verwendet worden sein.

Künstliche Übertragung von Trochomeiter ins Auge ruft Trachom hervor.
Nachweis: Bakteriologische Untersuchung des Sekrets. Nachweis von Fremdkörpern und Narben. Auffallend ist immer eine starke auf die Unterlider beschränkte Reizung, speziell bei alten Trachomkranken.

XII.
Erkrankungen der Harn- und Geschlechtsorgane

1. Vortäuschung von Tripper durch Einbringen reizender Körper in die Harnröhre oder durch Einspritzungen irgendwelcher reizender Mittel. Geeignet sind Seife und Wurzelstücke von Nieswurz.
Nachweis: Bei künstlichem Tripper finden sich verhältnismäßig wenig Eiterkörperchen.

2. Künstliche Übertragung von Trippererregern, absichtliche Ansteckung durch Geschlechtsverkehr.

3. Zur Vortäuschung eines Ausflusses werden Mehlsuppen o.dgl. in die vordere Harnröhre gespritzt.
Nachweis: Mikroskopische Untersuchung des Ausflusses.

4. Eingeschnittene Blätter des Wegerichs können in den mit Wasser benetzten Vorhautsack eingelegt an Glans und Praeputium Blasen hervorrufen, die eine Geschlechtskrankheit vortäuschen können.

5. Schwere, zeitweise mit Blutungen einhergehende Katarrhe der Harnröhre werden durch Einspritzungen von 2-5prozentiger Argent. nitric.-Lösung ausgelöst und bedingen schwere Veränderungen auf der Schleimhaut der hinteren Harnröhre, wenn die Flüssigkeit unter Druck nach hinten gespritzt wird.

XIII.
Schilddrüsenerkrankung.

Schilddrüsenpräparate oder andere Hormonstoffe in verschiedener Herstellungsform (männliche und weibliche Sexualhormone, Okasa usw.) werden mehrere Tage hindurch in größeren Dosen eingenommen, um bei einer fachärztlichen Untersuchung, truppenärztlichen Befunden, Musterung usw. eine organische Störung der Schilddrüsenfunktion, der Herztätigkeit, des Grundumsatzes und des EKG vorzutäuschen.

XIV.
Rückenschmerzen, Bewegungsstörungen der Wirbelsäule.

Schmerzen beim Bücken oder Heben von Gegenständen. Zur Vortäuschung des Schmerzes wird eine bestimmte Stellung beim Gehen und Stehen eingenommen. Um diese zu lernen, wird in Höhe des Gürtels beiderseits der Wirbelsäule über dem musc. latissimus dorsi eine kleine Wal- oder große Haselnuß fest aufgebunden. Dadurch entsteht bei jeder Bewegung ein Druckschmerz. Durch Übung wird gelernt, sich so zu bewegen, daß man den Schmerz nicht merkt. Hat man sich an diese Haltung gewöhnt, dann kann man ohne Nuß in der veränderten Haltung gehen oder sie jederzeit einnehmen.
Die Bewegungsstörungen nach Verletzungen der Gliedmaßen und der Wirbelsäule treten meist in Form der "Überlagerungen" auf, oft werden Störungen auch ohne vorangegangene Traumen beobachtet, wenn eine leichtsinnig gestellte Röntgendiagnose von geringen Wirbeldeformationen bei rundem Rücken, Skoliose oder ein Meniskusschaden etc. bekannt geworden sind.
Nachweis: Fehlen der Muskelatrophie des musc. deltoideus bei einer Störung der Schultergelenksfunktion, der Oberschenkelmuskulatur bei Kniegelenkstörungen. Evtl. Untersuchung im Chloraethyl- oder Evipanrausch. Untersuchung mit Einschaltung von Überraschungsmomenten. Beobachtung des Ganges u.a. Bewegungen möglichst außerhalb des Lazaretts.

XV.
Teilweise Lähmung.

Kleine runde Gegenstände, z.B. Radiergummi, werden durch Binden in der Ellenbeuge, Achselhöhle oder Kniekehle so festgebunden, daß ein Druck auf den Nerv ausgeübt wird. Nach wiederholter mehrstündiger Anwendung der Bandage wird die Lähmung des Armes oder Beines hervorgerufen.
Nachweis: Verdächtig ist das Fehlen von Muskelatrophie. Überraschungsuntersuchungen.

XVI.
Rauschzustände.

Aus geriebenem Tabak, etwas Asche und etwas Fett wird ein Pulver hergestellt, das kurze Zeit unter die Zunge gelegt wird. Das Präparat verursacht hohes Fieber, welches schnell wieder absinkt und einen vorübergehenden Rauschzustand bewirken soll (bei russ. Hiwis beobachtet).

B.
Mittel und Verfahren, die eine örtlich begrenzte Gewebsschädigung hervorrufen.

XVII.
Wunden, Zellgewebsentzündungen, Hautausschlag.

Wunden und Hautgeschwüre werden hervorgerufen durch:

1. Mechanische Reize. Durch Scheuern, Reiben und Kratzen von Wunden mit den Verbänden, mit Instrumenten, Fingernägeln usw., durch Klopfen, Schlagen, durch nachts angelegte Stauungsbinden wird bewirkt, daß die Wunden nicht heilen, oder Furunkel, Pyodermien etc. entstehen. Vorbereitung der Haut durch Scheuern oder Reiben mit Sandpapier, um für die unter XVII.3.b genannten Stoffe eine günstige Angriffsfläche zu schaffen. Einbringen von Glas-, Holzsplittern, Kohlenstückchen, Steinchen, Tintenstift (chemisch der Nachweis im Wundexsudat oder Probeexzision) etc. in Wunden. Rechtshänder bevorzugen die linke Körperseite, Linkshänder die rechte, ferner befinden sich die Artefakte an leicht zugänglichen Stellen.

2. Thermische Reize. Durch Übergießen von heißem Wasser, Kaffee, Tee, heißer Milch über die Hände oder Füße, ferner durch heiße Münzen, brennende Streichhölzer, Zigarren, erhitztes Siegellack, durch heißes Bügeleisen etc. werden Verbrennungen verursacht.

3. Chemikalische Reize.

a) Verätzen der Haut mit Schwefelsäure (Schorf durch Verkohlung schwarz), Salpetersäure (Schorf gelb, Xantoproteinreaktion!), Chromsäure (Schorf gelb oder braungelb), Salzsäure (Schorf grau-weißlich), Karbolsäureumschläge (intensiver Geruch, Schorf weißlich), Phenol- und Lysolumschläge (Schorf bräunlich bis schwarz), Umschläge mit einem Petroleum-Essig- oder Essigessenz-Weinsteinsäure-Gemisch, Essigsäure, Ameisensäure, Milchsäure, Salicylsäure (uncharakteristische Schorfe). Sublimat, Kupfersulfat, Zinkchlorid, Zinksulfat, Bleiacetat, Alaun, Seifenstein, Silbernitrat, konz. Kochsalzlösungen, Losantin, Laugenstein, Tetryl, Kunstdünger, gelber Tafelsenf, zerquetschte Senfkörner, Kopierstift, Knoblauch etc. werden in Wunden gegeben, um diese zu verschlechtern oder zu unterhalten.
Kali- und Natronlauge rufen weichen, schmierigen, bräunlichen Schorf hervor. Ammoniak und ammoniakhaltige Mittel (Sidol), Soda, Schmierseife verursachen blasige Abhebungen der Haut (später gelbliche Verfärbungen).

b) Zur Erzeugung von Ausschlag, Gürtelrose u.a. Entzündungserscheinungen werden auf die Haut aufgebunden feuchte Rinde oder Saft von Seidelbast, Saft von Nießwurz, Wolfs- und Hundsmilch, Maiglöckchen, Aronstabwurzel, Getreidebrand, scharfen Hahnenfuß, der Saft der genannten Pflanzen, ferner Spanische Fliegensalbe (schwarze Salbe in Stangenform) verwendet, sodann Gummiharze rein oder in Form von Pflastern (Benzolharz, Kolophonium) aufgebracht, oder auf die vorher mit einer dünnen Nähnadel oder Sandpapier leicht angekratzte Haut eingerieben, oder mit einem Auszug, der mit frischgeschnittenem Seidelbast oder Wolfsmilch und Essig hergestellt war, 24 Stunden lang die angekratzte Stelle damit bedeckt und mit Heftpflaster abgeschlossen.

c) Hautausschlag kann auch nach Einnehmen von Jod- und Bromsalzen auftreten.

d) Hautabzesse, Phlegmonen etc. werden durch subcutane Injektion von Petroleum, Terpentin, Benzin, Salzsäure, Eisessig, konzentr. Wasserstoffsuperoxyd, äther. Öl, Eiter, Urin, Speichel, Pferdehaare oder Luft erzeugt. Mit Petroleum etc. getränkte Fäden können durch die Haut gezogen werden.

e) Künstliche Geschwulste der Haut und Lymphknotenschwellungen werden durch subcutanes Einspritzen von Maschinenöl, Leinsamenöl oder Paraliquid vorgetäuscht. Einspritzung von Quecksilber ruft echte Geschwulste hervor.

f) Entzündungen der Zehen können durch Einlegen eines mit Terpentin oder auch NaOH getränkten Wattebausches, insbesondere zwischen der dritten und vierten Zehe, erzeugt worden sein.

XVIII.
Künstliche Verletzung der Augäpfel.

Durch Einstechen nadelartiger Werkzeuge in die Augen kann es zur künstlichen Starbildung kommen. Auch werden Blutegel an die Hornhaut angesetzt, welche das vordere Kammerwasser aussaugen, dadurch kommt es zu Blutungen ins Augeninnere mit Netzhautablösung. Die eigenartigen dreistrahligen Wunden oder Narben des Blutegelbisses lassen die Entstehung dieser Beschädigung auch später noch leicht erkennen.

XIX.
Selbstbeschädigung am Ohr.

Verletzungen des äußeren Gehörganges durch schneidende Instrumente, Verätzungen, Einführen von Fremdkörpern in den Gehörgang. Meist ist nur der Anfangsteil des Gehörganges getroffen. Das Bloßlegen eines frischen gesunden Knochens spricht für Artefakt, ebenso die Zerstörung des Trommelfelles bei Freibleiben des Gehörganges.

XX.
Selbstbeschädigung an der Nase.

Verätzung der Nasenschleimhaut. Einbringen von Fremdkörpern in die Nase. Bei unklarem Nasenbluten an Artefakt denken.

* * *

Die Tage vergingen, und die sorgsame Pflege tat das ihrige, um die Wunden, die der grausame Krieg geschlagen hatte, zur Heilung zu bringen.

Da litt es die jungen Krieger nicht länger im Krankensaale. Sie wollten hinaus, wieder zurück ins Schlachtgetümmel, wohin sie Pflichtgefühl und Vaterlandsliebe riefen.

„Herr Doktor, wann schreiben Sie mich endlich gesund? Wann darf ich fort? Noch vierzehn Tage? Ach, Herr Doktor, tun's nicht acht Tage auch? Oder drei? Ich fühle mich wieder vollkommen gesund."

So bat und drängte und bettelte jeder. Zurück an die Front! Zurück zum Kampf, zu neuem Sieg!!

Das ist deutsche Art.

Und als der Arzt endlich diesen oder jenen gesund schrieb, da jubelten die Braven und dankten ihm, während die noch der Pflege bedürftigen Kameraden traurig und neidvoll den wieder Ausziehenden nachwinkten.

Am letzten Tage kamen sie alle nochmals zum Abschied zusammen und sangen aus der neuen deutschen Hymne:

„Deutschland ist einig! Nichts kann uns erschüttern,
Der Freiheit Licht, es leuchtet uns voran
Und unsere Feinde mögen ewig zittern
Bis in den Tod vor'm freien deutschen Mann!"

Aus: Gellert, Im Schlachtgetümmel des Weltkrieges, S.203

Feier zum 140jährigen Bestehen der Militärärztlichen Akademie im Jahre 1935. Vordere Reihe von links nach rechts: Kriegsminister von Blomberg, Generalarzt Prof. Dr. Waldmann, Prof. Dr. Sauerbruch (als Festredner), Admiralstabsarzt Dr. Moosauer und Generalarzt Dr. Kersting

Reichsarzt-SS Dr. Grawitz führt Hitler neue Rotkreuzuniformen vor

Wissenschaftlicher Senat für das Heeres-Sanitätswesen.

Verzeichnis der Mitglieder des Wissenschaftlichen Senats.

Vorsitzender: Prof. Dr. WALDMANN, Generalstabsarzt und Heeres-Sanitätsinspekteur.

Stellvertretender Vorsitzender: Dr. KÄFER, Generalarzt und Gruppenarzt des Gruppenkommandos 1, Berlin.

Ordentliche Mitglieder.

Dr. BONHOEFFER, Geh. Med.-Rat, Professor, Direktor der Psychiatrischen Klinik der Charité, Berlin.

Dr. LÖHLEIN, Professor, Direktor der Klinik und Poliklinik für Augenkrankheiten der Charité, Berlin.

Dr. VON BERGMANN, Professor, Direktor der II. Medizinischen Klinik der Charité, Berlin.

Dr. MOOSAUER, Admiralstabsarzt und Sanitätschef der Marine, Berlin.

Dr. SAUERBRUCH, Geh. Hofrat, Professor, Direktor der Chirurgischen Universätitsklinik der Charité, Berlin.

Dr. HAUBENREISSER, Generalarzt und Korpsarzt IV. Armeekorps, Dresden.

Dr. KERSTING, Generalstabsarzt a. D., Hamburg.

Dr. HOLM, Oberstarzt und Korpsarzt II. Armeekorps, Stettin.

Dr. OTT, Generalarzt und Gruppenarzt des Gruppenkommandos 2, Kassel.

Dr. HANDLOSER, Generalarzt und Gruppenarzt des Gruppenkommandos 3, Dresden.

Dr. v. EICKEN, Professor, Direktor der Universitäts-Hals-, Nasen- und Ohrenklinik und Poliklinik der Charité, Berlin.

Dr. FLURY, Professor, Vorstand des Pharmakologischen Universitäts-Instituts, Würzburg.

Dr. KITTEL, Oberstarzt und Chef des Stabes der Heeres-Sanitätsinspektion, Berlin.

Dr. R. RÖSSLE, Professor, Direktor des Pathologischen Universitäts-Instituts, Berlin.

Dr. FREY, Ministerialdirektor im Reichs- und Preußischen Ministerium des Innern, Berlin.

Dr. EUGEN FISCHER, Professor, Direktor des Kaiser Wilhelm-Instituts für Anthropologie, menschliche Erblehre und Eugenik, Berlin-Dahlem.

Außerordentliche Mitglieder.

Dr. v. KREHL, Geh. Rat, Professor, Heidelberg.

Dr. ASCHOFF, Geh. Hofrat, Professor, Freiburg i. Br., Pathologisches Institut.

Dr. KOERTE, Geh. San.-Rat., Professor, Berlin.

Dr. MARTINECK, Professor, Ministerialdirigent im Reichsarbeitsministerium, Berlin.

Dr. Ritter VON MÜLLER, Geh. Rat, Professor, München.

Dr. RUMPEL, Professor, leitender Arzt der Chirurgischen Abteilung des Paul Gerhardt-Stift-Krankenhauses, Berlin.

Dr. ZINN, Geh. San.-Rat, Professor, Berlin.

Dr. CZERNY, Geh. Med.-Rat, Professor, Düsseldorf.

Dr. OTTO, Geh. Med.-Rat, Professor, Direktor des Instituts für experimentelle Therapie, Frankfurt a. M.

Dr. FRIK, Professor, Direktor des Werner Siemens-Instituts für Röntgenforschung im städtischen Robert Koch-Krankenhaus, Berlin.

Dr. LÖHE, Professor, leitender Arzt der Dermatologischen Abteilung des Rudolf Virchow-Krankenhauses, Berlin.

Dr. NAPP, Professor, char. Generaloberstabsarzt a. D., Berlin-Charlottenburg.

Dr. BIER, Geh. Med.-Rat, Professor in Sauen bei Pfaffendorf (Mark).

Dr. BRAUER, Professor, Hamburg.

Dr. KONRICH, Professor, Direktor des Instituts für Hygiene und Infektionskrankheiten, Saarbrücken.

Dr. FRANZ, Professor, Generaloberstabsarzt a. D., Berlin-Charlottenburg.

Dr. BESSAU, Professor, Direktor der Universitäts-Kinderklinik bei der Charité, Berlin.

Dr. FRIEBOES, Professor, Direktor der Universitätsklinik für Haut- und Geschlechtskrankheiten bei der Charité, Berlin.

Dr. UHLENHUTH, Geh. Reg.-Rat, Professor, Direktor des Hygienischen Universitäts-Instituts, Freiburg i. Br.

Dr. REITER, Professor, Präsident des Reichsgesundheitsamts, Berlin.

Dr. GÜTT, Ministerialdirektor im Reichs- und Preußischen Ministerium des Innern, Berlin.

Dr. KLEINE, Geh. Reg.-Rat, Professor, Präsident a. D. des Instituts für Infektionskrankheiten Robert Koch, Berlin.

Dr. H. ZEISS, Professor, Direktor des Hygienischen Instituts der Universität, Berlin.

Dr. SCHILLING, Professor, Abteilungsleiter i. R. am Institut Robert Koch, Berlin.

Dr. MAGNUS, Professor, Direktor der Chirurgischen Klinik der Universität, Berlin.

Dr. BUMKE, Geh. Med.-Rat., Professor, Direktor der Psychiatrischen und Nervenklinik der Universität, München.

Dr. KRÜCKMANN, Geh. Med.-Rat, Professor, Berlin.

Dr. SIEBECK, Professor, Direktor der I. Medizinischen Klinik der Charité, Berlin.

Aus: Der Deutsche Militärarzt, 1, 1936, S. 42 f.

Bundeswehr-Psychiater
Rudolph Brickenstein

Generaloberstabsarzt
Dr. Wilhelm Albrecht

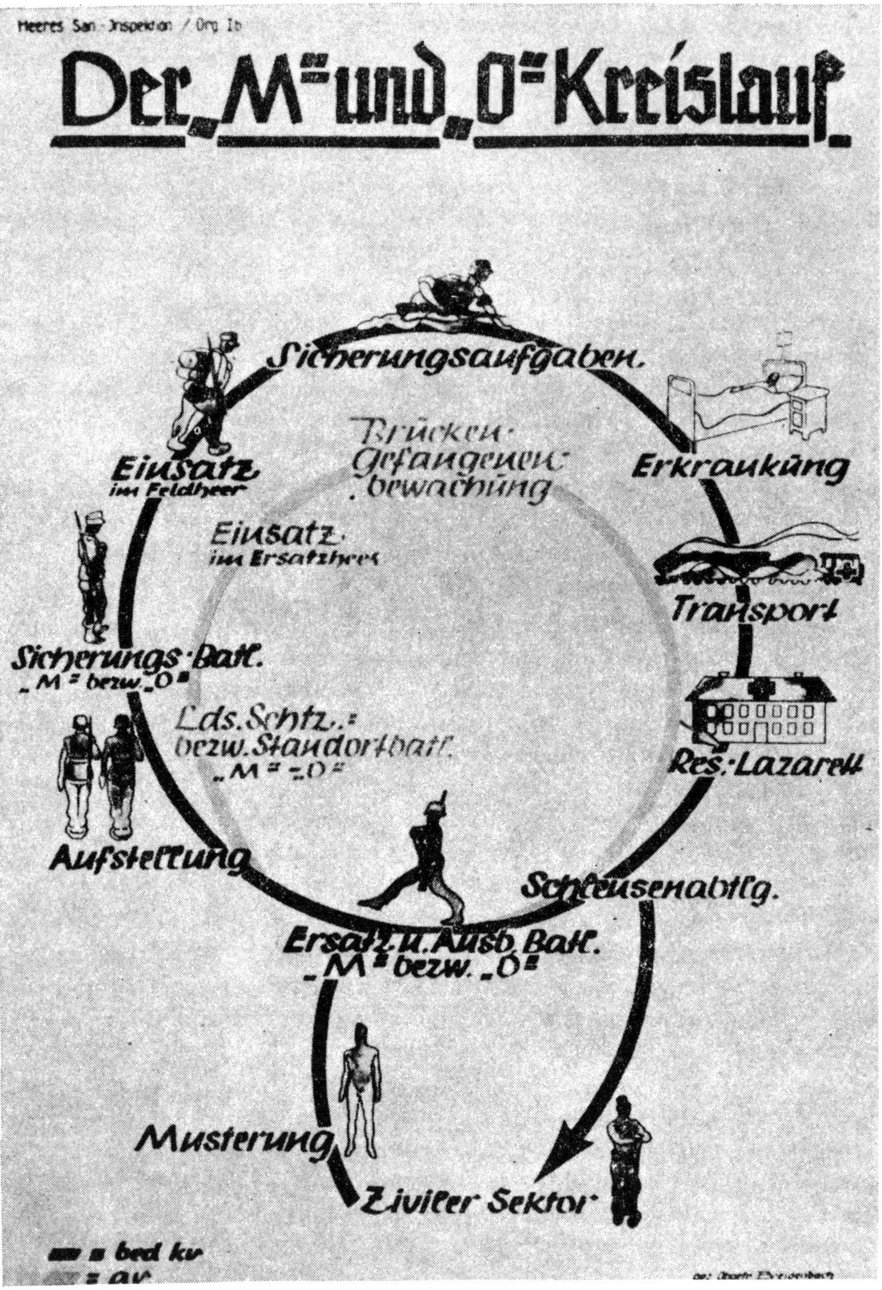

Der Kreislauf der Magen- und Ohrenerkrankungen in der Wehrmacht

Titelblätter alliierter Flugblattanweisungen zur Selbstbeschädigung

Literatur

Albrecht, W.: Der Sanitätsdienst der Bundeswehr. In: Wehrmed. Mschr. 10, 1966, S.1-7

Albrecht, W.: Vorwort. In: Beitr. z. Wehrpsychiat. 3, 1967

Allesch, J.v.: German Psychologists and National-Socialism. In: J. abn. Soc. psychol. 45, 1950, S.402

Allport, G.W., Postman, L.: The Psychology of Rumor. New York 1947

American Psychological Association: Ethical Standards of Psychologists. Washington 1953, 1961, 1977

Ansbacher, H.L.: Bleibendes und Vergängliches aus der Deutschen Wehrmachtspsychologie. In: BDP-Mitt. 11, 1949, S.3-8

Ansbacher, H.L.: A Note concerning Baumgarten-Tramers "German Psychologists and Recent Events". In: J. abn. Soc. psychol. 46, 1951, S.604

Bachmann, J.G., Jennings, M.K.: The Impact of Vietnam on Trust in Government. In: J. soc. Jss. 31, 1975, S.141-155

Baecker, K.: Wie wurde zur Zeit der allgemeinen Wehrpflicht die Simulation von Körperfehlern entdeckt? Inaug. Diss. Düsseldorf 1936

Baeyer, W., Ritter, v.: Über psychopathische Reaktionen Wehrpflichtiger. In: Veröffentl. aus d. Geb. d. Heeressanitätswesens 105, 1938

Baeyer, W., Ritter, v.: Die Bedeutung der Psychiatrie im Sanitätswesen der Streitkräfte. In: Wehrmed. Mschr. 12, 1968

Bamm, P.: Die unsichtbare Flagge. München 1952

Bastian, T.: Helferdrang und Größenwahn. Eine zornige Skizze. In: Münchner Ärzte-Initiative gegen die atomare Bedrohung (Hrsg.): Krieg ist keine Krankheit. Medizin zwischen Hilfe und Beihilfe. München 1983

Baumgarten-Tramer, F.: German Psychologists and Recent Events. In: J. abn. Soc. psychol. 43, 1948, S.452-465

Bermant, G., Warwick, D.P.: The Ethics of Social Intervention: Power, Freedom, Accountability. In: **Bermant, G., Kelman, H.C., Warwick, D.P.** (Hrsg.): The Ethics of Social Intervention. Washington/London 1978

Berufsverband Deutscher Psychologen: Berufsethische Verpflichtungen für Psychologen. 1967.

Bettelheim, B.: Individual and Mass Behavior in Extreme Situations. In: J. abn. Soc. psychol. 38, 1943, S.417-452

Bettelheim, B.: Aufstand gegen die Masse. München 1964

Biderman, A.D.: Sociopsychological Needs and Involuntary Behavior as Illustrated by Compliance Interrogation. In: Sociometry 23, 1960, S. 120-217

Biderman, A.D.: March to Calumney. The Story of American POW's in the Korean War. New York 1963

Biderman, A.D., Zimmer, H. (Hrsg.): The Manipulation of Human Behavior. New York 1961

Bidwell, S.: Modern Warfare. A Study of Men, Weapons and Theories. London 1973

Bigler, R.: Der einsame Soldat. Frauenfeld 1963

Billroth, T.: Historische Studien über die Beurtheilung und Behandlung der Schußwunden vom 15.Jahrhundert bis auf die neueste Zeit. Berlin 1859

Bonhoeffer, K.: Vergleichende psychopathologische Erfahrungen aus den beiden Weltkriegen. In: Der Nervenarzt 18, 1947, S.1-4

Bourne, P.G. (Hrsg.): The Psychology and Physiology of Stress. With Reference to Special Studies of the Vietnam War. New York/London 1969

Bourne, P.G.: Men, Stress and Vietnam. Boston 1970

Bradbury, W.C., Biderman, A.D.: Mass Behavior in Battle and Captivity. Chicago 1962

Bray, Ch. W.: Military Psychology. In: **Sills, D.L.** (Hrsg.): International Encyclopedia of the Social Sciences. New York 1968

Brede, K.: Sozioanalyse psychosomatischer Störungen. Frankfurt 1961

Brickenstein, R.: Nervenärztliche Forderungen an den Truppenarzt. In: Beitr. z. Wehrpsychiat. 3, 1967, S.5-56

Brickenstein, R.: Psychophysische Massenphänomene. In: Beitr. z. Wehrpsychiat. 3, 1967, S.152-199

Brickenstein, R.: Spezielle Wehrpsychiatrie. In: **Rebentisch, E.** (Hrsg.): Wehrmedizin. München, Wien, Baltimore 1980, S. 431-465

Brody, M.W.: Psychiatric Diagnoses in Military Service. In: Arch. Neurol. 59, 1948, S.267-269

Buinewitsch, K.: Über die Simulation von Krankheiten. In: Wien. med. Wschr. 89, 1939, S.472

Bundesministerium der Verteidigung (Hrsg.): Sanitätsoffiziere der Bundeswehr, Bonn 1971

Camfield, T.M.: The Professionalization of American Psychology 1870-1917. In: J. Histor. Behavior 9, 1973, S.66-75

Cimbal, W.: Die Zweck- und Abwehrneurosen als soziopsychologische Entwicklungsformen der Nervosität. In: Z. ges. Neurol. Psychiat. 37, 1917, S.399-419

Crawford, M.P.: Military Psychology and General Psychology. In: Am. Psychol. 25, 1970, S.328-336

Cunningham, C.: Korean War Studies in Forensic Psychology. In: Bull. Brit. Psychol. Society 23, 1970, S.309-312

Davis, D.R.: Post-Mortem on German Applied Psychology. In: Occup. Psychol. 21, 1947, S.105-110

Deeley, P.: Beyond Breaking Point: A Study of the Techniques of Interrogation. New York 1971

Del Jones, F., Johnson, A.W. jr.: Medical and Psychiatric Treatment Policy and Practice in Vietnam. In: J. soc. Jss. 31, 1975, S.49-65

Dessoir, M.: Kriegspsychologische Betrachtungen. In: Zwischen Krieg und Frieden 18, 1917

Dick, H.J.: Die Problematik der Entlassungen aus dem Wehrdienst wegen mangelnder geistiger Tauglichkeit aus der Sicht des beratenden Arztes einer Entlassungsdienststelle. In: Wehrmed. Mschr. 24, 1980, S.299-308

Dieckhöfer, K.: Zur Problematik der geistigen Tauglichkeit in historischer Sicht. In: Wehrmed. Mschr. 25, 1981, S.240-245

Diringshofen, H.V.: Anthropotechnische Rationalisierung von Waffen. In: Wehrpsychol. Mitt. 7, 1973, S.95-117

Dirks, H.: Über den sittlichen und realen Standort des Psychologenberufs. In: Psychol. Rdsch. 2, 1951, S.59-62

Dörner, K.: Über den Gebrauch klinischer Begriffe in der politischen Diskussion. In: Die Linke antwortet Habermas. Frankfurt/M. 1968, S.59-69

Dörner, K.: Bürger und Irre. Stuttgart 1969

Dorsch, F.: Geschichte und Probleme der Angewandten Psychologie. Bern/Stuttgart 1963

Dorsch, F.: Der Beruf des Psychologen in der Geschichte. In: **Benesch, H., Dorsch, F.** (Hrsg.): Berufsaufgaben und Praxis des Psychologen. München/Basel 1971

Dorsch, F.: Psychologisches Wörterbuch. Bern 1976

Eckebrecht, P.: Militärische Arbeitsplätze in der Psychologischen Verteidigung. In: Wehrpsychol.Mitt. 12, 1978, S.208-217

Egendorf, A.: Vietnam Veteran Rap Groups and Themes of Postwar Life. In: J. soc. Iss. 31, 1975, S.111-124

Feser, H., Puzicha, K.: Sozialpsychologische Beurteilung der jetzigen und künftigen Lage der Bundeswehr. In: Wehrkunde 22, 1973, S.292-296

Feser, H., Schenk, J.: Wehrpflicht und Abweichung. Zur Sozialpsychologie des Militärs. Boppard 1974

Fink, M.: Treatment and Prevention of Opiate Dependence. Paper Presented at the Symposium "Biochemical and Pharmacological Aspects of Dependence". Amsterdam 1971

Fleckenstein, B., Schössler, D.: Jugend und Streitkräfte. Einstellung der jungen Generation in der BRD. In: Beitr. z. Konfliktforsch. 2, 1973, S.31-72

Flik, G.: Die Wehrpsychologie in der Bundeswehr. In: Wehrkunde 18, 1969, S.229-234

Flitner, A. (Hrsg.): Deutsches Geistesleben und Nationalsozialismus. Tübingen 1965

Frank, H.: Über Funktionsprüfungen bei Hirnverletzten. In: Z. angew. Psychol. 17, 1917

Frank, I.M., Hoedmaker, F.S.: The Civilian-Psychiatrist and the Draft. In: Am. J. Psychiat. 174, 1970

Freud, S.: Gutachten über die elektrische Behandlung der Kriegsneurotiker. Auszug aus dem Verhandlungsprotokoll vom 14.10.1920. Herausgegeben von **R. Gicklehorn.** In: Psyche 26, 1972, S.942-951

Friedländer: Grundlinien der psychischen Behandlung: In: Z. ges. Neurol. Psychiat. 42, 1918, S.99-139

Friedrich-Wilhelms-Universität Berlin: Der Fall Nicolai, Tagebuch Nr. 1816. 1920

Fritscher, W.: Wehrpsychologie. In: **Jäger, R., Schweizer, H.** (Hrsg.): Praxis der Psychologie. Weinheim/Basel 1975

Fritscher, W.: Ein Beitrag zum Validierungsproblem der Wehrmachtspsychologischen Offiziersauslese. In: Wehrpsychol. Mitt. 6, 1972, S.111-127

Fröhlich, E.: Die Kriegsfähigkeit von Rentenempfängern. In: Z. ges. Neurol. Psychiat. 33, 1916, S.178-184

Fromm, E.: Anatomie der menschlichen Destruktivität. Stuttgart 1974

Fuchs, A.: Die heilpädagogische Behandlung der durch Kopfschuß verletzten Krieger. Halle 1918

Gaupp, R.: Hysterie und Kriegsdienst. In: Münch. Med. Wschr. 62, 1915, S.361-363

Gaupp, R.: Kriegsneurosen. In: Z. ges. Neurol. Psychiat. 34, 1916, S.370 ff.

Gaupp, R.: Schreckneurosen und Neurasthenie. In: **Bonhoeffer, K.** (Hrsg.): Handbuch der ärztlichen Erfahrungen im Weltkriege 1914-18, Bd.IV, Leipzig 1922, S.68-101

Gerard, H.B., Wilhelmy, R.A., Connolley, E.S.: Conformity and Group Size. In: J. Personal. Soc. Psychol.8, 1968, S.79-82

Geuter, U.: Der Leipziger Kongreß der Deutschen Gesellschaft für Psychologie 1933. In: Psychol. u. Gesellsch. Kritik 1979, S.6-28

Geuter, U.: Institutionelle und professionelle Schranken der Nachkriegsauseinandersetzungen über die Psychologie im Nationalsozialismus. In: Psychol. u. Gesellsch. Kritik 4, 1980, S.5-39

Geuter, U.: Psychotechnik. In: **Rexilius, G., Grubitzsch, S.** (Hrsg.): Handbuch psychologischer Grundbegriffe. Reinbek 1981, S.869-873

Geuter, U., Kroner, B.: Militärpsychologie. In: **Rexilius, G., Grubitzsch, S.** (Hrsg.): Handbuch psychologischer Grundbegriffe. Reinbek 1981, S.672-689

Giese, F.: Zur Bewährung psychologischer Gutachten bei Hirnverletzten. Deutsch. Psychol. 4, 1921

Ginzberg, E.: The Ineffective Soldier. Washington 1959/60

Glass, A.J.: Introduction. In: **Bourne, P.G.:** The Psychology and Physiology of Stress. New York/London 1969

Goerke, H.: Aufgaben und Leistungen der früheren deutschen militärärztlichen Bildungsanstalten. In: Wehrmed. Mschr. 20, 1976, S.119-124

Goffman, E.: Asylums. New York 1961

Goffman, E.: Stigma. Frankfurt/M. 1977

Goldstein, K.: Über Übungsschulen für Hirnverletzte. In: Münch. Med. Wschr. 62, 1915

Goldstein, K.: Die Ausfallerscheinungen bei Schußverletzungen des Gehirns und ihre Behandlung. In: Jahresber. Neurol. Psychiat. 19, 1915

Goldstein, K.: Die Behandlung, Fürsorge und Begutachtung bei Hirnverletzten. Leipzig 1918

Goldstein, K., Gelb, W.: Psychologische Analysen hirnpathologischer Fälle aufgrund von Untersuchungen Hirnverletzter. In: Z. ges. Neurol. Psychiat. 47, 1918

Graf, O.M.: Wir sind Gefangene. München 1926

Graumann, C.F.: Forschung als Handeln – zur Moralpsychologie von Wirkung und Verantwortung. In: **Kruse, L., Kumpf, M.** (Hrsg.): Psychologische Grundlagenforschung: Ethik und Recht. Bonn/Stuttgart/Wien 1981, S.117-138

Gregg, A.: Lessons to Learn. Psychiatry in World War II. In: Am. J. Psychiat. 104, 1947, S.117-220

Gurr, T.R.: Why men rebel. Princeton 1971

Haney, C., Banks, C., Zimbardo, A.G.: Interpersonal Dynamics in a Simulated Prison. In: Internat. J. Criminol. Penol.1, 1973, S.69-97

Harper, E.O., Schiff, E.J.: Military Psychiatry. In: Am. J. Psychiat. 109, 1953, S.536-538

Hasek, J.: Die Abenteuer des braven Soldaten Schwejk.

Haug, W.F.: Der hilflose Antifaschismus. Frankfurt 1967

Hausman, W., Rioch, D.M.: Military Psychiatry. A Prototype of Social and Preventive Psychiatry in the United States. In: Arch. Gen. Psychiat. 16, 1971, S.727-739

Hawickhorst, H.: Der Arzt der soldatischen Gemeinschaft. Köln 1955

Heidenhain, A.: Die Psychiatrie im Dienste der Wehrmacht. Leipzig 1938

Helbich, E.: "Leadership and Management Appraisal". Bericht über das NATO-Symposium, Brüssel, 2.-6.8.1971. In: Wehrpsychol. Mitt. 6, 1972, S.92-109

Heller, J.: Catch-22. New York 1961; deutsch: Der IKS-Haken. Frankfurt/M. 1964

Henle, M.: Einer kuschte nicht – Wolfgang Köhlers Kampf gegen die Nazis. In: Psychol. Heute 6, 1979, 3, S.80-86

Hindenburg, P. v.: Aus meinem Leben. Leipzig 1920

Hippius, R.: Der 13.Kongreß der Deutschen Gesellsch. für Psychologie. In: Z. angew. Psychol. 46, 1934, S.100-106

Hirschfeld, R.: Zur Behandlung im Kriege erworbener hysterischer Zustände. In: Z. ges. Neurol. Psychiat. 34, 1916, S.195-205

Hoffmann, R.A.E.: Über die Behandlung der Kriegshysterie in den badischen Nervenlazaretten. In: Z. ges. Neurol. Psychiat. 55, 1920, S.133

Hofstätter, P.: Psychologie.Frankfurt/M. 1957

Holland, E.: Der Truppenarzt als Gehilfe seines Kommandeurs. In: Wehrdienst und Gesundheit. Bd.1, Darmstadt 1960

Horlemann, J.: Modelle der kolonialen Konterrevolution. Beschreibung und Dokumente. Frankfurt/M. 1968

Horowitz, I.L.: The Life and Death of Project Camelot. In: Am. Psychol. 21, 1966, S.445-451

Horowitz, I.L. (Hrsg.): The Rise and Fall of Project Camelot. Studies in the Relationships between Social Science and Practical Politics. Cambridge (Mass.)/London 1967

Hunter, E.: Brainwashing. The Story of the Men who Defied it. New York 1956

Jaensch, E.: Eindrücke von den letzten Kongressen der Deutschen Gesellschaft für Psychologie als Beispiel für die Wandlung in einem wissenschaftlichen Fache. In: Volk im Werden 2, 1934, S.407-416

Janssen, F.: Psychologie und Militär. In: Z. päd. Psychol. 18, 1917, S.97-109

Jennings, M.K., Markus, G.B.: Political Participation and Vietnam War Veterans: A Longitudinal Study. In: **Goldman, N.L., Segal, D.R.** (Hrsg.): The Social Psychology of Military Service. Beverly Hills/London 1976, S.175-200

Juillet, P., Moutin, P.: Psychiatrie Militaire. Paris 1969

Jung, R.: Einleitung zum Thema "Kriegspsychiatrie". In: Handbuch Psychiatrie der Gegenwart. Bd. III, Berlin (West) 1961, S.570

Kahn, H.: Wissenschaftsethik. In: **Rombach, H.** (Hrsg.): Wissenschaftstheorie. Freiburg 1974

Kaufmann, F.: Die planmäßige Heilung komplizierter psychogener Bewegungsstörungen bei Soldaten in einer Sitzung. In: Münch. Med. Wschr. 63, 1916, Feldärztl. Beilage Nr.22, S.302-304

Kehrer, F.: Zur Frage der Behandlung der Kriegsneurosen. In: Z. ges. Neurol. Psychiat. 36, 1917, S.1-22

Keupp, H.: Abweichung und Alltagsroutine. Die Labeling-Perspektive in Theorie und Praxis. Hamburg 1977

Kinkead, E.: In Every War but One. New York 1959; deutsch: Kampf ohne Waffen. Frauenfeld 1963

Klatt, G.: Militärapotheker und Sanitätsmaterialversorgung im Kampf um Deutsch-Ostafrika. In: Wehrmed.Mschr. 15, 1971, S.46

Klebe: Erbforschung und Erbpflege in Volk und Wehrmacht. In: Der Dtsch. Mil.arzt 2, 1937, S.132-134

Klemm, O. (Hrsg.): Bericht über den 13. Kongreß der Deutschen Gesellschaft für Psychologie. Jena 1934

Kline, C.L., Rider, K., Berry, K., Elrod,J.M.: The Young American Expatriates in Canada. Alienated or Self-Defined? In: Am. J. Orthopsychiat. 41, 1971, S.74-84

Klüver, H.: Gedanken zur Arbeit "Bw und Autoritätskonflikt". In: Wehrpsychol. Mitt. 5, 1971, S.101-110

Klüver, H.: Kasernierungsfaktor aus psychologischer Sicht. In: Wehrpsychol. Mitt. 6, 1972, S.85-102

König, R.: Einige Bemerkungen zu den speziellen Problemen der Begründung einer Militärsoziologie. In: ders. et al. (Hrsg.): Beiträge zur Militärsoziologie, Sonderheft 12 der Köln. Z. Soziol. Sozialpsychol. 1968, S.7-12

Kolle, K.: Bemerkungen zur deutschen Kriegspsychiatrie während des 1. und 2. Weltkrieges. In: Handbuch Psychiatrie der Gegenwart. Band III, Berlin (West) 1961

Krobejnikow, M.P. (Hrsg.): Soldat und Krieg. Probleme der moralisch-politischen und psychologischen Vorbereitung in der Sowjetarmee. Berlin (Ost) 1972

Kraepelin, E.: Hundert Jahre Psychiatrie. Ein Beitrag zur Geschichte menschlicher Gesittung. Berlin 1918

Kraepelin, E.: Psychiatrische Randbemerkungen zur Zeitgeschichte. In: Süddeutsche Monatshefte 16, 1919, S.171-183

Kral, V.A.: Psychiatric Observations under Severe Chronic Stress. In: Am.J.Psychiat. 108, 1951

Krapf: Über die Behandlung der Kriegsneurosen. Referat auf der 21.Versammlung (Kriegstagung) mitteldeutscher Psychiater und Neurologen. In: Arch. Psychiat. Nervenkr. 60, 1919, S.305 f.

Kroh, O.: Ein bedeutsamer Fortschritt in der deutschen Psychologie. Werden und Absicht der neuen Prüfungsordnung. In: Z. Psychol. 151, 1941, S.1-32

Külpe, O.: Die Ethik und der Krieg. In: zwischen Krieg und Frieden 20, 1915

Kutter, P.: Die entwicklungspsychologische Situation der zum Grundwehrdienst heranstehenden Wehrpflichtigen. In: Wehrpsychol Unters. 17, 1982, S.1-46

Leditznig, C.: Die Zwillingsdiagnose bei der Musterung. In: Der Dtsch. Mil.arzt 9, 1944, S.14-17

Leifert, J.: Integrative Psychotherapie-Bemerkungen zum Kongreß für Verhaltens-Therapie in Berlin 28.9.-1.10.1977. In: Wehrpsychol. Mitt. 11, 1977, S.184-197

Leventman, S.: Official Neglect of Vietnam Veterans. In: J. soc. Iss. 31, 1975, S.171-179

Lewin, K.: Kriegslandschaft. In: Z. angew. Psychol. 17, 1917, S.440-447

Liebknecht, K.: Reden und Aufsätze. Frankfurt/M. 1971

Lifton, R.J.: Thought Reform and the Psychology of Totalitarism. New York 1963

Lifton, R.J.: The Postwar War. In: J. soc. Iss. 31, 1975, S.181-195

Lipmann, O., Stern, W.: Zur Psychographie des Kriegers. In: **Plaut, P.** (Hrsg.): Methode der Armee-Intelligenzprüfung und ihre Ergebnisse. In: Z. angew. Psychol. 20, 1922, S.259-281

Lipmann, O., Stern, W.: Zur Psychographie des Krieges. In: **Plaut, P.** (Hrsg.): Psychologie des Krieges. Beitr. Z. angew. Psychol. 21, 1920, S.111-118

Lippert, E.: Sozialisation. In: **Zoll, R., Lippert, E., Rössler, T.** (Hrsg.): Bundeswehr und Gesellschaft. Ein Wörterbuch. Opladen 1977, S.292-296

Lippert, E., Schneider, P., Zoll, R.: Sozialisation in der Bundeswehr. Der Einfluß des Wehrdienstes auf soziale und politische Einstellungen der Wehrpflichtigen. Bonn 1976

Lippert, E., Puzicha, K.: Sozialpsychologie des Militärs. In: **Zoll, R., Lippert, E., Rössler, T.** (Hrsg.): Bundeswehr und Gesellschaft. Ein Wörterbuch. Opladen 1977

Little, R.W.: Buddy Relations and Combat Performance. In: **Janowitz, M.** (Hrsg.): The New Military. New York 1964, S.195-223

Lowry, R.P.: Toward a Sociology of Secrecy and Security Systems. In: Soc. Probl. 19, 1972, S.125-172

Ludwig, W.: Beiträge zur Psychologie der Furcht im Kriege. In: Beitr. Z. angew. Psychol.21, 1920, S.125-172

Mahlberg, F.A.: Der Sanitätsoffizier – Arzt im Wirkungsfeld der Menschenführung. In: Wehrmed. Mschr. 25, 1981, S.341-342

Mahr und Hartung: Ein Jahr Militär-Nervenheilanstalt. In: Z. ges. Neurol. Psychiat. 40, 1918, S.229-236

Maikowski, R., Mattes, P., Rott, G.: Psychologie und ihre Praxis. Materialien zur Geschichte und Funktion einer Einzelwissenschaft in der Bundesrepublik. Frankfurt/M. 1976

Mann, L.: Neue Methoden und Gesichtspunkte zur Behandlung der Kriegsneurosen. In: Berlin. klin. Wschr. 53, 1916, S.1333-1338

Marchetti, V., Marks, J.D.: CIA, Central Intelligence Agency. Stuttgart 1974

Marshall, S.L.A.: Men against Fire. New York 1947; deutsch: Soldaten im Feuer. Frauenfeld 1966

Mattes, P.: Profession bei Fuß – Wehrmachtspsychologie nach 1945. In: Psychol. u. Gesellsch. Kritik 4, 1980, S.40-46

Melton, A.W.: Military Psychology in the United States of America. In: Am. Psychol. 12, 1957, S.740-746

Merz, F.: Amerikanische und deutsche Psychologie. In: Psychol. u. Praxis 4, 1960, S.78-91

Metzger, W.: Gestaltpsychologie. Ein Ärgernis für die Nazis. In: Psychol. Heute 6, 1979, 3, S.84-85

Meyer, A.: Experimentelle Analyse psychischer Vorgänge beim Schießen mit der Handfeuerwaffe. In: Arch. ges. Psychol. 20, 1911

Meyer, A.: Psychologie und militärische Ausbildung. In: Z. päd. Psychol. 13, 1912

Meyer, J.E.: Die abnormen Erlebnisreaktionen im Kriege bei Truppe und Zivilbevölkerung. In: Handbuch Psychiatrie der Gegenwart. Bd.III, Berlin 1961

Mitscherlich, A., Mielke, F.: Medizin ohne Menschlichkeit. Dokumente des Nürnberger Ärzteprozesses. Frankfurt/M. 1960

Mitze, W.: Psychologen in der Bundeswehr. In: Benesch, H., Dorsch, F. (Hrsg.): Berufsaufgaben und Praxis des Psychologen. München/Basel 1971, S.63-69

Mitze, W.: Vorbemerkungen (z. Sonderheft über Wehrmachtspsychologie). In: Wehrpsychol. Mitt. 6, 1972

Moede, W.: Die Untersuchung und Übung der Gehirngeschädigten nach experimentellen Methoden. In: Beiträge z. Kinderforschung und Heilerziehung. Langensalza 1917

Moede, W.: Kraftfahrer-Eignungsprüfung beim Deutschen Heer 1915-1918. In: Ind. Psychol.23, 1926

Mönkemöller: Die Simulation psychischer Krankheitszustände in militärforensischer Beziehung. In: Arch. Psychiat. 60, 1919, S.604-720

Moskos, C.C.: Eigeninteresse, Primärgruppen und Ideologie. Eine Untersuchung zur Kampfmotivation amerikanischer Soldaten in Vietnam. In: König, R. et al. (Hrsg.): Beiträge zur Militärsoziologie. Sonderheft 12 d. Köln. Z. Soziol. Sozialpsychol. 1968, S.199-220

Muck, O.: Heilungen von schwerer funktioneller Aphonie. in: Münch. Med. Wschr. 63, 1916, Feldärztl. Beilage Nr.12, S.441

Münsterberg, H.: Grundzüge der Psychotechnik. Leipzig 1914

Neste: Die Beziehungen des Status thymico-lymphaticus zum Selbstmord von Soldaten. In: Arch. Psychiat. 60, 1919, S.43-71

Nicolai, G.F.: Die Biologie des Krieges. Betrachtungen eines deutschen Naturforschers. Zürich 1917

Nicolai, G.F.: Sechs Tatsachen als Grundlage zur Beurteilung der heutigen Machtpolitik. Bern 1918

Nonne, M.: Über erfolgreiche Suggestivbehandlung der hysteriformen Störungen bei Kriegsneurosen. In: Z. ges. Neurol. Psychiat. 37, 1917, S.191-218

Nonne, M.: Therapeutische Erfahrungen an den Kriegsneurosen in den Jahren 1914 bis 1918. In: **Bonhoeffer, K.** (Hrsg.): Handbuch der ärztlichen Erfahrungen im Weltkriege 1914-1918. Bd.IV, Leipzig 1922, S.102-121

Olbrich, E.: Auszugsweise Übersetzung und Kommentierung des Berichtes über das 7.Internationale Symposium für Angewandte Militärpsychologie vom 14. bis 28.9.1970 in Brüssel. In: Wehrpsychol. Mitt. 5, 1971, S.95-107

Olbrich, E.: Bericht über das 8.Internationale Symposium für Angewandte Psychologie in Arlington/Virginia vom 20. bis 24.9.1971. In: Wehrpsychol. Mitt. 6, 1972, S.86-99

Ollendorf, R.H., Adams, P.L.: Psychiatry and the Draft. Am. J. Orthopsychiat. 41, 1971, S.85-90

Plaut, P.: Prinzipien und Methoden der Kriegspsychologie. In: Abderhalden, E. (Hrsg.): Handbuch der biologischen Arbeitsmethoden vI, C/1. Berlin/Wien 1928, S.621-687

Pönitz, K.: Die klinische Neuorientierung zum Hysterieproblem unter dem Einfluß der Kriegserfahrungen. In: Monogr. aus d. Ges.gebiet Neurol. Psychiat. 25, 1921, S.30-35

Poppelreuter, W.: Über psychische Ausfallserscheinungen nach Hirnverletzungen. In: Münch. Med. Wschr. 62, 1915

Puzicha, K.: Kleingruppenforschung in der Bundeswehr. Eine Begründung ihrer Notwendigkeit. In: Wehrpsychol. Mitt. 7, 1973, S.13-15

Raecke, J.: Über Aggravation und Simulation geistiger Störung. In: Arch. Psychiat. Nervenkr. 60, 1919, S.521-603

Rauch, M.: Wehrpsychologie. In: **Zoll, R., Lippert, E., Rössler, T.** (Hrsg.): Bundeswehr und Gesellschaft. Ein Wörterbuch. Opladen 1977, S.332-336

Reichmayr, J.: Psychoanalyse und Krieg. Manuskript eines Vortrages gehalten in Zürich am 23.4.1983

Reynolds, P.D.: Ethical Dilemmas and Social Science Research. San Francisco/Washington/London 1979

Richter, H.E.: Zur Psychologie des Friedens. Reinbek 1982

Rieder und Leeser: Über die Beurteilung und neuere Behandlung der psychomotorischen Störungen. In: Z. ges. Neurol. Psychiat. 35, 1917, S.425-441

Riedesser, P.: Militär und Medizin. Materialien zur Kritik des Sanitätswesens am Beispiel der Militärpsychiatrie. In: Das Argument, Sonderband 4, 1974, S.231-279

Rieffert, J.B.; Psychotechnik im Heere. In: Ber. über d. VII.Kongreß f. exp. Psychol. in Marburg. Jena 1922, S.79-96

Ring, F.: Zur Geschichte der Militärmedizin in Deutschland. Berlin/Ost 1962

Rioch, D.M.: Prevention: The Major Task of Military Psychiatry. In: Psychother. Psychosom. 16, 1968, S.55-63

Rodenwald: Militärisches Verhalten und seelische Verfassung. In: Wehrdienst und Gesundheit, Darmstadt 1960, Bd.1

Roghmann, K., Sodeur, W.: Führerschaft im Militär. In: **König, R. et al.** (Hrsg.): Beiträge zur Militärsoziologie. Sonderheft 12 der Köln. Z. Soziol. Sozialpsychol. 1968, S.221-238

Roghmann, K., Ziegler, R.: Militärsoziologie. In: **König, R.** (Hrsg.): Handbuch der Sozialwissenschaften. Band 9, Stuttgart 1977

Rosenstiel, L.v.: Grundlagen der Organisationspsychologie. Stuttgart 1980

Rudert, J.: Nachruf für J.B. Rieffert. In: Psychol. und Praxis 7, 1958, S.332-333

Samelson, F.: World War I Intelligence Testing. In: J. Histor. Behavior Sc. 13, 1977, S.274-282

Sander, F.: Autobiographie. In: **Pongratz, L.J., Traxel, W., Wehner, E.G.** (Hrsg.): Psychologie in Selbstdarstellungen. Bern/Stuttgart/Wien 1972, S.309-333

Scheff, T.: Das Etikett Geisteskrankheit. Frankfurt/M. 1973

Schein, E.H. et al.: Distinguishing Characteristics of Collaborators and Resisters among American Prisoners of War. In: J. abn. Soc. psychol. 55, 1957, S.197-201

Scheler, M.: Der Genius des Krieges und der deutsche Krieg. Leipzig 1915

Scheljag, W.W., Glototschkiw, A.D., Platonow, K.K.: Militärpsychologie. Berlin/Ost 1975

Schliebe, G.: Wandlungen der Psychologie. In: Nat. soz. Bildungswesen 2, 1937, S.195-205

Schneider, K.: Einige pschiatrische Erfahrungen als Truppenarzt. In: Z. ges. Neurol. Psychiat. 39, 1918, S.307-314

Schrappe, O.: Begriffe und Aufgaben der Wehrpsychiatrie. In: **Rebentisch, E.** (Hrsg.): Wehrmedizin. München/Wien/Baltimore 1980

Schuler, H.: Ethische Probleme des psychologischen Forschungsprozesses. In: **Kruse, Kumpf, M.** (Hrsg.): Psychologische Grundlagenforschung. Ethik und Recht. Bern/Stuttgart/Wien 1981, S.13-29

Schur, E.M.: Labelıng Deviant Behavior. New York 1971

Segal, D.R., Segal-Wechsler, V.: The Impact of Military Service on Trust in Government, Internatioal Attitudes and Social Status. In: **Goldmann, N.L., Segal, D.R.** (Hrsg.): The Social Psychology of Military Service. Beverly Hills/London 1976, S.201-215

Seidler, F.: Prostitution, Homosexualität, Selbstverstümmelung. Probleme der deutschen Sanitätsführung 1939-1945. Neckargmünd 1977

Sharp, W.L.: Fate of 395 Mild Neuropsychiatric Cases Salvaged from Training Period and Taken into Combat. In: Am. J. Psychiat. 106, 1950, S.801-807

Sheehan, N. (Hrsg.): Die Pentagon Papiere. München/Zürich 1971

Shills, E.A., Janowitz, M.: Cohesion and Disintegration in the Wehrmacht in World War II. New York 1954

Siebert, C.: Die Problematik der Tauglichkeitsbeurteilung homosexueller Soldaten. In: Wehrmed. Mschr. 10, 1966, S.92-96

Siemen, H.-L.: Das Grauen ist vorprogrammiert. Psychiatrie zwischen Faschismus und Atomkrieg. Gießen 1982

Silbermann, A.: Systematische Inhaltsanalyse. In: **König, R.** (Hrsg.): Handbuch der empirischen Sozialforschung Bd.4. Stuttgart 1974, S.253-389

Simon: Das Problem der Psychopathen in der Wehrmacht. Vortrag von der Mil.ärztl. Ges.Münch. vom 2.11.1937. Zusammenfassung. In: Der Deutsche Mil.arzt 3, 1938, S.33-35

Simoneit, M.: Wehrpsychologie. Berlin 1933

Simoneit, M.: Wehrethik. Berlin 1936

Simoneit, M.: Deutsches Soldatentum 1914 und 1939. Berlin 1940

Simoneit, M.: Einige Tatsachen zur ehemaligen deutschen Wehrpsychologie, die für Heer, Kriegsmarine und Luftwaffe tätig war. In: Wehrwiss. Rdsch. 4, 1954, S.138-141

Simoneit, M.: Deutsche Wehrmachtspsychologie von 1927-1942. In: Foreign Military Studies, Historical Division. H.Qu. US-Army Europe 1948. Auch in: Wehrpsychol. Mitt. 2, 1972, S.71-102

Sjoberg, G.: Project Camelot: Selected Reactions and Personal Reflections. In: Ders. (Hrsg.): Ethics, Politics and Social Research. Cambridge (Mass.)/London 1967, S.141-161

Skinner, B.F.: Pigeons in a Pelican. In: Am. Psychol. 15, 1960, S.28-37

Slavson, S.R.: Die historische Entwicklung der analytischen Gruppenpsychotherapie. In: **Preuss, H.G.** (Hrsg.): Analytische Gruppenpsychotherapie. München 1966

Sommer, R.: Krieg und Seelenleben. Leipzig 1918

Sperling, P.I.: A New Direction for Military Psychology: Political Psychology. In: Am. Psychol. 23, 1968, S.97-103

Steege, F.: Personalpsychologie in der Bundeswehr. In: Psychol. u. Praxis 21, 1977, S.49-57

Stern, W.: Angewandte Psychologie. In: Beiträge z. Psychol. d. Aussage 1, 1903

Stier, E.: Über Verhütung und Behandlung von Geisteskrankheiten in der Armee. Hamburg 1902

Stier, E.: Psychiatrie und Heer. In: Der Dtsch. Mil.arzt 1, 1936, S.15-20

Stouffer, S.A. et al. (Hrsg.): The American Soldier. Studies in Social Psychology in World War II. Vol. I-IV. Princeton 1949/1950

Stransky, E.: Der seelische Wiederaufbau des deutschen Volkes und die Aufgaben der Psychiatrie. In: Z. ges. Neurol. Psychiat. 60, 1920, S.271-280

Strassmann, H.D. et al.: A Prisoner-of-War Syndrome: Apathy as a Reaction to Severe Stress. In: Am. J. Psychiat. 112, 1956, S.998-1003

Szasz, T.: Geisteskrankheit – Ein moderner Mythos. Olten 1972

Taddey, E. (Hrsg.): Lexikon der Deutschen Geschichte. Stuttgart 1979

Terman, L.M.: Tests of General Intelligence. In: Psychol. Bull. 15, 1918 (A), S.160-167

Terman, L.M.: The Use of Intelligence Tests in Army. In: Psychol. Bull. 15, 1918 (B), S.177-187

Thomae, H.: Psychologie in der modernen Gesellschaft. Hamburg 1977

Tidow, R.: Die Wehrdienstfähigkeit von Ulcusträgern. In: Veröffentl. aus d. Geb. d. Marinesanitätswesens 35, 1943 (A)

Tidow, R.: Die Bedeutung der Gastroskopie für die Beurteilung der Wehrdienstfähigkeit von Magenkranken. In: D. Dtsch. Mil.arzt 8, 1943 (B) S.82-86

Tidow, R.: Die Einsatzmöglichkeiten Magenkranker im Rahmen der Bundesmarine. In: Wehrdienst und Gesundheit 9, 1963

Toepfer, H.: ohne Titel. In: Wehrmed. Mschr. 15, 1971, S.60

Treiber, H.: Wie man Soldaten macht. Sozialisation in kasernierter Vergesellschaftung. Düsseldorf 1973

Troschke, J., v., Stünzner, W., v.: Methoden zur positiven Beeinflussung des Gesundheits- und Krankheitsverhaltens von Bundeswehrsoldaten. In: Wehrmed. Mschr. 24, 1980, S.183-188

Troschke, J., v., Stünzner, W., v.: Gesundheitsverhalten von Bundeswehrsoldaten. In: Wehrmed. Mschr. 27, 1983, S.192-200

Tuggener, H.: Psychologie in der Truppenführung. In: **Guggenbühl, D. et al.** (Hrsg.): Truppenpsychologie. Frauenfeld 1978

Uhlaner, J.E.: The Research Psychologist in the Army 1917 to 1967. Washington 1968

Uhlaner, J.E.: Military Psychology. In: **Wolman, B.B.** (Hrsg.): International Encyclopedia of Psychiatry, Psychology, Psychoanalysis and Neurology. Bd.7, 1977, S.226-231

Unbekannter Autor: Der Militärarzt mit dem, was darum und daran ist, mikroskopisch und makroskopisch betrachtet. Essen 1883

Valentin, R.: Erfahrungen und Beobachtungen als Truppenarzt eines Magenbataillons. In: Wehrmed. u. Wehrpharm. 1, 1977, S.69-75

Valentin, R.: Die Krankenbataillone. Sonderformationen der deutschen Wehrmacht im Zweiten Weltkrieg. Düsseldorf 1981

Vallance, T.R.: Project Camelot. An Interim Postlude. In: Am. Psychol. 21, 1966, S.441-443

Verderber, A.: Militär und Psychologie. Unveröffentl. Diplomarbeit. Freiburg 1982

Wagner: Die Dienstbeschädigung bei nerven- und geisteskranken Soldaten. In: Z. ges. Neurol. Psychiat. 37, 1917, S.219-244

Walser, H.: Die Ärzte und der Krieg am Beispiel des Deutsch-Französichen Krieges von 1870/71. In: Clio Medica 2, 1967, S.103-120

Walsh, J.: Foreign Affairs Research: Review Process Rises on the Ruins of Camelot. In: Am. Psychol. 21, 1966, S.438-439

Watson, P.: War on the Mind. The Military Uses and Abuses of Psychology. New York 1978; deutsch: Psycho-Krieg. Möglichkeiten, Macht und Mißbrauch der Militärpsychologie. Düsseldorf/Wien 1982

Weber, F.W.A.: Wie sollen wir uns in einem zukünftigen Krieg zu den Kriegsneurotikern stellen? In: Münch. Med. Wschr. 89, 1939, S.1305 f.

Wehner, E.G.: Gustav Kafka. Ein Beitrag zur Geschichte der Psychologie. Phil. Diss. Würzburg 1964

Wellek, A.: Deutsche Psychologie und Nationalsozialismus. In: Am. Psychol. 4, 1960, S.177-182

Wellek, A.: Der Einfluß deutscher Emigranten und die Entwicklung der amerikanischen Psychologie. In: Psychol. Rdsch. 15, S.239-269

West, L.J.: Psychiatric Aspects of Training for Honorable Survival as a Prisoner of War. In: Am. J. Psychiat. 115, 1958, S.320-336

Wietfeld, H.: Kriegsneurose als psychisch-soziale Mangelkrankheit. Leipzig 1936

Wildgrube, W.: Computer-gestützte Hilfe der Eignungsdiagnostik. In: Wehrpsychol. Mitt. 12, 1978, S.45-80

Willkomm, B.: Psychologische Verteidigung – Führungsaufgaben im territorialen Bereich – Bericht über die Teilnahme an einem Lehrgang der Schule der Bundeswehr für Psychologische Verteidigung. In: Wehrpsychol. Mitt. 11, 1977, S.253-257

Windle, Ch., Vallance, T.R.: The Future of Military Psychology: Paramilitary Psychology. In: Am. Psychol. 19, 1964, S.119-128

Wolf, S., Ripley, H.: Reaction among Allied Prisoners Subject to three Years of Imprisonment and Torture by Japanese. In: Am. J. Psychiat. 104, 1947, S.190-193

Wundt, W.: Die Nationen und ihre Philosophie. Ein Kapitel zum Weltkrieg. Leipzig 1915

Ziegler, R.: Einige Ansatzpunkte der Militärsoziologie und ihr Beitrag zur soziologischen Theorie. In: **König, R. et al.** (Hrsg.): Beiträge zur Militärsoziologie, Sonderheft 12 d. Köln. Z. Sozial. Sozialpsychol. 1968, S.13-37

Ziese, P.: Wehrpsychiatrie von A-Z. München 1972

Zietz, K.: Aufgaben der Psychologie in der Gegenwart. Bericht über den XII.Kongreß der Deutschen Gesellschaft für Psychologie. In: Die Deutsche Schule 1, 1933, S.641-644

Zuelzer, W.: Der Fall Nicolai. Frankfurt/M. 1981

Weitere wichtige Bücher aus dem Dreisam-Verlag zu Gewaltlosigkeit und Frieden:

Bildnachweis: Bilderdienst Süddt. Verlag (S. 143); Die Deutsche Bundeswehr. Frankfurt 1966 (S. 144); Franz Seidler, Prostitution, Homosexualität, Selbstverstümmelung. Neckargemünd 1977 (S. 145 u. 146)